KB058396

결정하는 뇌

The Psychology of Decision Making

순간의 선택을 결정짓는 심리학의 12가지 비밀

결정하는 뇌

The Psychology of Decision Making

하영원 지음

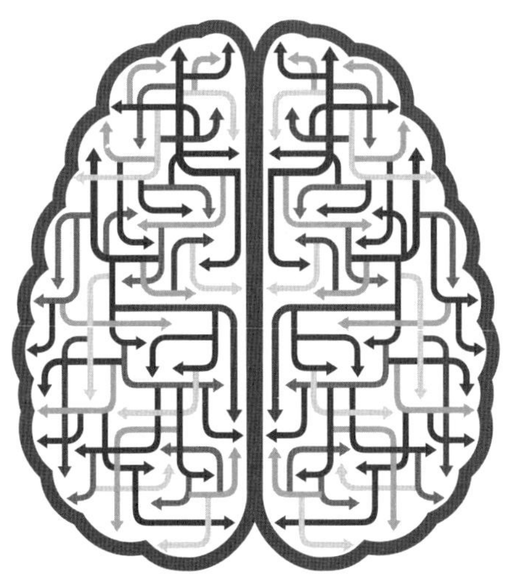

12 Secrets of Psychology
Defining the Moment of Choice

21세기북스

개정판 서문

책의 초판이 출판되고 나서 10년의 세월이 흘렀다. 지난 10년 동안 이 책의 주제인 의사결정의 심리학도 발전을 거듭하여 많은 새로운 연구 결과들이 축적되었다. 2012년 이후 이 분야에서 발표된 새로운 연구 결과물들은 워낙 방대해서 이를 개정판에 모두 반영하는 것은 불가능한 일이었지만, 저자는 최소한 지난 10년 동안 어떤 방향으로 의사결정의 심리에 관한 이론이 변해왔으며, 어떤 새로운 발견들이 있었는지를 독자들이 감지할 수 있도록 초판의 내용을 보완하였다. 이 책의 개정판에서 보완된 주요 내용을 간략하게 소개하면 다음과 같다.

우선 지난 10년간 의사결정의 심리를 주로 다루는 행동의사결정 이론behavioral decision theory: BDT 분야에서 일어났던 일 중 가장 큰 사건은 시카고대학교의 리처드 세일러Richard Thaler 교수가 노벨 경제학상을 받은 일이다. 노벨 학술상의 심사와 수여를 주관하는 스웨덴 왕립과학아카데미는 2017년 노벨 경제학상 수상자로 세일러 교수를 지명하면서, "그는 개인의 의사결정에 대한 경제학적 분석과 심리학적 분석을 연결하는 가교를 세우는 업적을 남겼으며, 그의 실증적 발견과 이론적 통찰력은 새롭고도 빠르게 확장하고 있는 행동경제학이라는 분야가 만들어지는 데 결정적인 역할을 수행했다"라고 수상 이유를 밝혔다. 이로써 1978년의 허버트 사이먼Herbert

Simon 교수와 2002년 대니얼 카너먼Daniel Kahneman 교수에 이어 행동 의사결정 이론 관련 학자로는 세 번째 노벨 경제학상 수상자가 되었다. 이 책의 초판에서도 세일러 교수의 이론들을 이미 몇 군데서 소개한 바 있지만(예컨대, 제8장에 기술된 심적 회계mental accounting 이론), 개정판에서는 제8장에 '선택 아키텍처와 프레이밍 효과'라는 새로운 절을 추가하여 세일러의 '넛지nudge' 이론을 소개하였다.

제3장에서는 인간의 비의식 과정이 사소한 의사결정에만 한정되지 않고 중요한 의사결정에도 활용된다는 것을 강조하기 위해 '의사결정의 중요성과 비의식 과정의 활용'이라는 절을 추가하였다. 제6장에서는 '확인의 편향'을 개인적 차원에서 집단적 차원으로 확장하는 경우 나타나는 집단사고groupthink와 메아리방 효과echo chamber effect를 새롭게 다루었으며, 제10장에는 '시간 지각과 의사결정 스타일'이라는 절을 추가하였다. 그 밖에도 이 책의 여러 부분에서 새로운 이론과 연구 결과들을 소개하였다. 그리고 책의 가독성을 높이기 위해 초판에서 사용되었던 어렵거나 어색한 표현들을 새로운 표현으로 바꾸었다.

이 책의 초판이 출판된 후 의사결정의 심리학에 관심을 갖고 있는 학자들과 대학원생들을 중심으로 학부 고학년생들, 그리고 직장인 등 많은 분들이 유익한 피드백을 보내 주셨다. 그리고 2014년에는 권위를 자랑하는 '정진기 언론문화상' 경제·경영 분야 우수상을 받는 등 분에 넘치는 평가를 받기도 했다. 이제 개정판의 출판으로 저자는 조금이라도 더 개선된 책을 세상에 내놓을 수 있게 되어 기쁘다. 이 책의 개정판이 나오기까지 편집과 출판의 힘든 작업을 수행해 준 21세기북스 관계자 여러분과 연구비를 지원해 준 재단법인 태재연구재단의 관계자 여러분에게 깊은 감사를 드린다. 마지막으로 저자의 집필 활동을 항상 응원하는 저자의 가족들에게도 고맙다는 말을 전하고 싶다.

2022년 12월 서강대학교 마태오관 연구실에서

하영원

초판 서문

1980년 가을, 시카고대학교에서 미국 유학길에 오른 후 처음으로 들었던 로빈 호가스Robin Hogarth 교수의 '행동적 의사결정behavioral decision making'이라는 이름의 강의는 나의 인생을 바꾸었다. 영국인 특유의 깔끔함으로 군더더기 없이 진행하는 강의 스타일도 마음에 들었지만, 강의 내용은 더욱더 환상적이었다. 그 당시 주류 경제학에서는 별 의문 없이 인간의 합리성과 관련된 가정들을 받아들이고 있었는데, 호가스 교수는 그에 어긋나는 여러 심리학적 발견을 소개했다. 그리고 인간의 판단과 의사결정을 심리학적 관점에서 과학적으로 연구하는 것이 가능하다는 것을 강의를 통해 설득력 있게 보여 줬다.

내가 그 강의를 들었던 1980년은 '행동적 의사결정 이론behavioral decision theory'이라는 분야를 창시한 허버트 사이먼Herbert Simon이 노벨 경제학상을 수상한 지 2년밖에 지나지 않은 시점이었다. 그리고 2002년에 노벨 경제학상을 수상한 대니얼 카너먼Daniel Kahneman이 에이머스 트버스키Amos Tversky와 함께 그에게 노벨상을 안겨 준 '프로스펙트 이론'을 발표한 지 바로 1년이 지난 시점이었다. 따라서 호가스 교수의 강의는 신선함으로 가득 차 있었으며 태동한 지 얼마 안 되는 학문이 주는 매력을 한껏 품고 있었다. 호가스 교수의 강의에 매료된 나는 그 이후 박사과정에서 주로 행동적 의사결정 이론에 공부와 연구를 집중했으며, 더 나아가 이 분야를 어떻게 하면 마케팅 같은 응용 분야에 접목할 수 있을지에 대해 고민하게 됐다. 박사 학위를 받고 나서 대학 강단에 선 후 20여 년 동안, 학자로서 나는 박사과정 때 내가 가졌던 고민과 기본적으로 같은 고민을 갖고 살아 왔다.

이 책을 쓰게 된 가장 큰 동기는 학자로서 나의 경험을 다른 사람들과 나누기 위해서다. 1980년 이후 행동적 의사결정 이론은 엄청난 발전을 거듭해 경제학, 마케팅, 재무관리, 법학 등의 사회과학에 지대한 영향을 미쳤고 행동 경제학, 행동 마케팅, 행동 재무론 같은 새로운 학문 분야의 기초를 제공하고 있다. 그러나 행동적 의사결정 이론은 그 자체로서도 끊임없이 변화하고 있다. 행동적 의사결정 이론의 초기에는 주로 경제학 등의 사회과학에서 많이 활용했던 기대효용 이론을 위배하는 판단이나 의사결정 현상들을 발견하는 데 초점을 맞추었다.

1990년대에 들어서면서 이 분야는 사람들이 경제학적 의미의 합리성을 가진 존재가 아니라는 것을 밝히는 데 그치지 않고, 그들이 실제 판단이나 의사결정을 어떤 심리로 수행하는지에 더 많은 관심을 쏟기 시작했다. 그 과정에서 연구자들은 인간의 직관적인 판단과 의사결정에 많은 오류와 편향이 있음을 발견했고, 그 같은 오류와 편향은 무작위적인 것이 아니라 어떤 일정한 규칙이 있음을 알아냈다.

이 책에서는 행동적 의사결정 이론의 전통적 주제라고 할 수 있는 제한된 합리성(1장), 휴리스틱과 인지적 편향(2장), 확인의 편향(6장), 맥락 효과(7장), 프레이밍(8장)뿐만 아니라 최근 주목받고 있는 주제인 비의식 과정의 영향(3장), 시간이 개입된 의사결정(4장, 5장, 10장), 의사결정에서 목표의 역할(9장), 부정성 편향(11장), 의사결정과 행복의 관계(12장) 같은 주제들을 다루고 있다. 나는 이 같은 주제들에 대해 내가 연구했거나, 아니면 다른 학자들이 연구한 내용을 충실히 소개하고자 노력했다. 특히 연구자의 실험 내용을 가능하면 구체적이고 상세하게 소개함으로써 독자들이 이 같은 문제에 대해 심층적으로 접근하는 것이 가능하도록 힘썼다.

이 책을 집필하면서 내가 염두에 두었던 독자는 대학교의 학부에 재학하고 있거나 이미 졸업한, 인간의 직관적인 판단과 의사결정에 관심이 있는 사람들이다. 특히 대학원에 재학하고 있거나 행동적 의사결정 이론과 관련한 연구에 관심 있는 사람들에게 이 분야를 살펴보기 위한 입문서로도 적절하리라고 생각한다. 이 책은 인간의 의사결정이 어떻게 이루어져야 하는지에 관심을 두는 규범적인normative 관점보다는 우리가 내리는 판단이나 의사결정이 실제로 어떻게 이루어지는지를 이해하고자 하는 기술적descriptive 관점에서 집필됐다. 따라서 이 책은 우리의 판단과 의사결정이 어떤 오류와 편향성을 가졌는지를 아는 데 도움을 줄 수 있을 것이다. 한층 더 나아가 나는 독자들이 인간의 직관적 판단과 의사결정의 심리적 성격을 심층적으로 이해함으로써 자신의 판단과 의사결정의 질을 높이는 데도 도움을 얻을 수 있으리라고 믿는다.

이 책이 나오기까지 나는 많은 사람의 도움을 얻었다. 우선 나를 행동적 의사결정 이론이라는 분야로 인도해 준 은사인 로빈 호가스 교수, 나의 박사 학위논문 지도교수이며 논문 공저자인 스티븐 호크Stephen Hoch 교수, 역시 논문의 공저자인 조슈아 클레이만Joshua Klayman 교수, 나를 소비자 행동 분야로 이끈 제이 루소Jay Russo 교수, 나의 박사 학위논문 심사위원회 심사위원이었던 고故 힐렐 아인혼Hillel Einhorn 교수, 조지 로웬스타인George Loewenstein 교수, 해리 데이비스Harry Davis 교수에게 내가 학자로서 일생을 걸을 수 있는 기초를 만들어 준 것에 감사한다. 그리고 이 책을 집필하는 데 학술연구비를 지원해 준 한국연구재단과 오랜 집필 과정에도 기획과 편집의 힘든 일을 너그러이 수행해 준 21세기북스의 관계자 여러분에게도 감사한다. 이 책에 소개된 많은 실험 중 상당 부분의 실험을 정리해 준 서강대학교 경영전문대학원 박사과정의 허정 조교와 김희영 연구원, 동국대학교 경영학과 초빙교수인 정성희 박사, 그리고 책의 교정을 맡아 수고한 서강대학교 박사과정의 김자연 조교에게 고맙다는 말을 전하고 싶다. 또한 나의 연구와 집필 활동에 끊임없는 성원을 보내는 우리나라 마케팅 학계의 동료 및 선후배 교수님들과 내 가족에게 지면을 빌려 감사의 마음을 전한다.

2012년 8월 서강대학교 바오로관 연구실에서

하영원

CONTENTS

PART 3
선택과 갈등

일러두기

- 본 도서는 2012년에 출간된 《의사결정의 심리학》의 개정증보판이다.
- 초판은 2010년 정부(교육과학기술부)의 재원으로 한국연구재단의 지원을 받아 수행된 연구를 기반으로 한다. (과제번호: NRF-2010-812-B00090, 과제명: 판단과 의사결정의 심리)
- 개정판(제2판)은 재단법인 태재연구재단의 연구비 지원을 받아 수행된 연구를 기반으로 한다. (연구과제명: 의사결정의 심리학 – 합리적 인간의 비합리적인 선택 심리 연구)

··· PART 1 ···

합리성을 넘어서

CHAPTER 1

제한된 합리성과 인간의 의사결정

과연 인간은 합리적인 존재일까?

우리 마음속에는
이성만으로는 도저히
이해할 수 없는 이유들이 존재한다.

블레즈 파스칼Blaise Pascal

사례 1 A는 3년 전에 대학을 졸업하고 원하던 대기업에 입사해 근무하고 있는 직장 여성이다. A는 대학교 때 미팅에서 만난 남자친구 B와 교제를 해 오던 터였다. 워낙 어릴 때부터 만난 상대라서 결혼을 심각하게 고려해 본 적은 없었지만, 이제는 무언가 결단을 내려야 할 시기가 가까워져 오고 있음을 느끼고 있었다. 그러던 차에 A는 친구의 강권으로 소개팅에서 만난 외모가 출중한 C라는 남성에게 왠지 강하게 끌리고 있는 것을 발견하고는 자기 자신도 놀랐다. 사실 현재의 '남친' B는 외모, 학력, 장래성 모두 무난한 사람으로 대부분 '사람이 신랑감으로 괜찮다'고 평가할 만한 사람이다. 그에 비해 C는 외모는 뛰어나지만, 학력이나 장래성 면에서 B보다 떨어진다고 느끼고 있었다. A의 고민은 여기서 끝나지 않았다. B와 C 사이에서 갈등하는 것을 알게 된 A의 부모님은 신랑감으로 B를 강력하게 추천하셨다. A는 B와 C 중에서 누구를 선택하는 것이 옳은지 매우 힘든 의사결정이라고 생각했다.

사례 2 Y는 직장생활 10년차에 접어드는 중견 사원이다. 이제는 결혼도 하고 아내와 일곱 살짜리 딸 하나를 기르며, 나름대로 궤도에 접어든 가정을 이루고 살고 있다. 비록 주택담보 대출을 끼기는 했으나 조그만 아파트도 하나 장만했고, 매달 월급으로 대출 원리금을 상환하는 데는 크게 부담을 느끼지 않고 있다. 그러던 차에 입사할 때부터 부어온 세금우대 적금상품이 만기가 되어 2000만 원 정도의 목돈을 손에 쥐게 됐다. Y는 앞으로 약 3년 정도는 큰돈 들어갈 일이 없으리라 판단하고, 이 돈으로 무엇을 할 것인가 고민했다. 최근 주식시장이 침체기에 접어들어 소위 블루칩 주식들도 예전보다는 주가가 많이 하락한 상황이고 어떤 사람들은 아직도 주가가 더 내려갈 가능성이 있다고 말하고 있다. 그냥 3년 만기 정기예금에 돈을 넣어 둘까? 아니면 손해 볼 가능성은 있지만, 블루칩 주식에 투자하고 3년 동안 잊어버리고 있을까? 그도 아니면 친구 말대로 '없었던 셈 치고' 그가 권유하는 해외 주식에 투자할까? Y의 머릿속에는 많은 생각이 오가고 있었지만, 결정하기는 쉽지 않았다.

위 두 개의 가상적인 사례에서와같이 우리는 성별과 나이를 불문하고 무수하게 많은 의사결정을 내리면서 살아간다. 작게는 "오늘 점심은 무얼 먹을까?"에서부터 배우자 선택이나 투자 결정처럼 장래에 커다란 영향을 미칠 수 있는 선택에 이르기까지 우리의 매일매일은 의사결정 과정의 연속이라고 해도 과언이 아니다. 그렇다면 사람들은 그 많은 판단과 선택을 항상 '올바르게' 하면서 살아가고 있을까? 아니면 의사결정을 하는 데 여러 가지 잘못을 범하며 살아갈까? 또한, '올바른' 판단과 선택의 기준은 무엇일까? 만일 우리가 판단과 선택에서 여러 가지 잘못을 범하고 살아가고 있다면 그런 잘못은 어떤 것들이며, 왜 그런 잘못을 범하게 될까? 더 나아가서 그러한 잘못을 피하는 방법에는 어떤 것이 있을까? 이 책은 주로 이런 질문들에 대한 대답을 찾아보고자 한다. '올바른' 판단과 선택을 '합리적인' 의사결정이라고 부를 수 있다면 여기서는 의사결정의 합리성에 대해 살펴보고자 한다.

사실 '인간은 합리적인 존재인가?'라는 의문은 지난 수세기에 걸쳐 여러 학문 분야의 많은 학자가 고민해 온 문제다. 경제학, 심리학, 인공지능, 인류학, 그리고 철학에 이르기까지 학자들은 인간의 합리적인 판단과 의사결정을 모형화하고 실제로 사람들이 그 같은 모형이 예측하는 대로 행동하는지를 관찰하는 데 많은 노력을 기울여 왔다. 그 같은 모형들을 모두 검토하고 소개하는 것은 이 책의 범위를 뛰어넘는다. 따라서 이 장에서는 인간의 합리성과 관련된 경제학적 시각과 심리학적 시각의 갈등관계를 중심으로 합리성에 대한 관찰 결과를 조명해 보고, 인간의 판단과 의사결정의 합리성에 대해 어떤 견해를 갖는 것이 바람직한가에 관해 기술해 보고자 한다.

맥락 효과와 의사결정의 합리성

만일 우리가 당면하는 의사결정의 문제들이 모두 확실하고 투명한 것들로만 이루어져 있다면 인간의 판단이나 의사결정의 합리성에 대한 논란이 일어날 여지는 없다. 예컨대 똑같은 일을 수행하는 대가로 A사에서는 당신에게 100만 원을, B사에서는 200만 원을 주겠다고 한다면 다른 조건이 모두 같은 경우 당신은 당연히 B사를 선택할 것이다. 이 같은 의사결정이 주류 경제학의 효용 극대화 원칙에 의존하건, 심리학의 '즐거움을 추구하고 고통을 피한다'는 원칙에 의하건 간에 우리는 사람들이 무엇을 택할지 예측할 수 있고 사람들은 예측한 대로 행동한다. 이 경우 당신이 B사를 선택하는 것은 합리적인 의사결정이라고 할 수 있을 것이다.

그러나 문제는 사람들이 해결해야 하는 대부분의 의사결정 문제는 이처럼 투명한 구조로 되어 있지 않다는 점이다. 예를 들어 당신이 TV를 한 대 사려 한다고 가정하자. 전자상가를 방문해 시중에 나와 있는 TV를 살펴본 결과 A와 B 두 개의 대안으로 구매 대상을 압축할 수 있었다. A는 모든 것을 고려할 때 품질이 90점 정도이고 가격은 300만 원으로 고가였다. B는 80점 정도이지만 가격은 200만 원이었다. 당신이 가격보다는 품질을 훨씬 더 중요하게 생각한다면 별로 고민하지 않고 A를 선택할 것이며, 이 같은 의사결정은 비교적 쉬운 의사결정이라고 할 수 있다. 반대로 당신이 가격을 훨씬 더 중요한 의사결정 요인이라고 생각한다면 주저 없이 B를 선택할 것이며, 이 경우에도 의사결정은 주관적으로 투명한 의사결정이라고 할 수 있다.

만약 당신이 품질과 가격을 모두 중요하다고 생각하는 사람이라면 마음속에 갈등이 일어나게 된다. 왜냐하면 A를 선택하는 것은 좋은 품질(80점 대신 90점)을 얻기 위해 가격을 희생하는 것이고(200만 원 대신 300만 원), B를 선택하는 것은 그 반대가 될 것이기 때문이다. 전통적인 경제학 이론에서는 의사결정 과정에서 발생하는 심리적 갈등은 큰 문제가 되지 않는다. 대부분 경제학자는 소비자들이 A와 B 두 대안 사이의 품질-가격 간 상쇄trade-off를 쉽게 계산할 수 있고 두 대안 중 자신의 효용을 극대화할 수 있는 대안을 어렵지 않게 선택할 수 있다고 확신하기 때문이다.

심리학적인 관점에서는 앞서 살펴본 TV 선택의 예처럼 일견 간단해 보이는 의사결정에서도 의사결정자의 선택과 관련해 여러 가지 가능성을 제안한다. 첫째, 만일 당신이 품질과 가격을 모두 중시하기 때문에 A와 B 중 어느 하나를 선택하는 것에 대해 심한 심적 갈등을 경험한다면 선택을 미루고 TV를 다음에 구매하기로 할 수도 있다. 둘째, 당신이 품질이 좋고 값비싼 A 대신 품질은 상대적으로 낮지만 값이 싼 B를 선택하면 나중에 자신의 선택을 후회할지도 모른다는 데 생각이 미치게 된다. 그 같은 예견된 후회 때문에 B 대신 A를 선택할 수도 있다. 셋째, A와 B가 각각 가지고 있는 장단점을 꼼꼼히 따져서 선택하는 것을 귀찮다고 생각하면 품질만을 고려해 A를 선택하거나, 가격만을 고려해 B를 선택할 가능성도 있다.

전통적인 경제학에서는 의사결정자가 어떤 과정을 거쳐 선택에 도달하는지에 별로 관심을 두지 않으며 그 선택 과정은 의사결정자가 자신의 효용을 극대화하는 과정일 것이라고 가정해버린다. 심리학적 관점에서는 실제로 의사결정자가 어떤 심리적 과정을 거쳐 의사결정에 도달하는지에 대해 많은 관심을 두고 이를 설명하고 예측해 보고자 노력한다. 이 같은 전통적인 경제학적 관점과 심리학적 관점의 대립은 위의 TV 선택의 예에서 새로운 대안 C가 선택 대안으로 고려 대상에 들어오면 더 극명하게 드러난다. 즉 당신이 고품

〈그림 1-1〉 TV 선택의 맥락이 의사결정에 미치는 효과

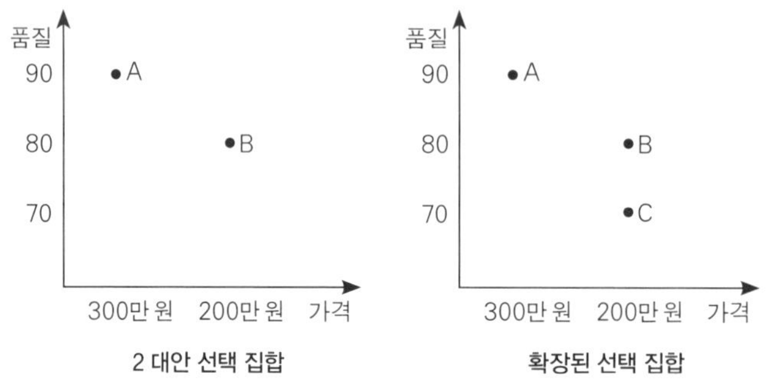

질(90점)·고가격(300만 원) TV인 A와 중품질(80점)·중가격(200만 원) TV인 B를 놓고 고민하던 차에 가격은 B와 마찬가지로 200만 원이지만 품질이 B보다 더 낮은(70점) 선택 대안 C를 발견했다면 어떤 영향을 받게 될까?

〈그림 1-1〉에서 보듯이 2 대안 선택 집합에서 A와 B는 서로 상쇄 관계에 있으며 많은 사람에게 A와 B 중에서 하나를 선택하는 일은 쉬운 일이 아닐 수 있다. 그러나 선택 대안 C가 등장하면서 선택의 맥락이 달라진다. 즉, 품질은 B보다 낮지만 가격은 B와 같은 선택 대안 C가 등장했을 때 소비자 중에서 C를 선택할 사람은 없다. 하지만 C는 B를 A보다 상대적으로 매력적인 대안으로 보이게 만들 가능성이 높다.

실제로 휴버, 페인과 푸토Huber, Payne & Puto (1982)는 A를 '경쟁 대안', B를 '표적 대안', C를 '미끼 대안'이라고 하고, 선택 집합에 A와

B만 있던 경우에 비해 미끼 대안 C가 진입하면 표적 대안인 B의 선택 비율이 증가하고 경쟁 대안인 A의 선택 비율은 감소한다는 사실을 밝혔다. 예컨대 승용차 중에서 승차감이 100점이고 1갤런당 주행 가능 마일miles per gallon: mpg로 측정한 연비가 27인 경쟁 대안(A)과 승차감이 80점이면서 연비가 33mpg인 표적 대안(B) 중 하나를 고르는 선택 문제에서 B를 선택하는 비율은 44%였다. 하지만 연비는 B와 같이 33mpg이고 승차감은 70점인 미끼 대안 C가 추가된 선택에서는 B를 선택하는 비율이 66%로 증가했다. 이처럼 미끼 대안이 선택 집합 내에 들어옴으로써 표적 대안을 더 매력적으로 보이게 만들어 선택 점유율을 경쟁 대안에서 표적 대안으로 끌어오는 효과를 '유인 효과the attraction effect'라고 부른다(유인 효과를 비롯한 선택 맥락 효과에 대해서는 이 책의 제7장에서 상세하게 다룰 것이다).

유인 효과는 의사결정의 합리성과 관련해 중요한 문제를 던져 준다. 규범적 선택 이론에 따르면, B보다 열등한 C의 등장은 A와 B 사이의 선택에 영향을 미칠 아무런 이유가 없으며 영향을 미쳐서도 안 된다. 규범적으로 C는 A와 B를 선택하는 데 관련이 없는 대안이기 때문에 C가 있건 없건 A와 B의 상대적 선택 비율은 일정해야 할 것이다(비례성 가정proportionality assumption). 그러나 유인 효과는 비례성 가정에 어긋나는 현상이다. 더구나 C가 추가됨으로써 B의 선택 비율이 증가하는 현상은 '새로운 선택 대안의 추가는 기존 선택 대안 중 어떤 대안의 선택 점유율도 증가시킬 수는 없다'는 정규성 가정regularity assumption에 어긋난다(Luce, 1959). 사실 정규성 가정은 규범적인 선택 모형에서 가장 기본적인 가정이라고 할 수 있으며, 직관적으로도 사람들이 대안 중에서 어느 하나를 선택할 때 당연히 지킬 것으로 생각하는 것이다. 따라서 규범적인 선택 이론의 관점에서 보면 유인 효과는 의사결정자의 선택이 영향을 받지 말아야 할 선택 맥락에 의해 좌우된다는 면에서 불합리한irrational 의사결정 현상이라고 할 수 있다.

다른 한편으로 유인 효과를 심리학적인 측면에서 살펴보면 그것이 과연 불합리한 의사결정의 결과로 나타나는 현상인지 아닌지 분명하지 않다. 물론 B보다 A를 선호하던 사람이 A와 B 사이의 선택과는 아무 관련이 없어 보이는 C(미끼 대안)의 등장으로 B를 A보다 더 매력적으로 생각하는 선호의 역전 과정은 분명히 일관성의 상실이라는 면에서 의사결정상의 오류 또는 불합리한 의사결정 행동으로 간주할 수 있다. 그러나 이처럼 선호의 역전 현상이 불합리성의 표출이라는 결론은, 의사결정자가 A와 B에 대해 비교적 안정된 선호를 갖고 있어서 의사결정의 맥락을 구성하는 배경 변수에 흔들리지 않고 자신의 선호를 극대화하는 데만 관심이 있다고 가정할 때 가능하다.

사실 의사결정자가 A와 B 사이의 선택에서 심리적인 갈등을 경험하고 있다는 것은 두 대안을 차별화할 만큼의 선호가 뚜렷하지 않다는 것을 의미한다. 이 경우 C의 출현은 그 같은 심리적인 갈등을 없애 주는 계기가 될 수 있다(Shafir, Simonson & Tversky, 1993). C의 출현은 A 대신 B를 선택하는 데 좋은 이유를 제공한다. 즉 C가 출현하기 전까지는 B의 품질에 대한 우려 때문에 A에 끌리던 소비자가 C가 눈에 띄면서 B의 품질이 그다지 나쁘게 보이지 않는 지각상의 변화를 경험할 수 있다. 이 경우 B가 최소한 C보다는 더 좋은 대안이라는 생각이 들면서 자기 자신이나 남들에게 자신의 선택을 정당화할 수 있는 근거를 얻게 된다고 볼 수 있다.

만일 의사결정자가 B를 선택하는 것이 더 정당화하기 쉬운 의사결정이라는 이유로 A 대신 B를 선택했다면 그것은 불합리한 행동일까? 이 경우 의사결정자가 A와 B 중 하나를 선택함으로써 자신의 효용을 극대화하려는 것만이 목표가 아니고 선택의 정당화 용이성을 극대화하려는 목표도 동시에 가지고 있다면, C의 출현으로 자신의 선택을 A에서 B로 전환하는 행동은 목적에 맞는 행동이다. 그리고 정당화 용이성의 극대화를 의사결정의 합리적인 목표로 간주할 수 있는 한, 이는 합리적인 행동이라고 할 수 있을 것이다.

인지 비용과 제한된 합리성

전통적인 경제학의 관점에서 의사결정자의 유일한 목표는 의사결정과 관련된 편익benefit에서 비용cost을 차감한 순편익net benefit 또는 순효용net utility의 극대화라고 할 수 있다. 그러나 허버트 사이먼Herbert Simon (1955)은 이 같은 관점에 이의를 제기하면서 현실적으로 인간이 가진 정보 처리 능력의 한계 때문에 의사결정을 통해 순효용을 극대화하는 최적화는 불가능하다고 보았다. 그는 인간은 자신의 제한된 인지적 능력과 주어진 환경 내에서 자신이 만족할 수 있을만한 효용을 얻고자 노력한다는 인간관을 제시했다. 이 같은 사이먼의 생각은 결국 의사결정자들이 비용과 편익을 생각해서 의사결정을 한다는 전통적인 경제학적 인간관에 심리적 요소인 인지 비용cognitive cost을 추가로 고려해야 한다는 주장이라고 할 수 있다. 사이먼이 주장한 제한된 합리성bounded rationality의 개념은 결국 사람들은 선택 가능한 대안 중에서 자신이 얻을 수 있는 순효용을 극대화하는 대안을 선택하고자 하며, 의사결정을 수행하면서 자신의 제한된 인지적 자원을 최소한으로 사용하고자 하는 '인지적 노력의 극소화'라는 목표를 동시에 가지고 있다는 것을 의미한다.

대안 선택 문제의 구조적인 복잡성이 의사결정에 미치는 영향에 대한 연구에서 페인(1976)은 실험에 참가한 학생들에게 앞으로 거주하게 될 학교 근처의 아파트를 선택하는 가상적인 의사결정 문제를 주고 의사결정 과정을 조사했다. 페인의 관심은 선택할 수 있는 대안의 수(2개, 6개, 12개)와 대안과 관련된 속성 정보(예컨대 학교로부터의 거리, 소음의 정도, 수납공간의 크기, 월세 등)의 수(4개, 8개, 12개)를 변화해 가면서 그에 따라 실험 참가자들의 의사결정 과정이 어떤 변화를 보이는지 알아보고자 하는 것이었다. 그 결과 대부분의 실험 참가자들은 선택할 수 있는 아파트의 수가 많고(12개) 아파트에 관련된 속성 정보의 수가 많아질수록(12개), 먼저 가장 중요한 속성(예컨대, 학교로부터의 거리)만을 기준으로 선택 대안을 2~3개로 압축했다. 그런 다음 선발된 2~3개의 대안과 관련된 여러 속성 정보를 꼼꼼히 고려해 자신에게 가장 적합한 대안을 선택하는 단계별 의사결정 전략을 사용했다.

의사결정의 과업 구조가 복잡한 경우, 의사결정 초기에 대안의 수를 압축하는 전략은 분명히 의사결정상의 오류를 가져올 수 있다. 즉 학교로부터의 거리만으로 12개의 대안 중에서 9~10개의 대안을 고려 대상에서 제외하는 의사결정 방식은 총 효용 면에서는 오히려 더 우월한 대안, 즉 학교로부터의 거리가 좀 멀더라도 다른 속성들(예컨대 소음 수준, 청결도 등)이 워낙 뛰어난 2~3개의 대안(자신에게 더 큰 만족을 줄 수 있는 대안)을 의사결정의 초기에 제외해 버리는 오류를 가져올 수 있다. 그러나 사람들이 일반적으로 가지고 있는 정보 처리 능력의 한계를 생각해 보면 12개의 대안 전부에 대해 12개의 속성 정보를 모두 고려해서 그중 자신에게 가장 적합한 대안을 고른다는 것은 매우 어려운 일이다. 설령 그렇게 할 수 있다고 하더라도 너무나 많은 인지적인 노력이 투입되어야 하는 일이기 때문에 의사결정자들은 의사결정의 정확성과 인지적 노력 사이에 타협점을 찾는 것이 보통이다. 이를 인지적 노력과 의사결정 정확성의 상쇄effort-accuracy trade-off라고 부른다(Payne, Bettman & Johnson, 1993).

페인의 실험에서 보듯이 의사결정 상황에서 사람들은 인지적인 노력을 줄이기 위해 의사결정의 정확성이 어느 정도 희생되는 것을 각오한다. 이것은 의사결정 과정에서 사람들이 최대의 효용을 얻을 수 있는 대안을 찾기 위해 의사결정의 정확성을 극대화하려는 반면 자신이 투입하는 인지적인 노력은 극소화하려는 이중적인 목표가 있다는 것을 의미한다. 이 두 가지 목표는 상쇄 관계에 놓이게 되는 것이 일반적인데 여러 가지 상황 요인들(예컨대, 시간 압박)에 의해 두 목표에 부여되는 가중치가 결정된다.

그렇다면 이 같은 두 가지 의사결정의 목표를 모두 합리적인 목표라고 할 수 있는가? 그에 대한 대답은 상황에 따라 다르다. 예컨대 다음 강의에 늦지 않기 위해 30분 안에 점심을 해결해야 하는 학생이 자신의 의사결정 정확성을 극대화하기 위해 학교 근처에 있는 20개의 식당을 속성별로 모두 자세히 평가해서 자신에게 가장 큰 효용을 가져다줄 식당을 고르고 있다면 그것은 분명히 불합리한 행동이다. 그에 반해 대학을 졸업하는 학생이 원서를 내서 취업이 확정된 다섯 개의 일자리를 놓고 이것저것 꼼꼼히 따져보기가 귀찮아서(인지적 노력을 극소화하기 위해) 무작위로 하나의 직장을 선택했다면 이 역시 불합리한 행동이라고 할 수 있다.

따라서 의사결정 정확성의 극대화라는 목표와 인지적 노력의 극소화라는 목표는 아무런 조건 없이 어느 하나가 합리적이고 다른 하나는 불합리하다고 할 수 없다. 다만 상황에 따라 각 목표에 주어지는 가중치가 얼마나 적응적adaptive인가 하는 것이 의사결정 행동의 합리성을 따지는 기준이 되어야 한다. 실제로 사람들의 의사결정 행동은 일반적으로 상황이나 맥락 변수에 민감하게 반응하며 주어진 상황에 대해 대체로 적응적인 성격을 갖는 것으로 나타나고 있다(Payne et al, 1993).

비용·편익 이외의 의사결정 목표들

사이먼(1955)의 비판에 의하면 전통적인 경제학에 자주 등장하는 '경제적 인간Economic Man'은 '전지전능한 귀신omniscient demon'과도 같은 존재다. 즉 의사결정에 필요한 지식과 정보를 거의 완전하게 갖추고 있고, 잘 조직화 된 안정된 선호 체계를 갖고 있다. 또한 여러 가지 대안 가운데 어떤 것이 자신의 효용을 극대화하는지 정확하게 계산할 수 있는 능력을 갖춘 것으로 묘사되고 있다. 따라서 사이먼은 이 같은 허구적인 '경제적 인간'이 아닌 살아 있는 인간들이 실제로 어떻게 의사결정을 수행하는지 좀 더 현실에 가깝게 포착하기 위해 인간이 가진 심리적인 특성(특히 인지적 한계)들을 반영하는 행동적 의사결정 모형을 제안했다.

허버트 사이먼이 제안한 제한된 합리성의 개념은 그 이후 '행동적 의사결정 이론behavioral decision theory'과 '행동 경제학behavioral economics'이라는 새로운 학문 분야를 여는 계기가 되었을 뿐 아니라 사회과학의 여러 분야에 지대한 영향을 미쳤다. 그리고 인간의 의사결정을 연구하는 데 새로운 시각을 제공하기도 했다. 그럼에도 사이먼의 제한된 합리성에 근거한 의사결정 모형은 인간의 의사결정을 좌우하는 상위 목표meta goal로서 효용의 극대화와(인지 비용을 포함하는) 비용의 극소화라는 두 가지 목표를 전제로 한다는 의미에서 넓은 의미의 비용·편익의 틀 안에서 이해할 수 있다. 그러나 최근에 의사결정의 목표로 비용이나 편익과는 독립적으로 작용하는 다른 목표들이 있을 수 있다는 주장이 나타났다. 그중 가장 대표적인 상위 목표로 대두한 것이 정당화 용이성의 극대화와 부정적 감정의 극소화라는 상위 목표이다(Bettman, Luce & Payne, 1998).

이유에 근거한 선택: 정당화 용이성의 극대화

사람들은 자기가 내린 의사결정을 다른 사람들에게 평가받거나 아니면 스스로 평가하게 되는 경우가 종종 있다. 따라서 많은 경우 사람들은 자신이 내린 판단이나 선택을 정당화할 수 있는 이유를 찾기 원한다(Shafir, Simonson & Tversky, 1993). 예컨대 어떤 대학교 4학년생이 대학원 진학과 취업을 두고 고민한다고 가정해 보자. 이때 어떤 의사결정자는 대학원 등록금, 일하는 데서 느끼는 보람이나 고생하는 정도 등 두 대안에 관련된 편익과 비용만을 따져서 선택할 수 있다. 하지만 많은 의사결정자는 단순히 비용과 편익만을 고려한 두 대안의 가치 평가보다 둘 중 어느 하나를 선택할 수밖에 없는 강력한 이유를 찾고 싶어 한다. 이는 "내가 취업을 마다하고 대학원에 진학한다면 남들이 어떻게 생각할까?" 또는 그 반대의 경우 "내가 대학원에 가서 공부를 계속하지 않고 취업을 하면 부모님께서 뭐라고 하실까?" 등 남들이 나의 의사결정에 대해 의문을 제기해 올 때 자신의 선택을 정당화하는 대답을 해야 한다는 생각에 기인하는 경우가 많다.

그러나 때로는 의사결정자가 두 대안 중 어느 하나를 선택했을 때, 그 결정은 올바른 결정이었다는 확신을 갖고 싶어 하므로 자신의 선택에 대한 이유를 찾고 싶어 하기도 한다. 이 같은 상황은 의사결정자가 두 대안에 대해 거의 같은 정도로 끌려 마음속에 갈등이 일어났을 때 흔히 발견할 수 있다. 이때 만일 의사결정자가 둘 중 어느 하나의 대안을 선택하는 것이 옳다는 설득력 있는 이유를 발견한다면 의사결정이 한결 쉬워지면서 자신의 선택에 자신감을 갖게 될 것이다.

이유에 근거한 선택reason-based choice에 대한 연구에서 트버스키와 샤피어Tversky & Shafir(1992)는 다음과 같은 실험을 했다. 우선 연구자들은 대학생 실험 참가자들에게 12개의 월세 아파트를 검토하게 했다. 그리고 참가자들을 '갈등 조건conflict condition'과 '지배 조건dominance condition'으로 나누고 두 집단에 서로 다른 선택 문제를 줬다. 갈등 조건 집단에 준 것은 앞에서 본 12개의 아파트 중 두 개의 아파트인 x와 y 중에서 하나를 선택하는 문제였다. 연구자들은 실험 참가자들에게 x와 y는 각각 다음과 같은 특성이 있으며 다른 속성은 모두 같다고 말했다.

(갈등 조건)
x 아파트: 월세 290달러, 도보로 학교까지 걸리는 시간 25분
y 아파트: 월세 350달러, 도보로 학교까지 걸리는 시간 7분

이 선택 문제에서 연구자들은 두 개의 아파트 중 하나를 선택하든지 아니면 앞서 검토한 다른 10개의 아파트 중 연구자가 무작위로 고른 아파트를 추가로 살펴볼 수도 있다고 말했다. 단, 추가 탐색을 하는 경우 x와 y 중 하나 또는 둘 다 다른 사람이 계약해서 더는 매물로 나와 있지 않을 수도 있다는 것을 주지시켰다.

한편 지배 조건 집단에 속한 참가자들에게는 갈등 집단에 준 문제와 다른 것은 다 같지만, 대안으로 x와 y 대신 x와 x'를 제시했다.

(지배 조건)
x 아파트: 월세 290달러, 도보로 학교까지 걸리는 시간 25분
x' 아파트: 월세 330달러, 도보로 학교까지 걸리는 시간 25분

여기서 주의할 것은 갈등 조건인 x와 y는 서로 다른 측면에서 강점이 있다는 점이다. 즉 x는 월세가 싼 대신 학교에서 멀어 등교하기에 불편하고, y는 월세가 비싼 대신 학교에서 가까워 등교가 편리하다. 따라서 두 대안 사이에 하나를 선택하는 과정에서 의사결정자는 갈등을 경험하게 될 가능성이 크다. 그에 반해 지배 조건에 할당된 의사결정자는 누가 보아도 x가 x'보다 우월한 대안이기 때문에 갈등을 경험할 이유가 없다. 갈등 조건 집단에 속한 의사결정자는 x와 y 중 하나를 선택할 뚜렷한 이유를 쉽게 찾기 어렵지만, 지배 조건 집단에 속한 의사결정자들은 x'보다 x를 선호할 만한 뚜렷한 이유가 있다.

이 실험의 결과를 보면 갈등 조건 집단에서는 64%의 참가자들이 추가 대안을 검토하고 싶다고 대답했으나, 지배 조건 집단에서는 40%의 참가자들만이 추가 대안을 보고 싶다고 답했다. 지배 조건에서는 어느 한 대안이 다른 대안에 비해 절대적으로 우월해서 둘 중에서 선택하는 데 어려움이 없지만, 갈등 조건에서는 하나의 대안 선택을 정당화하기 쉽지 않기 때문에 선택이 어려워지고 추가 대안을 원하게 된다.

이 실험의 결과는 전통적인 경제학에서 가정하는 가치 극대화 value maximization의 원칙에 어긋난다. 가치 극대화의 원칙에 의하면 실험 참가자는 추가 탐색을 해서 얻을 수 있는 결과의 기대 가치가 현재 선택할 수 있는 최선의 대안이 갖는 가치보다 더 클 때 추가 정보를 수집하려 한다. 그런데 지배 조건에서의 최선의 대안이 갈등 조건에도 포함되어 있기 때문에 갈등 조건에서 추가 탐색을 원하는 참가자의 비율이 지배 조건에서보다 더 클 수는 없다. 다시 말해 갈등 조건의 실험 참가자들에게는 2개의 유효한 대안(x와 y)이 제시되었고, 지배 조건의 실험 참가자들에게는 갈등 조건에서 제시된 2개의 대안 중 오직 1개의 유효한 대안(x)만 제시되었기 때문에, 가치 극대화의 시각에서 보면 지배 조건의 참가자들이 갈등 조건의 참가자들보다 추가적인 대안을 탐색하고자 할 가능성이 더 높아야 한다. 그러나 실험의 결과는 지배 조건보다 갈등 조건에서 더 많은 비율의 참가자가 추가 대안의 탐색을 원했다. 이 같은 결과가 나타난 것은 하나의 대안이 명백하게 다른 대안보다 뛰어난 지배 조건에서는 실험 참가자들이 대안 선택에 정당한 이유를 발견한 것으로 볼 수 있으며, 그 결과 참가자들은 더 이상의 추가 탐색을 하지 않는 경향을 나타낸 것으로 보인다. 그 반대로 어느 하나의 대안을 선택하기에 충분한 이유가 발견되기 어려운 갈등 조건에서는 대안의 선택을 정당화하기 어려우며, 그래서 추가 대안 탐색에 나서고자 하는 실험 참가자들이 상대적으로 더 많았던 것으로 판단된다. 그러므로 이 실험 결과는 의사결정자의 대안 선택이나 탐색 행동이 대안의 가치에 의해서만 좌우되는 것이 아니라 선택의 정당화 가능성에 의해서도 커다란 영향을 받는다는 것을 말해 준다.

감성에 의한 의사결정: 감성 휴리스틱

판단과 의사결정에 대한 연구는 사이먼이 제한된 합리성에 근거한 문제 해결과 정보 처리 모형을 제안한 이래 인간의 인지적 메커니즘을 주된 설명의 틀로 삼아 수행됐다. 그러나 최근 학자들 사이에서는 인지 일변도의 설명으로는 인간의 판단이나 의사결정을 충분히 설명할 수 없다는 의견이 강력하게 대두하면서 의사결정 연구에서 감성적인 요소를 설명 변수로 도입하고자 하는 움직임이 일어나고 있다.

이 같은 움직임은 인간의 신경 시스템을 연구하는 신경학neurology에서 새로운 발견을 한 것에 힘입은 바 크다. 예컨대 신경학자인 다마지오Damasio(1994)는 뇌 손상을 입은 사람 중에서 인지적 기능인 기본 지능, 기억, 논리적 사고 등을 담당하는 부분은 전혀 손상을 입지 않고, 다만 전두엽 중에서 자기 자신의 행동으로 나타나는 결과와 자신의 감정 연결을 담당하는 부분에만 손상을 입은 환자들을 대상으로 일련의 연구를 진행했다. 그 결과 다마지오는 이러한 유형의 환자들이 분석적인 추리를 수행하는 능력은 뇌 손상 이전과 다름없었음에도 자기 자신에게 최대한의 이익이 되도록 의사결정을 수행하는 능력, 즉 합리적인 판단을 할 수 있는 능력을 상실했다는 것을 발견했다.

다마지오의 연구에서는 실험 참가자가 서로 다른 네 개의 도박 중에서 하나를 골라 실제로 그 도박을 실행하는 과업을 반복하는 실험을 진행했다. 상당히 큰 금액을 딸 수 있는 확률은 높지만 작은 확률로 엄청난 손실을 볼 수도 있는 도박을 정상적인 사람들은 시행착오를 통해 피해 가는 것을 배웠지만, 전두엽에 손상을 입은 환자들은 그 도박을 계속하기를 원했고 그 결과 큰 손실을 봤다. 전두엽에 손상을 입은 환자들은 이득이나 손실이 실제로 발생했을 때 그에 대한 반응은 정상적인 사람들과 차이가 없었으나, 자기 자신의 행동 때문에 나타날 결과를 예견해 보고 그에 걸맞은 감정적인 반응을 나타내는 능력을 상실했다는 면에서 정상인과는 차이를 보였다. 이 실험의 결과는 감성이 인간의 합리적인 의사결정에서 매우 중요한 구실을 한다는 것을 말해 준다.

슬로빅, 피누케인, 피터스와 맥그리거Slovic, Finucane, Peters & MacGregor(2002)는 이를 근거로 사람들이 선택 대안과 관련해 손실과 이득을 따져서 결정하는 논리적이고 이성적인 추론 과정과는 별도로, 대안에 대해 의사결정자가 매우 빠르게 자동으로 갖는 감성적 반응으로 판단이나 선택을 수행하는 의사결정 방식을 '감성 휴리스틱affect heuristic'이라고 명명했다. 감성 휴리스틱의 한 가지 예는 크리스토퍼 시Christoper Hsee(1998)의 연구에서 찾아볼 수 있다. 시는 동시 평가joint evaluation와 분리 평가separate evaluation의 차이에 관한 연구에서 69명의 실험 참가자들에게 시카고의 어느 더운 여름날 미시간 호숫가에 앉아 있는 모습을 상상하게 했다. 만일 하겐다즈 아이스크림 판매인(판매인 H 또는 판매인 L)이 〈그림 1-2〉에서처럼 아이스크림을 컵에 담아서 팔고 있다면 그것을 구매하기 위해 각각 얼마까지 비용을 지급할 의사가 있는지를 물었다. 그 결과 판매인 H가 판매하는 아이스크림과 판매인 L이 판매하는 아이스크림을 동시에 평가할 기회를 가진 참가자들(동시 평가 조건)은 H에 대해 평균 1.85달러까지 낼 용의가 있지만, L에 대해서는 평균 1.56달러까지 낼 용의가 있다고 대답했다. 그와는 대조적으로 두 개의 아이스크림을 각각 다른 집단에 평가시킨 경우(분리 평가 조건) H에 대해 응답한 참가자들은 평균 1.66달러까지 낼 용의가 있다고 대답했고,

〈그림 1-2〉 컵의 크기와 아이스크림의 양이 다른 두 개의 제품

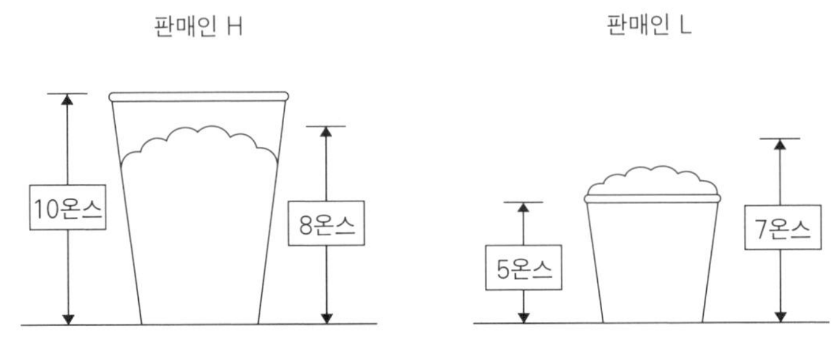

L에 대해 응답한 참가자들은 평균 2.26달러까지 낼 용의가 있다고 대답했다.

이 실험에서 두 대안을 같이 놓고 평가하는 동시 평가 조건에서 아이스크림의 양이 적은 L보다 양이 더 많은 H를 더 높이 평가하는 것은 당연한 일이다. 그러나 분리 평가에서 의사결정자들이 H보다는 L을 더 높이 평가하는 이유는 무엇일까? 아마도 분리 평가의 경우, 하나의 아이스크림만을 평가하려면 과연 8온스 또는 7온스가 어느 정도의 양인지 정확하게 가늠이 안 되기 때문에 아이스크림의 양이 가치를 평가하는 기준이 되기 어렵다. 따라서 컵의 크기보다는 아이스크림이 컵에 모자라게 담겨 있는지, 아니면 넘치게 담겨 있는지가 대안을 결정하는 중요한 기준으로 등장한다.

판매인 L이 판매하는 아이스크림은 용기에 넘치도록 담아 놓았기 때문에 사람들은 이에 대해 호감을 느낄 수 있다. 그 결과 지급용의 가격이 높아진 것으로 보인다. 그에 반해 판매인 H가 판매하는 아이스크림은 판매자 L의 용기보다 크기는 하지만 아이스크림이 용기를 꽉 채우지 못하고 있어서 의사결정자는 감성적으로 그다지 높은 평가를 하기 어렵다. 따라서 지급 용의 가격이 상대적으로 낮아질 수밖에 없다. 이 실험은 대안 속성 중 평가 가능성이 낮은 속성은 분리 평가에서 별로 사용되지 않으며, 대신 감성적인 단서가 평가에 결정적인 역할을 한다는 것을 보여 준다. 이때 감성을 이용해 판단이나 선택을 하는 의사결정자의 행동은 합리적이라고 할 수 있을까? 이 문제는 본 장의 마지막에서 더 자세히 다루겠지만, 많은 경우에 '합리적인rational' 의사결정이라고 말하기는 어려울지 몰라도 '사리에 맞는reasonable' 의사결정이라고 할 수 있다.

의사결정에는 부정적인 감성적 요소도 영향을 미친다. 전술한 바와 같이 베트만과 그의 동료들Bettman et al. (1998)은 의사결정자가 대안을 선택할 때 달성하고자 하는 하나의 상위 목표로 부정적 감정의 극소화를 들고 있다. 즉 비용·편익을 중심으로 한 견해에서는 의사결정자가 각 대안의 장단점을 비교·평가하면서 상쇄하는 과정을 거쳐 대안을 선택하는 것으로 본다. 하지만 의사결정자가 어떤 특별한 속성에 매우 큰 가치를 부여하고 다른 속성과의 상쇄를 거부하는 일이 일어난다면 이는 의사결정과 관련된 비용과 편익에 관한 고려 이외에 다른 상위 목표가 작용해 선택이 이루어지는 경우라고 할 수 있다.

예컨대 어떤 소비자가 승용차를 구매하려는 상황을 상상해 보자. 그 소비자는 두 가지 대안을 놓고 고민하고 있는데, 대안 A는 중형차이면서 연비 면에서 보통 수준이지만 안전도 면에서 탁월한 수준을 가지고 있다. 그에 비해 대안 B는 소형차이고 연비 면에서는 최고 수준이지만 안전도 면에서 평균 이하의 수준을 가지고 있다고 하자. 이런 경우 의사결정자에게 두 살짜리 어린아이가 있다면 자동차의 안전도는 양보할 수 없는 선택 기준이라고 할 수 있다. 그 소비자는 높은 연비를 선택하기 위해 안전도를 포기하는 상쇄를 상상해 보는 순간, 자신의 자녀가 교통사고로 부상이나 사망할 수도 있다는 데 생각이 미칠 수 있다. 그 결과 부정적 감정이 일어나면서 더는 그 같은 상쇄를 수행하기가 어려워진다. 이 같은 상황에서 의사결정자는 자동차 구매를 다음 기회로 미루거나 부정적인 감정을 유발하는 상쇄를 피할 수 있는 단순한 의사결정 규칙을 사용할 가능성이 높아진다. 다시 말하면 그 소비자는 다른 속성은 고려하지 않고 무조건 안전도 면에서 가장 높은 수준의 대안을 선택할 수 있다. 이 같은 경우도 의사결정자의 감성이 선택에 중요한 구실을 하는 예다.

의사결정에 대한 지각적 접근과 프레이밍 효과

사람들의 직관적인 의사결정과 관련된 현상 중에서 최근 많은 관심을 받았던 것이 프레이밍 효과다. 프레이밍 효과는 주로 대니얼 카너먼Daniel Kahneman이나 에이머스 트버스키Amos Tversky와 같이 의사결정에 대해 지각적인 견해를 가지고 있는 학자들에 의해 주로 연구됐다. 의사결정 연구에서 지각적인 접근을 선호하는 학자들은 대개 의사결정자의 자극에 대한 순간적인 지각이 판단이나 선택에 상당 부분 영향을 미치며, 따라서 의사결정은 의사결정자의 의지나 목표와는 무관하게 결정되는 부분이 많다고 주장한다. 예컨대 트버스키와 카너먼Tversky & Kahneman (1981)은 다음과 같은 문제를 가지고 의사결정에 대한 프레이밍의 효과를 입증했다.

문제 미국은 600명 정도가 죽을 것이라 예상하는 아시아 전염병에 대한 대책을 마련하고 있다. 다음과 같이 A와 B, 2개의 대책이 가능한 것으로 파악됐다.

(생존자 프레임, N = 152)

- 대책 A를 선택하는 경우, 200명을 살릴 수 있다.
- 대책 B를 선택하는 경우, 600명 모두 살릴 수 있을 확률이 1/3이고 아무도 살릴 수 없을 확률은 2/3다.

당신은 A와 B 중에서 어느 대책을 선택하겠는가?

이 문제에서 대다수(72%)의 응답자들은 대책 A를 대책 B보다 더 선호했다. 그러나 이 문제를 내용은 같지만, 대책에 관련된 프레임만 달리해 새로운 실험 참가자들에게 물었다.

(사망자 프레임, N = 155)

- 대책 A'를 선택하는 경우, 400명이 죽는다.
- 대책 B'를 선택하는 경우, 아무도 죽지 않을 확률이 1/3이고 600명이 죽을 확률은 2/3다.

귀하는 A'과 B' 중에서 어느 대책을 선택하겠는가?

앞선 문제에서와 달리 이 문제에서는 대다수(78%)의 응답자들이 대책 B'를 대책 A'보다 더 선호했다. 이 실험이 분명하게 보여 주는 것은 내용상 같은 의사결정 문제임에도 문제가 생존자 프레임으로 표현되었는가, 아니면 사망자 프레임으로 표현되었는가에 따라 의사결정의 결과가 달라질 수 있다는 것이다. 일반적으로 의사결정자들의 판단이나 선택 문제에 대한 지각은 많은 부분이 의지로 변경하기 어려운 지각 시스템상의 내재적 요인들에 의해 좌우된다. 그래서 시각적인 지각에서의 착시 현상처럼 의사결정 문제와 관련된 지각상의 요인들은 의사결정자 자신도 의식하지 못하는 많은 편향이나 오류를 일으킬 수 있다.

의사결정에서 프레이밍 효과는 사람들의 지각과 관련된 '전환이 가능한 형상'에 비유해 설명할 수 있다. 〈그림 1-3〉에서 볼 수 있듯이 같은 그림이라도 보는 사람이 어느 부분에 주의를 기울이는가에 따라 그림에 대한 해석이 달라질 수 있다. 즉 그림을 보는 사람이 그림의 F 부분에 주의를 기울이면 이 그림은 두 사람이 서로 마주 보고 있는 그림으로 보이며, G 부분에 주의를 기울이면 촛대나 분수대의 그림으로 보인다. 이처럼 형상figure과 배경background이 서로 뒤바뀔 수 있는 그림을 '전환할 수 있는 형상reversible figure'이라고 부르며, 위에서 프레이밍 효과의 예로 든 트버스키와 카너먼의 문제는 이 같은 그림과 매우 유사한 구조로 되어 있다.

위의 아시아 전염병 문제에서 생존자 프레임으로 문제를 표현했을 때 의사결정자들은 600명 중에서 생존자 부분에 더 많은 주의

〈그림 1-3〉 형상과 배경이 뒤바뀔 수 있는 그림의 예

를 기울이게 된다. 그와는 반대로 사망자 프레임 하에서는 사망자에게 초점이 맞춰지면서 의사결정자가 생존자 프레임 하에서와는 다른 선택을 하도록 유도한다.

이 같은 프레이밍 효과는 의사결정의 합리성과 관련해 매우 심각한 문제를 제기한다. 즉 의사결정자의 판단이나 선택을 합리적인 것으로 간주할 수 있으려면, 몇 가지 조건들을 만족해야 한다. 그중 가장 기본적인 원칙 중 하나가 불변성invariance의 원칙인데 그것은 같은 선택 문제를 다른 방식으로 표현했다고 하더라도 표현에 따라 대안에 대한 선택이나 선호가 바뀌어서는 안 된다는 원칙이다. 불변성의 원칙은 매우 당연한 것으로 여겨져서 대부분 선택 이론에서 암묵적인 가정으로 삼고 있는 원칙이다. 트버스키와 카너먼의 아

시아 전염병 문제는 의사결정에서 가장 기본적인 원칙 중의 하나인 불변성의 원칙이 어긋날 수 있다는 것을 보여 준 예로서 사람들이 내리는 판단이나 의사결정이 과연 합리적인가에 대해 심각한 의문을 제기하고 있다.

이 장을 끝내며

인간은 과연 합리적인가 하는 의문으로 이 장을 시작했다. 그러나 아직은 이러한 의문에 대한 대답이 확실하게 주어졌다고 볼 수는 없다. 전통적인 경제학에서 인간은 자신의 효용을 극대화하려 하고 또한 극대화할 수 있는 능력도 갖추고 있는 존재로 봐 왔다. 그러나 허버트 사이먼 이래로 인간은 많은 의사결정 문제를 최적화할 능력도 없을 뿐 아니라 반드시 최적화를 원하는 존재도 아닌 것으로 밝혀지고 있다. 따라서 순효용을 극대화하는 것이 합리성의 기준이라면 인간은 상당히 많은 경우 합리적인 존재가 아니라고 말할 수 있다. 그러나 최근에는 '최적화=합리성'이라는 등식을 탈피해 의사결정의 합리성을 따질 수 있는 다른 기준을 모색해 보려는 움직임이 일어나고 있다.

사실 어떤 의사결정이 합리적인 의사결정인가를 알기 위해서는 사람들이 현실 속에서 실제로 어떻게 의사결정을 하는지 알 필요가 있다. 그 같은 지식을 근거로 바람직한 의사결정의 모습을 찾고 실제 의사결정이 어떤 조건으로 어떻게 빗나가게 되는가를 알아내는 것이 인간의 판단과 의사결정에 대한 이해 수준을 높이는 길일 것이다. 그런 의미에서 의사결정의 적응성adaptivity을 기준으로 바람직한 의사결정의 모습을 그려보고 합리성에 대한 해답도 얻어 보려는 움직임이 있다(Payne et al, 1993). 적응성이라는 개념은 논리적 일관성에 기초한 최적화라는 개념보다는 인간의 의사결정 행동 중에서 더 많은 부분을 합리적인 것으로 간주할 수 있도록 해 준다. 그러나 과연 인간의 어떤 의사결정 행동을 적응적이라고 봐야 할 것인지 확실하지 않은 경우도 많아서 의사결정의 합리성을 따져 볼 수 있는 완벽한 기준이라고 보기는 어렵다.

사이먼이 제안한 제한된 합리성의 개념은 주로 인간의 계산 능력 한계에 초점이 맞춰져 있지만, 최근 게르트 기거렌저Gerd Gigerenzer를 중심으로 제한된 합리성 개념의 외연을 확장하려는 시도가 이루어지고 있다. 기거렌저(2002)는 의사결정자를 '소박한 기사backwoods mechanic'에 비유하고 연장통에 최적화를 위해 예리한 톱이나 칼을 들고 다니는 것이 아니라 당면한 문제를 해결할 수 있는 몇 가지 소박한 도구만을 들고 다니는 것으로 묘사하고 있다. 따라서 의사결정자들은 모든 문제를 일반적으로 해결할 수 있는 도구와 부품을 들고 다니는 세련된 기사가 아니라 한 가지 불완전한 도구를 사용해 보고 해결되지 않으면 또 다른 도구를 사용하는 등의 방법으로, 그런대로 쓸모 있는 해법을 내놓는 소박한 기사라고 볼 수 있다.

이 같은 기거렌저의 제한된 합리성 개념 하에서 의사결정자들은 비용·편익의 원칙 이외에도 정당화 용이성의 제고, 감성 휴리스틱뿐만 아니라 자원을 n개의 범주에 배분할 때 사용할 수 있는 1/n 휴리스틱 등 의사결정 문제를 해결할 수 있는 여러 간단한 도구를 가지고 매우 신속하고도 소박하게 의사결정을 내리는 존재로 파악할 수 있다(Gigerenzer, Reb, & Laun, 2022). 그런 의미에서 시골 기사로 비유된 의사결정자의 연장통에 들어 있는 여러 가지 도구들은 빠르고도 소박한 휴리스틱들fast & frugal heuristics이라고 할 수 있다. 따라서 인간은 이와 같은 도구들이 갖는 한계 내에서 생태학적으로 지속적인 적응을 시도한다는 의미에서 제한적으로 합리적인 존재라고 할 수 있을 것이다. 그 같은 휴리스틱들은 의사결정 문제가 너무 복잡해서 다루기 힘들거나intractable, 확률조차 부여하기 어려운 불확실성이 개입된 경우 매우 긍정적인 결과를 가져다주기도 한다(Gigerenzer, 2021). 그러나 카너먼과 트버스키를 필두로 하는 지각적 견해를 가진 학자들이 주장하듯이, 인간의 판단과 의사결정은 그 어떤 기준을 사용하더라도 합리적 또는 적응적이라고 볼 수 없는 경우가 많이 발견되기 때문에 인간이 실제로 어떻게 의사결정을 수행하며 그 행동이 어떤 조건 하에서 편향이나 오류를 가져오는지를 이해하는 것이 필요하다(하영원, 2020). 그런 의미에서 인간 의사결정의 합리성 문제는 아직도 완전한 결론이 나지 않은 열려 있는 문제다.

이 책의 나머지 부분에서는 과연 사람들이 의사결정을 어떻게 수행하고 그 과정들은 어떤 의미에서 합리적이고 어떤 의미에서 불합리하다고 할 수 있는지에 대해 살펴보고자 한다.

CHAPTER 2

휴리스틱과 인지적 편향

우리의 직관적 판단은 어떻게 이루어질까?

인간의 생각은
첫째, '어떤 대상'을 알아볼 수 있는 방대한 능력과
둘째, 선택적 탐색을 수행할 수 있는 능력
두 가지로 이루어져 있다.

허버트 A. 사이먼 Herbert A. Simon

"내년 우리나라의 경제성장률은 몇 %일까?", "가수 싸이의 키는 몇 cm일까?", "UN 가입국 중에서 아프리카에 있는 나라는 몇 개인가?", "내가 앞으로 3개월 동안 이용할 수 있는 헬스클럽의 회원권을 끊는다면 몇 번이나 이용하게 될까?" 등의 질문은 모두 우리의 판단을 요구하는 물음이다. 이 중에서 "내년 우리나라의 경제성장률은 몇 %일까?" 같은 질문은 미래의 시점이 되어 보면 정확한 답을 얻을 수 있다. 또 "내가 만일 3개월짜리 헬스 이용권을 끊는다면 몇 번이나 가게 될까?" 같은 질문에 대한 대답은 내가 그 헬스클럽 이용권을 살 것인가 말 것인가를 결정하는 전제가 되기도 한다. 이처럼 우리의 판단을 요구하는 많은 문제는 문제별로 독특한 성격이 있기는 하지만, 그러한 질문들의 공통점은 사람들이 질문에 대한 답을 구할 때 대개 자신의 직관에 의존한다는 것이다.

이 장에서는 논리적인 추론 과정을 거치는 판단이 아닌 인간의 직관에 의한 판단이 어떤 과정을 통해 이루어지며 그 과정에서 어떤 편향이나 오류가 나타날 수 있는가에 대해 살펴보기로 한다.

사람들이 직관적 판단을 내리는 과정은 주위의 사물을 지각하는 과정과 유사하다. 학자로서 인간의 지각 과정을 이해하기 위해 일생을 노력했던 에곤 브런즈윅Egon Brunswik은 사람들이 몇 가지 '단서들cues'에 의해 지각적인 판단을 내린다고 하며 그 과정을 모델화했다. 이 모델은 마치 실제 값과 인간의 판단 사이에서 단서들이 빛을 모으는 돋보기 모양을 하고 있기 때문에 '렌즈 모델'이라 명명됐다(〈그림 2-1〉 참조). 어떤 대상을 시각적으로 지각할 때 3차원 공간에 존재하는 대상의 상像이 우리 망막에 2차원적으로 표상되면 그 표상된 자극들을 단서로 관심의 초점이 되는 값(예컨대, 가수 싸이의 키)에 관한 판단을 내린다. 이때 여러 가지 이유(예컨대, 3차원의 현실을 2차원에 나타내기 때문에 어쩔 수 없이 나타나는 변환) 때문에 우리가 사용하는 어떤 단서도 실제 값을 항상 100% 정확하게 맞힐 수는 없

〈그림 2-1〉 에곤 브런즈윅의 렌즈 모델

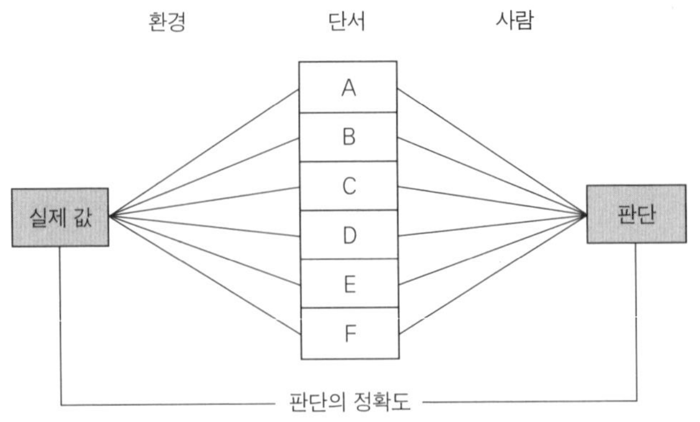

다. 마찬가지로 사람들이 판단을 내릴 때에도 어떤 하나의 단서에만 전적으로 의존하지는 않는 것이 보통이다. 따라서 단서는 사람들의 판단과도 확률적으로 연결되어 있다. 사람들이 내리는 판단의 정확성은 〈그림 2-1〉 왼쪽의 환경에서 직선으로 표현된 실제 값과 단서 간의 관계와, 오른쪽의 사람에서 직선으로 표현된 단서들과 판단 간의 관계가 얼마나 일치하는가에 달려 있다.

사람들이 살아가면서 경험하는 많은 의사결정들은 불확실한 사건들에 관한 판단을 바탕으로 이루어진다. 예컨대 '내가 지금 현대자동차 주식을 살까, 말까?' 하는 의사결정을 하기 위해서는 앞으로 수년간 현대자동차가 세계 자동차 시장에서 영업실적이 어느 정도일까를 판단할 필요가 있다. 이 경우 내년도 현대자동차의 영업실적을 정확하게 예측하기는 불가능하기 때문에 사람들은 대개 미래에 대한 확률적인 예측을 기초로 이 같은 의사결정을 수행한다. 가령 어떤 투자자가 내년도 현대자동차의 영업실적이 올해의 영업실적에 비해 10% 이상 증가할 확률이 90% 이상이라고 판단한다면 그 투자자는 현대자동차 주식에 투자할 가능성이 클 것이다. 이런 경우 그 투자자는 현대자동차의 영업실적이 10% 이상 증가할 것이라는 확률을 어떻게 판단할까? 브린즈윅의 렌즈 모델에서 사용된 용어를 빌려 표현하자면 그 투자자는 몇 가지 단서에 의존해서 그러한 확률 판단을 수행할 것이다. 이때 단서로 사용할 수 있는 것으로는 미주 지역, 아시아 지역 및 유럽 지역에서 현대자동차의 전기자동차에 대한 소비자의 평가가 어떤 추세를 보이고 있는가? 지금 현재 미국 경제가 하강 곡선을 그리고 있는가, 아니면 상승 곡선을 그리고 있는가? 등이 될 것이다. 물론 이 같은 의사결정의 구조는 경제적인 의사결정에만 한정되는 것은 아니다. 예를 들면 결혼 적령기에 접어든 어떤 여성이 지금의 남자친구와 결혼을 할 것인가 말 것인가를 결정할 때도 해당한다. 즉 사귀는 동안에 경험했던 남자친구의 행동, 성격 등의 단서에 근거해서 "이 사람이 앞으로도 계속 나만을 사랑할 확률이 얼마인가?"에 대한 명시적 또는 묵시적 판단을 내리고 이에 근거해 결혼을 결정할 가능성이 크다. 이처럼 사람들이 내리는 확률에 관한 판단의 정확성은 의사결정의 성패를 가름하는 핵심적 요소라고 할 수 있다.

그렇다면 이 같은 확률 판단은 어떤 심리적 과정을 거쳐서 이루어질까? 기본적으로 확률은 통계학적인 개념이며 통계학에서 밝혀진 여러 가지 법칙을 따라야 한다. 그러나 트버스키와 카너먼(1974)에 의하면 확률을 판단할 때 인간의 심리적 기제는 통계학에서 밝혀진 법칙을 따르지 않으며, 오히려 그 나름대로 확률을 판단하는 특유의 원칙과 과정을 가지고 있다. 트버스키와 카너먼은 인간의 확률 판단에 대한 그들의 연구를 종합해서 사람들이 확률 판단을 위해 자주 사용하는 세 가지 기본적 규칙을 제시했는데, 대표성representativeness 휴리스틱, 이용가능성availability 휴리스틱, 정박과 조정anchoring and adjustment 휴리스틱이 그것이다. 이러한 확률 판단에 사용하는 규칙들은 다른 휴리스틱과 마찬가지로 확률 판단에 대해 매우 빠르면서도 소박한 해답을 준다는 의미에서 유용하지만, 많은 경우에 심각한 체계적 오류와 편향을 유발하기도 한다.

이 장에서는 트버스키와 카너먼이 그들의 연구에서 밝힌 확률 판단의 휴리스틱에 대해 살펴보고, 이러한 휴리스틱이 유발할 수 있는 편향들을 살펴보고자 한다. 또한 트버스키와 카너먼이 제시한 확률 판단에서의 세 가지 휴리스틱에 더해 확률 판단상의 대표적인 편향이라고 할 수 있는 '판단에서 지나친 자신감overconfidence'과 '사후판단편향hindsight bias' 그리고 '통제의 환상The illusion of control'에 대해서도 살펴보기로 한다.

대표성 휴리스틱

사람들의 확률 판단 중에서 흔하게 볼 수 있는 하나의 유형은 "우리 회사의 다른 부서에 근무하는 김영식 씨가 기독교인일 확률은 얼마일까?" 하는 예에서 볼 수 있는 것처럼 "대상 A가 그룹 B에 속할 확률은 얼마나 될까?" 하는 주관적 확률 판단이다. 그 밖에도 프로 야구 선수 생활을 막 시작한 M이 첫 경기에서 4타석 2안타를 기록하는 것을 본 K씨가 그것에 근거해 앞으로 M의 10년 동안 타자로서의 타율을 판단하는 경우처럼, "관찰된 사건 A가 확률적 과정 B에서 비롯되었을 가능성은 얼마나 높은가?"와 같은 유형의 확률 판단들도 유사한 문제라고 할 수 있을 것이다.

결론부터 말하면 이 같은 확률 판단들을 수행할 때 사람들은 일반적으로 대표성 휴리스틱[1]을 사용한다. 즉 사람들은 확률을 추정함에 있어 'A가 카테고리 B를 얼마나 잘 대표하는가?', 다시 말하면 A가 B와 얼마나 비슷한가를 기반으로 판단을 수행하는 경향을 보인다. A가 B를 잘 대표할 수 있거나 서로 매우 '닮았다'고 생각하면 A가 B에서 비롯되었을 확률이 높다고 판단하며, A와 B가 서로 매우 다르면 그 확률을 낮은 것으로 평가한다.

사전 확률의 무시

이처럼 확률 판단을 유사성 판단으로 대체하는 경우에 문제에 대해 빠른 해답을 얻을 수 있는 장점이 있지만, 판단에서는 매우 심각하면서도 체계적인 오류를 범할 수 있다. 왜냐하면 유사성 혹은 대표성에 관한 판단은 확률 판단에서 고려해야 하는 여러 요소에 의해 어떤 영향도 받지 않기 때문이다. 대표성을 가지고 확률을 판단하는 구체적인 예를 살펴보자. 만일 김영철이라는 사람이 주변 사람들에게 다음과 같은 평가를 듣는다고 가정해 보자.

> 김영철 씨는 매우 수줍어하고 내향적이며 언제나 다른 사람들에게 도움이 되는 사람이기는 하지만 주변 사람들이나 세상일에 대해 큰 관심을 보이지 않는다. 온순하면서도 깔끔한 김영철 씨는 무엇이든 정돈된 것을 좋아하고, 업무에서도 큰 윤곽보다는 세부적인 것에 많은 신경을 쓰는 편이다.

만일 당신이 위와 같이 김영철 씨를 묘사한 내용을 읽고 나서 그의 직업으로 농부, 영업사원, 비행기 조종사, 도서관 사서, 내과의사 중에서 어느 하나를 골라야 한다면 어떤 직업을 고르겠는가? 아마도 도서관 사서를 고를 가능성이 가장 높을 것이다. 사람들은 위에 제시된 해당 인물에 대한 간단한 묘사 이외에 객관적인 정보가 없는 상황에서 그 사람의 직업을 판단하기 위한 새로운 정보(예를 들어

각 직업에 종사하고 있는 사람들의 전체 인구에 대한 비율 등)를 추가로 얻으려 하기보다는 주어진 정보에 의존해 성격과 직업 간의 관계를 유추하는 경향이 강하다. 즉 도서관 사서에 대해 가지고 있는 사람들의 전형적인 이미지는 주로 영화나 TV에서 본 도서관 사서에 의해 형성되는 경우가 많을 것이다. 그들은 조용한 성격의 도서관 사서를 자주 봐 왔고 또한 이는 도서관에서 연상되는 책에 둘러싸인 단조롭고 깔끔하게 정돈된 분위기와도 관련이 깊을 것이다. 따라서 확률 판단을 수행하는 사람은 도서관 사서가 가지는 전형적인 이미지와 연상이 제시된 김영철 씨의 성격과 유사성이 높다고 판단해서 농부나 영업사원보다는 도서관 사서일 가능성이 높다고 판단할 것이다. 그러나 김영철 씨가 영업사원이 아닌 도서관 사서일 확률을 판단하기 위해서는 실제로 우리나라 인구 중에서 도서관 사서보다 영업사원이 훨씬 더 많다는 사실을 반드시 고려하지 않으면 안 된다.

실제로 우리나라 전체 인구 중 농부, 영업사원, 비행기 조종사, 도서관 사서 및 내과의사의 비율과 같은 사전 확률base rate을 생각해 보면 김영철 씨는 우리가 생각하는 전형적인 도서관 사서와 매우 비슷한 성격의 소유자임에도 영업사원이나 농부일 가능성이 더 높다. 이처럼 실제 확률은 때로 사전 확률처럼 유사성이나 대표성의 판단에는 전혀 영향을 미치지 않는 요소들에 의해 결정될 수도 있기 때문에 대상과 그룹 전형 사이의 유사성에 의존하는 대표성 휴리스틱을 활용하는 확률 판단은 심각한 오류를 가져오기도 한다. 이 같은 현상을 '사전 확률의 무시base rate neglect'라고 부른다(Kahneman & Tversky, 1973).

결합 확률에 관한 판단

사전 확률의 무시와 비슷하지만 약간 다른 기제에 의해 확률 판단에 오류가 생기는 일도 있다. 다음은 트버스키와 카너먼(1982)이 했던 결합 확률에 관한 실험을 우리 상황에 맞게 약간 변형해서 소개한 내용이다. 다음 이수정 씨에 대한 설명을 보고 아래 기술된 문장들에 대해 생각해 보자.

> 이수정 씨는 31세의 미혼 여성이며 솔직하고 매우 똑똑하다. 이수정 씨는 대학에서 철학을 전공했다. 학생 때 그는 각종 사회적 차별 및 사회정의와 관련된 이슈에 깊은 관심이 있었으며, 환경문제에 관한 시위에도 참여했다. 다음 여덟 개의 문장을 읽고 가장 확률이 높을 것 같은 문장에 1위, 가장 확률이 낮을 것 같은 문장에 8위를 주는 방법으로 1위부터 8위를 정해 보자.

문장	T(Teller): 은행창구 직원 F(Feminist): 여성인권 운동가	트버스키와 카너먼의 실험에서 평균 순위
이수정 씨는 초등학교 선생님이다.		5.2
이수정 씨는 서점에서 일하고 요가 수업을 듣는다.		3.3
이수정 씨는 여성인권 운동가이다.	F	2.1
이수정 씨는 정신 장애자를 위한 사회복지사이다.		3.1
이수정 씨는 '여성 유권자 연맹'의 회원이다.		5.4
이수정 씨는 은행창구 직원이다.	T	6.2
이수정 씨는 보험 판매사원이다.		6.4
이수정 씨는 은행창구 직원이며 동시에 여성인권 운동가이다.	T&F	4.1

이 중 T, F, T&F라고 표기된 문장에 대한 응답의 평균을 이용해 높은 확률 순으로 나열하면, 대부분 사람들은 F > T&F > T의 순으로 대답하는 것이 보통이다(트버스키와 카너먼의 실험에서 전체 응답자의 85%가 그런 순서로 대답했다). 주어진 설명에 비추어 볼 때 이수정 씨가 여성인권 운동가일 확률을 가장 높게 판단한 것은 나름대로 일리가 있어 보인다. 그러나 T&F가 T보다 확률이 높으리라 예측한 것은 문장 자체만을 읽어보면 그럴듯해 보이지만, 각 문장을 하나의 사건이라 생각하고 일어날 확률을 계산해 보면 그렇지가 않다. 자세히 생각해 보면 T&F는 T와 F의 교집합이기 때문에 두 사건이 동시에 일어난다는 것은 어떤 경우에도 T나 F 개개의 확률보다 낮을 수밖에 없다. 그럼에도 이러한 결과가 나타난 이유는 바로 사람들이 이수정 씨에 관한 확률을 판단할 때 대표성 휴리스틱을 활용했기 때문으로 보인다. 즉 이수정 씨의 특성을 고려해 볼 때 그녀는 여성인권 운동가 그룹을 대표하는 전형적인 인물에 가깝다고 할 수 있지만, 은행창구 직원이라는 범주를 대표할 수 있는 인물로 판단되지는 않는다.

대표성은 유사성처럼 판단 대상(이수정 씨)의 속성과 각 해당 그룹 전형prototype의 속성이 겹치는 공통 속성, 그리고 서로 겹치지 않는 고유 속성에 의해 결정된다. 그런데 그중 공통 속성이 전체(두 부분의 합)에서 차지하는 부분이 커질수록 그 대상(이수정 씨)의 해당 그룹(예컨대, 은행창구 직원이면서 동시에 여성인권 운동가인 그룹)에 대한 대표성은 증가한다(Tversky, 1977). 그러므로 사람들은 이수정 씨가 대표한다고 보기 어려운 T(은행창구 직원)에 속할 확률보다는 이수정 씨가 대표할 가능성이 더 큰 T&F(은행창구 직원이면서 동시에 여성인권 운동가인 그룹)에 속할 확률을 더 높게 예측한 것이다. 이 같은 현상을 '결합의 오류conjunction fallacy'라고 부르며 이러한 오류는 통계학적 지식이 많은 대학원생이나 통계학적 지식을 거의 갖고 있지 못한 학부생들 모두에게 공통으로 나타났다(Tversky & Kahneman, 1982).

표본 크기에 대한 무시: 소수의 법칙

통계학의 여러 정리 중에서 가장 인상적인 법칙 중의 하나가 '대수의 법칙law of large numbers'이다. 대수의 법칙은 어떤 무작위 과정random process의 시행 횟수가 충분히 크면(즉, 표본의 크기가 충분히 커지면) 표본의 평균값이 모집단의 평균에 근접하는 현상을 말한다. 예를 들어 우리나라 성인 남성의 평균 신장이 173cm라고 가정해 보자. 이 경우 우리나라 성인 남성 중 5명을 무작위로 골라 측정한 신장의 평균보다는 500명을 표본으로 골라 측정한 신장의 평균이 173cm에 더 가까우리라는 것을 말해 준다. 그러나 사람들의 추론 과정을 살펴보면 표본의 크기가 작은 경우에도 모집단의 성격이 그대로 드러날 것이라 착각하는 경향이 있다. 트버스키와 카너먼(1971)은 이 같은 경향을 '소수의 법칙law of small numbers'이라고 명명했다.

사람들의 확률 판단에서 이 같은 경향이 나타나고 있는 전형적인 예는 트버스키와 카너먼(1974)이 95명의 학부생을 대상으로 벌인 다음 실험에서 찾아볼 수 있다.

한 마을에 두 개의 병원이 있는데 큰 병원에서는 45명, 작은 병원에서는 15명의 신생아가 매일 태어난다고 한다. 물론 전체 신생아 중 대략 50%는 남자 아기다. 하지만 일별 출산 기록에 따르면 이 확률은 높을 때도 있고 낮을 때도 있다. 지난 1년 동안 각 병원에서 남아가 신생아의 60% 이상 태어난 날을 기록한다고 했을 때, 위의 두 병원 중 어떤 병원에서 남아가 60% 이상 태어난 날들이 더 많았을 것으로 생각하는가?

위 질문에 대해 95명의 학부생이 응답한 결과는 다음과 같다.

큰 병원 (21명)
작은 병원 (21명)
거의 같다(즉, 서로 5% 이상 차이 나지 않을 것이다). (53명)

위의 결과에서 보면 설문에 참여한 사람들의 반응은 대부분 확률적으로 거의 같을 것이라고 대답했다. 그러나 통계학에서의 표본추출 이론에 의하면 표본의 수가 클수록 표본의 표준오차는 작아진다(이 경우 무작위로 선택한 날 각 병원에서 태어난 신생아 중 남아 비율(p)의 기댓값은 0.5이므로 표준오차는 큰 병원의 경우 $\sqrt{(0.5)(0.5)/45}$ = 0.075이고, 작은 병원의 경우 $\sqrt{(0.5)(0.5)/15}$ = 0.130이다. 큰 병원의 표준오차가 훨씬 더 작다는 것을 알 수 있다). 따라서 표본의 수를 고려한 각 병원의 확률분포는 〈그림 2-2〉와 같이 나타낼 수 있다. 여기서 기준선 우측의 빗금인 면적은 각 병원에서 남아 출산율이 60% 이상 될 확률이다.

〈그림 2-2〉 큰 병원과 작은 병원에서 남아 출산율이 60% 이상일 확률

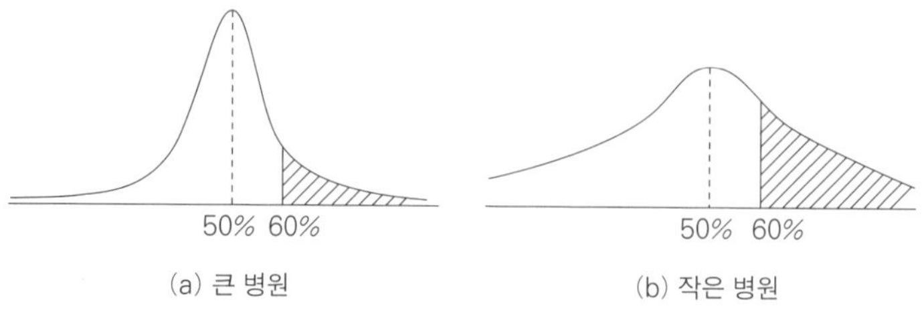

(a) 큰 병원 (b) 작은 병원

즉, 큰 병원은 신생아 중 남아의 비율이 평균 0.5에서 0.1 이상 벗어날 확률이 작은 병원에 비해 훨씬 낮아서 위 질문에 대한 올바른 답은 작은 병원이라고 할 수 있다. 그러나 사람들은 이 질문에 답을 하면서 45명과 15명이라는 표본의 크기를 고려하지 않고 단지 모집단의 남아 비율인 50%가 표본에도 그대로 나타나리라는 생각에서 대답한 것으로 보인다. 이처럼 통계학의 가장 근본적인 원리들이 사람들의 직관적 판단에서는 전혀 고려되지 않는 경우가 많다.

우연에 대한 오해

'소수의 법칙'이 극명하게 드러나는 또 다른 경우는 무작위로 일어나는 일들에 관한 사람들의 판단에서 관찰할 수 있다. 사람들은 무작위로 일어나는 몇 번 안 되는 짧은 일련의 사건들에서도 원래 모집단이 가지는 본질적인 특성이 그대로 재연될 것이라 기대한다. 예를 들어 사람들이 100원짜리 동전을 두 번 이상 던질 때 앞면(세종대왕)과 뒷면(100이라는 숫자)이 번갈아 나오기를 기대하는 것이 대

표적인 예다. 어떤 사람이 동전을 여섯 번 던진다고 할 때, '앞-앞-앞-뒤-뒤-뒤'와 같은 순서보다는 '앞-뒤-앞-뒤-뒤-앞'과 같은 순서로 나타날 가능성이 더 높을 것이라고 예상하며, 심지어 '앞-앞-앞-앞-뒤-앞'과 같은 순서가 나타나면 동전 자체가 '공정한' 동전 fair coin인가에 의구심을 가질 수도 있을 것이다. 사실 동전을 던져서 앞과 뒤가 나타날 확률이 같다는 것은 일반적으로 동전 던지기를 매우 여러 번(예컨대, 600번 이상) 반복할 때 앞뒤가 각각 절반에 가깝게 나타난다는 것을 의미한다. 여섯 번 정도의 짧은 연속 시행에서는 절반이라는 대표적인 기대확률은 나타나지 않을 가능성이 훨씬 높다. 게다가 매번 시행이 독립적이라면 '앞-앞-앞-앞-앞-앞'과 같이 여섯 번 모두 앞이 나오는 확률이나 '앞-뒤-앞-뒤-뒤-앞'처럼 그럴듯하게 앞뒤가 섞여서 나오는 특정 순서가 나타날 확률은 모두 0.015625(= 0.5^6)로 같다.

'소수의 법칙'과 유사한 착각이 나타나는 또 다른 예는 '도박사의 오류the gambler's fallacy'이다. 즉 카지노의 룰렛 게임에서 바퀴를 돌려 지금까지 검은색과 빨간색 중에서 서른 번 이상 빨간색만 계속 나왔다면 사람들은 '이제는 검은색이 나올 때가 됐다'고 생각하고 너도나도 검은색 쪽에 돈을 걸게 된다는 것이다. 이 같은 오류는 야구 경기를 관람하는 관객들에게서도 흔히 관찰할 수 있다. 올해 시즌 타율이 2할 5푼인 어떤 타자가 오늘은 3타석 무안타를 기록하고 네 번째 타석에 등장했다면 '이제는 안타를 칠 때가 됐다'고 생각하는 오류가 그것이다. 타자의 타율은 그 타자가 상당히 많은 타석(예컨대, 500타석)에서 평균적으로 네 번에 한 번꼴로 안타를 쳤다는 것을 의미할 뿐 네 번밖에 안 되는 짧은 연속 시행에서 반드시 한 번씩 안타를 친다는 것을 의미하지는 않는다. 그럼에도 사람들은 많은 시행에서 나타나는 판단 대상의 특성이 몇 번 안 되는 시행에서도 그대로 나타나리라고 믿는 경향을 보인다.

위에서 살펴본 대표성 휴리스틱은 사람들이 판단을 할 때 활용하는 직관적 과정이라고 할 수 있다. 그러나 여기서 한 가지 언급할 필요가 있는 것은 사람들의 판단이 전적으로 직관에 의해서만 수행되는 것은 아니라는 점이다. 인간은 판단이나 추론을 위해 직관 이외에도 다른 인지 시스템을 동원하기도 하는데 그것은 심사숙고를 거치는 추론을 수행하는 시스템이라고 할 수 있다.

두 가지 인지 시스템: 시스템 1과 시스템 2

카너먼과 프레더릭Kahneman & Frederick (2002)은 위에서 살펴본 대표성 휴리스틱에서 발생하는 오류는 인간이 가지고 있는 두 가지 형태의 인지 시스템(즉, 시스템 1과 시스템 2)과 관련이 있다고 주장했다. 두 개의 인지 시스템을 설명하기 전에 우선 다음 두 문제를 보자. 계산하거나 깊이 생각하지 말고 직관적으로 머릿속에 떠오르는 답을 말해 보기 바란다.

> 야구 배트와 야구공을 합쳐서 값이 1만 1000원이다. 그런데 배트가 공보다 1만 원 더 비싸다고 한다. 야구공의 값은 얼마인가?
>
> A 선수는 현재 마라톤 경기 중이다. 이제 경기장이 눈앞에 보이고 잠

시 후 경기장에 들어서면 결승점이 기다리고 있을 것이다. A 앞에는 현재 2위로 달리고 있는 B 선수가 있다. A는 온 힘을 다해서 경기장에 들어서면서 가까스로 B 선수를 제치고 먼저 결승점을 통과했다. A는 몇 등을 했는가?

머릿속에 쉽게 떠오르는 답은 1번의 경우 1000원이며, 2번의 경우 1등일 것이다. 그러나 그 같은 직관적인 답이 떠오른 후 금방 다시 생각해 보면 뭔가 이상하다는 것을 눈치챘을 것이다. 1번 문제의 경우 야구공 값이 1000원이라고 한다면 배트 값은 1만 1000원이어야 둘의 차이가 1만 원이 나게 되는데, 그렇다면 야구공 값과 야구 배트 값의 합이 1만 2000원이 된다. 그래서 합을 1만 2000원보다 적게 만드는 야구공 값을 생각해 보면 500원을 떠올릴 수 있고 이 경우 배트 값이 1만 500원, 배트 값과 야구공 값의 합이 1만 1000원이므로 공의 값은 500원이라는 것을 확인할 수 있다. 2번 문제도 처음에는 2등을 제쳤으니 자연스럽게 1등이라고 생각할 수 있으나, A 선수가 B 선수를 제치기 전에 B 선수 순위가 2위였고 1위였던 선수는 따로 있었으므로 A 선수는 3위로 달리다가 B 선수를 제치고 2위로 결승점을 통과한 셈이 된다.

우리가 이 같은 문제를 풀 때 문제를 풀기 시작한 직후에는 일반적으로 직관적인 생각('시스템 1')에 지배되기 마련이다. 그러나 우리는 직관적으로 떠오른 대안이 과연 정답인지 아닌지를 확인하는 과정에서 대개 논리적인 추론 과정을 거치며 하나하나 따져보게 된다('시스템 2'). 이처럼 문제를 푸는 방식에는 두 가지 유형의 인지 시

〈표 2-1〉 두 가지 인지 시스템의 특성

시스템 1 직관적(Intuitive) 시스템	시스템 2 심사숙고(Reflective) 시스템
프로세스 특성	
자동적(Automatic) 인지적 노력을 적게 들이는(Effortless) 연상적(Associative) 속도가 빠른(Rapid), 평행의(Parallel) 불투명한 프로세스(Process opaque) 숙련된 행동(Skilled action)	통제된(Controlled) 인지적 노력을 많이 들이는(Effortful) 연역적(Deductive) 속도가 느린(Slow), 순차적(Serial) 스스로 인식할 수 있는(Self-aware) 프로세스 규칙의 적용(Rule application)
해당 프로세스가 작동하는 대상들의 특성	
감성적(Affective) 인과적 성질(Causal propensities) 구체적인(Concrete), 특정한(Specific) 전형(Prototypes)	중립적(Neutral) 통계(Statistics) 추상적(Abstract) 집합(Sets)

자료원: Kahneman & Frederick (2002)

스템이 관여하는 것이 보통이다(Kahneman, 2011).

카너먼과 프레더릭(2002)은 인간의 인지 시스템을 스타노비치와 웨스트Stanovich & West(2000)의 구분에 따라 직관적 추론intuitive reasoning을 담당하는 '시스템 1'과 심사숙고하는 추론reflective reasoning을 담당하는 '시스템 2'로 나누고 이에 대한 특성을 〈표 2-1〉과 같이 정리했다. 대표성 휴리스틱은 기본적으로 시스템 1에 속하는 판단 과정 중의 하나라고 할 수 있으므로 〈표 2-1〉에 기술된 시스템 1이 가지는 프로세스 특성이나 그 프로세스의 작동 대상이 되는 내용은 대표성 휴리스틱이 작용하는 원리를 말해 주고 있다. 즉, 대표성 휴리스틱은 어떤 대상에 관한 판단을 내릴 때 그다지 많은 인지 노력을 들이지 않고 자동으로 매우 빠르게 수행되는 인지 과정이라고 할 수 있다. 이때 시스템 2는 시스템 1의 작동으로 얻게 되는 판단이나 의사결정의 내용을 검토하는 역할을 맡는데, 시스템 2가 시스템 1이 발생시킨 편향이나 오류를 걸러내지 못하면 사람들은 결국 판단상의 잘못을 범하게 된다.

이용가능성 휴리스틱

사람이 위암에 걸릴 위험성을 평가할 때 일반적으로 자신의 지인 중 실제 위암에 걸린 사람들을 떠올려 보고 얼마나 쉽게 그런 사례를 떠올릴 수 있는가를 통해 그 위험성의 높고 낮음을 판단한다. 이러한 휴리스틱을 이용가능성availability 휴리스틱이라고 부른다. 실제로 빈도가 높은 집단(위암에 걸린 사람)의 예를 머릿속에 떠올리는 것이 빈도가 낮은 집단(췌장암에 걸린 사람)의 예를 떠올리는 것보다 일반적으로 더 쉬우므로 이용가능성 휴리스틱은 빈도나 확률 판단에 매우 유용하게 활용된다. 그러나 이용가능성은 실제 빈도나 확률에 의해서만 결정되는 것이 아니라 판단하는 사람의 경험이나 사례에 관한 정보의 생생한 정도, 얼마나 최근에 그 정보에 접하게 되었는지 등의 요소에 영향을 받기 때문에 이용가능성 휴리스틱은 종종 예측할 수 있는 편향을 가져온다.

해당 사례의 인출 용이성에 따른 빈도나 확률의 판단

실험에 참가한 사람들이 39명의 이름이 적힌 리스트를 받았다고 가정하자. 첫 번째 실험 집단의 리스트에는 19명의 남자 이름(단, 누가 봐도 남자라는 것을 알 수 있는 이름이어야 함)과 20명의 여자 이름(누가 봐도 여자라는 것을 알 수 있는 이름이어야 함)을 무작위로 섞어서 적어 놓았다. 그런데 그 19명의 남자 이름 중에는 '강호동', '이명박' 등의 유명한 남자 이름이 섞여 있고 20명의 여자 이름은 모두 유명하지 않은 여성의 이름이었다. 두 번째 실험 집단의 리스트에도 역시 39명의 이름이 적혀 있다. 그러나 이번에는 첫 번째 실험 집단과는 반대로 19명의 여자 이름과 20명의 남자 이름이 적혀 있지만, 여자 이름 중에는 '이효리', '박근혜' 등 유명한 여성의 이름이 포함되어 있고, 20명의 남자는 모두 유명하지 않은 사람의 이름이 적혀 있었다. 이때 실험 참가자들에게 리스트를 읽어 본 다음 그 리스트를 덮게 하고 남성과 여성 중 어느 편의 이름 수가 더 많았는가를 판단하게 했다. 첫 번째 실험 집단에서는 실제 리스트에 여성 이름의 수가 더 많았음에도 남성 이름의 수가 더 많았다고 판단하는 반면, 두 번째 실험 집단에서는 리스트에 남성 이름 수가 더 많았음에도 여성 이름 수가 더 많았다고 판단했다. 이때 실험 참가자들은 자신이 본 이름 중에서 유명한 이름을 쉽게 회상할 수 있기 때문에 유명한 이름이 있는 그룹이 숫자가 더 많다고 잘못 추정하게 된다. 이처럼 해당 사례의 인출 용이성이 어떤 그룹의 빈도를 판단하는 데 큰 영향을 미칠 수 있다.

또 다른 예로 영어사전에서 세 개 이상의 알파벳으로 구성된 영어 단어 하나를 뽑았을 때, 그것이 r로 시작하는 단어일 가능성과 r이 세 번째에 있는 단어일 가능성 중 어느 쪽이 더 클 것인가를 생각해 보자. 사람들은 이러한 문제에 대답하기 위해 각각의 경우에 맞는 단어를 회상해 보려 할 것이며(예를 들어 r로 시작하는 단어로는

red, r이 세 번째에 있는 단어로는 air), 이때 사람들은 두 종류의 단어 중에서 머릿속에 더 쉽게 떠오르는 정도에 의해 상대적 빈도를 평가하는 경향이 있다. 일반적으로 사람들은 r이 세 번째에 있는 단어보다는 r로 시작하는 단어를 떠올리기가 더 쉬우므로 대부분 r로 시작하는 단어가 더 많으리라 예측하는 것이 보통이다(Tversky & Kahneman, 1973). 그러나 실제로는 3자 이상으로 구성된 영어 단어 중에서 r로 시작하는 단어보다는 r이 세 번째 위치하는 단어의 개수가 훨씬 더 많다.

상상가능성에 따른 빈도나 확률 판단

사람들은 때때로 특정 범주에 속한 사례를 기억 속에는 없더라도 얼마나 머릿속에서 쉽게 구성해 볼 수 있는지에 의해 빈도나 확률을 판단한다. 다음과 같은 두 질문에 각각 대답해 보자.

① 열 명 중 두 명으로 구성된 서로 다른 위원회를 만드는 방법의 수는?
② 열 명 중 여덟 명으로 구성된 서로 다른 위원회를 만드는 방법의 수는?

사실 정답은 열 명 가운데 두 명을 뽑아 서로 다른 위원회를 구성하는 방법의 수($_{10}C_2$ = 45가지)는 열 명 가운데 여덟 명을 뽑아 서로 다른 위원회를 구성하는 방법의 수($_{10}C_8$ = 45가지)와 같다. 그러나 이러한 경우의 수에 관한 판단을 수학적으로 계산해 보지 않고 머릿속으로 가능한 경우의 수를 떠올려 수행한다면, 두 명으로 만들 수 있는 위원회의 수가 여덟 명으로 만들 수 있는 위원회의 수보다 훨씬 더 많을 것으로 생각할 것이다. 즉, 이 경우 사람들은 해당 사례를 얼마나 쉽게 머릿속에 떠올려 볼 수 있는지에 따라 빈도나 확률을 판단하게 된다. 실제로 트버스키와 카너먼(1973)의 실험에서는 2인 위원회의 경우 실험 참가자들의 중앙값이 70가지였고, 8인 위원회의 경우 중앙값이 20가지였다. 위의 사례에서 알 수 있듯이 상상가능성imaginability에 의한 빈도나 확률의 판단은 실제 그 사례가 현실에서 일어나는 빈도나 확률과는 차이가 있는 경우가 종종 있다.

인간이 해당 사례를 머릿속에 떠올려 구성해 보는 상상 과정은 실제 삶 속에서도 확률 예측 시 중요한 역할을 하는 경우가 많은데, 해당 사례가 머릿속에 쉽게 떠오르는 것에 대해서는 그 빈도나 확률을 과대평가하고 잘 떠오르지 않는 것에 대해서는 과소평가하는 오류를 범할 수 있다. 예컨대 어떤 경영자가 새로운 사업을 시작할 것인가 말 것인가를 결정해야 하는 경우, 그 사업을 수행하면서 생길 수 있는 위험 요소들이 머릿속에 잘 떠오르지 않으면 그 위험성을 실제보다 작게 평가하는 경향을 보이게 될 것이다. 따라서 이러한 의사결정의 경우, 의사결정자가 독단적으로 사안을 조급하게 결정할 것이 아니라 주위 사람들의 중지를 모아, 일단 새로운 사업과 관련된 위험 요소를 가능한 한 모두 떠올려 보도록 하는 것이 중요하다.

정박과 조정 휴리스틱

부산과 일본 대마도 사이의 최단거리는?

인도의 마하트마 간디Mohandas K. Gandhi가 태어난 해는?

위의 두 질문에 대한 정답을 생각해 보자. 이런 문제는 대부분 정확한 답을 모르기 때문에 일단 자기가 아는 범위 내에서 문제의 답을 구하는 데 도움이 되는 수치를 생각한 다음, 여러 가지 정황을 고려해서 그 수치에 변형을 가하는 방법으로 문제에 접근하는 것이 보통이다. 예컨대 첫 번째 문제 풀이를 위한 가능한 시나리오를 떠올려 보자. 우선 서울과 부산 간 거리가 대략 450km라는 정보를 머릿속에 떠올린 다음 '부산과 대마도 간 거리는 아마도 부산과 서울 간 거리의 절반보다 조금 적지 않을까?'라는 생각을 했다면 200km 정도를 정답으로 제시할 수 있을 것이다. 두 번째 문제는 간디가 제2차 세계대전 전에 영국에 대항해서 비폭력운동을 전개했다는 정도의 지식을 갖고 있다면 1900년경에 태어났을 것이라고 짐작할 수 있을 것이다. 그러고 나서 비교적 나이가 든 간디의 사진을 보고 그것이 2차 대전이 일어났던 1940년대의 사진인 것을 안다면 아마도 간디는 1900년보다는 10년 또는 20년 정도 먼저 태어났을 것이라고 유추할 수 있다.

위의 두 문제를 맞히기 위해 사용된 서울과 부산 간 거리(450km)와 서기 1900년은 판단의 기준치 또는 닻anchor으로 사용되고, 이후 그 닻으로부터 여러 가지 정황을 고려해서 어느 정도 조정이 이루어진다고 볼 수 있다. 따라서 마치 배가 정박할 때 닻을 내리는 것처럼 사람들은 주관적으로 확실하지 않은 수치를 추정할 때 자기에게 비교적 친숙한 기준치를 중심으로 조정해 나가는 휴리스틱을 사용하는 것이 보통인데, 이를 '정박과 조정anchoring and adjustment 휴리스틱'이라고 한다.[2]

일반적으로 정박과 조정 휴리스틱은 사람들이 빠르게 직관적인 판단을 내릴 수 있기 때문에 유용하게 활용된다. 그러나 정박과 조정 휴리스틱 역시 다른 휴리스틱과 마찬가지로 인간의 판단에서 체계적인 오류를 가져오는 요인이 되기도 한다. 즉 사람들은 일단 어떤 기준치를 떠올리면 그 기준치에 지나치게 의존하기 때문에 충분한 조정을 하지 못한 채 기준치에 가까운 쪽으로 판단하는 경향이 있다. 참고로 위에 제시된 두 문제의 정답은 각각 49.5km와 1869년이다. 독자들은 49.5km나 1869년보다 큰 값들을 답으로 생각했을 가능성이 크다. 그것은 아마도 기준치로 사용한 450km와 1900년 같은 닻에 영향을 받아 충분한 조정을 거치지 못한 채 답을 내린 결과일 것이다. 그 같은 경향은 사람들의 빈도나 확률 판단에서도 두드러지게 나타난다.

판단에서 지나친 자신감

주식시장의 전문가들은 연말 코스피 지수를 확률분포의 형태로 제시할 것을 자주 요구받는다. 예를 들어 어떤 주식 전문가에게 10%의 오차를 허용하면서 코스피 지수를 범위로 예측해 보라는 요구를 했다고 하자. 이때 그 전문가가 연말 코스피 지수를 2000에서

2500 정도 될 것으로 예측했다면 2000은 X_{05}라고 부를 수 있으며, 2500은 X_{95}라고 할 수 있다. 즉, 그 전문가의 마음속에 가지고 있는 확률분포에 의하면 실제 연말 코스피 지수가 2000 이하일 확률은 5%이며 2500 이상일 확률도 5%가 된다. 따라서 그 전문가가 범위로 설정한 예측이 빗나갈 확률은 주관적으로 10%가 되는 것이다. 그런데 만일 그해 연말에 코스피 지수가 2200을 기록했다면 그 전문가의 예측은 적중했다고 할 수 있지만, 연말 코스피 지수가 2530으로 끝났다면 그 전문가의 예측은 틀린 셈이 된다. 이때 10%의 오차를 허용하는 예측을 하도록 했으므로 코스피 지수에 대한 예측을 100번 하게 되면 열 번 정도는 빗나가겠지만, 아흔 번 정도는 예측 범위 안에 실제 코스피 지수가 들어와야 정확한 예측이라고 할 수 있다. 그러므로 열 번 이상 예측이 빗나간다면 그것은 자신의 예측 능력을 과대평가한 결과라고 할 수 있으며 빗나간 횟수가 열 번 미만이라면 자신의 예측 능력을 과소평가한 결과라고 할 수 있다.

실제로 미국에서의 실험에 의하면 전문가들에게 아래위로 각각 1%의 오차를 허용하는 다우존스 지수에 대해 예측해 보도록 한 결과 다우존스의 실제 값은 100번 중 서른 번은 전문가들의 X_{01}보다 작거나 X_{99}보다 큰 것으로 나타났다. 이는 전문가들이 주식에 대한 여러 정보를 충분히 고려해서 아주 넓은 신뢰 구간을 설정하지 않고, 자기 자신이 생각하는 평균값에 큰 가중치를 두고 아래위로 지나치게 좁은 범위를 사용해 예측함으로써 매우 좁은 신뢰 구간을 설정했다는 것을 말한다. 이는 결과적으로 자기 자신의 예측 능력을 과대평가하고 있으며 자신의 판단에 대해 지나친 자신감을 느끼고 있는 증거라고 할 수 있다. 이러한 효과는 자신이 생각한 특정 값(예컨대, 자신이 생각하는 확률분포상의 평균값)에 닻을 내리고 이에 지나치게 크게 의존하기 때문에 나타나는 현상이라고 할 수 있다.

사후판단편향

사람들이 이용가능성 휴리스틱을 자주 활용함에 따라 나타날 수 있는 판단오류 또는 편향으로는 '사후판단편향hindsight bias'이 있다. 이는 어떤 사건의 결과를 알고 나서 자신이 마치 그러한 결과가 나타나기 전부터 그것을 예측하고 있었던 것처럼 착각하는 것을 말한다(Fischhoff, 1975). 예컨대 한국 국가대표 축구팀이 일본 국가대표 축구팀에게 3대 0으로 패했다고 가정하자. 시합이 끝난 뒤 결과를 본 다음 어떤 사람이 "내가 그럴 줄 알았다"고 말한다면 그것은 실제로 그런 결과가 나타날 것을 미리 알고 있었다기보다는 단순히 사후판단편향이 발생했을 가능성이 크다.

피쇼프Fischhoff (1975)는 실험 참가자들에게 19세기 영국과 네팔 간의 구르카 전쟁에 대한 배경을 상세하게 설명한 후 집단 A에게는 전쟁의 결과를 알리지 않았고 집단 B에게는 영국이 승리했다는 결과를 미리 알렸다. 그런 다음 각 집단에 전쟁의 결과를 몰랐다고 가정하도록 한 후 영국 승리, 네팔 승리, 평화 협상, 정전 상태 등 네 가지 가능한 결과가 일어날 확률을 예측하라고 지시했다. 실험 결과 영국이 승리했다는 것을 미리 알린 집단 B가 전쟁의 결과를 알리지 않은 집단 A보다 영국이 전쟁에서 승리했을 확률을 훨씬 더 높게 예측했다.

사후판단편향은 곳곳에서 발견된다. 예컨대 2022년 3월에 있었던 대통령 선거에서 국민의힘의 윤석열 후보가 적은 표차로 더불어민주당의 이재명 후보에 승리했다. 만일 2021년 11월 윤석열 후보가 국민의힘 대통령 후보로 지명되었을 때 어떤 사람에게 윤석열 후보가 대통령에 당선될 확률을 물었다고 하자. 그리고 2022년 3월에 윤석열 후보가 대통령으로 당선된 뒤 같은 사람에게 "귀하는 2021년 11월에 윤석열 후보가 대통령에 당선될 확률을 몇 퍼센트라고 판단하셨습니까?"라는 질문을 던진다면 실제로 자기가 그해 11월에 판단했던 확률보다 더 높은 확률을 말할 가능성이 크다. 마치 수학 문제의 정답을 모른 채 문제를 풀면 쉽게 풀리지 않다가 정답을 보고 문제를 풀면 술술 풀리는 것과 같은 이치다.

실제로 사건의 결과는 변하지 않기 때문에 사람들은 일반적으로 결과에 맞춰서 자신의 판단 내용을 사후에 왜곡하는 경향이 있다. 사후판단편향이 사람들의 판단과 의사결정에 중요한 장애가 되는 이유는 자신의 판단 능력을 실제보다 과대평가하고, 그 결과 자신의 판단 능력을 향상시키기 위해 학습을 할 필요성을 느끼지 않는데 있다. 따라서 우리의 판단 능력을 향상하기 위해서는 어떤 일의 결과를 알기 전 자신의 판단을 확률의 형태로 기록해 놓고, 결과를 알게 된 다음 자신이 그 당시로 되돌아갔을 때 어떤 판단을 했을까 음미해 보는 습관이 필요하다. 그렇게 함으로써 우리는 우리의 판단이 왜, 그리고 어떻게 왜곡될 수 있는가를 생각하는 기회를 가질 수 있으며, 그에 따라 우리의 판단 능력을 개선할 수 있다.

통제의 환상

대표성 휴리스틱의 예에서 볼 수 있듯이 사람들의 직관적인 확률 판단은 통계학에서 밝혀진 원칙에 의해 이루어지지 않는 경우가 오히려 일반적이다. 특히 통계학적 확률 이론의 핵심인 '무작위 randomness'라는 개념은 인간의 직관적인 이해의 틀을 벗어나는 것으로 보인다. 인간의 인지 시스템은 주위에서 일어나는 일들이 확률적인 경우에도 그에 대한 정보를 확률적으로 처리하기보다는 인과적으로 처리하는 데 더 적합하며 실제로 인과적 정보 처리에 더 길들어 있다. 예를 들면 랭거Langer (1975)는 「통제의 환상The illusion of control」이라는 기념비적인 논문에서 전적으로 우연에 의해 결과가 정해지는 상황에서조차도 결과와는 아무 관련이 없는 기술이나 능력과 관련한 요소(예컨대 경쟁, 선택, 친숙도, 몰입 정도 등)가 실험 상황에 도입되면 사람들은 객관적으로 정당화할 수 있는 것보다 훨씬 더 높은 정도로 성공에 대한 자신감을 보였다.

랭거는 실험실에서 36명의 예일대학교 학부에 재학하는 남학생들을 상대로 피험자를 가장한 조교와 함께 1:1 카드 게임을 하도록 했다. 게임의 규칙은 매우 단순해서 두 사람이 뒤집어 놓은 한 벌의 카드에서 카드를 한 장씩 뽑아 더 높은 숫자의 카드를 뽑은 사람이 상대방이 건 돈을 따는 게임이었다. 랭거는 한 조건(멋쟁이 조건 dapper condition)에서는 조교가 매력적인 운동복을 입고 매우 자신감 있고 외향적인 모습을 보이도록 했으며, 다른 조건(얼간이 조건schnook condition)에서는 조교가 자신에게 잘 맞지 않는 작은 옷을 입고 매우 긴장한 모습으로 수줍고 어색하게 행동하도록 지시했다. 랭거는 각 피험자가 한 번에 최대한 25센트의 돈을 걸 수 있도록 하고 총 네 번의 게임을 진행했다. 그 결과 멋쟁이 조건에서는 학생들이 한 번에 평균 11.04센트를 건 반면, 얼간이 조건에서는 평균 16.25센트의 돈을 걸었다. 이 실험이 보여 주는 것은 완벽하게 우연에 의해 결과가 결정되는 상황(카드의 높은 숫자 뽑기)에서조차도 결과와는 전혀 무관한 경쟁자의 외모나 겉으로 나타난 경쟁자의 자신감 등이 자신이 게임에서 이길 확률을 판단하는 데 상당한 영향을 준다는 것이다.

위에서 살펴본 '소수의 법칙'이나 '통제의 환상'에서 공통으로 볼 수 있는 것은 사람들이 우연히 일어날 수 있는 일을 우연 그대로 받아들이기보다는 자신이 이해하기 쉽도록 그 일에 의미를 부여하려 하거나 인과적인 해석을 시도한다는 점이다. 직관적 확률 판단에서 편향이나 오류는 주로 이 같은 잘못된 현실 해석 과정에 기인한다.

이 장을 끝내며

이 장에서 우리는 불확실성 속에서 사람들이 판단을 내릴 때 사용하는 세 가지 휴리스틱과 이와 연계된 오류와 편향에 대해 살펴봤다. 대표성 휴리스틱은 어떤 사건이나 사물이 특정한 확률적 과정의 결과로 나타날 가능성을 판단할 때 주로 사용된다. 이용가능성 휴리스틱은 의사결정자가 어떤 사건에 대한 확률이나 빈도를 판단할 때 그러한 사건이 얼마나 쉽게 머리에 떠오르는가를 활용해서 판단하는 것을 말한다. 정박과 조정은 판단이나 예측 시 활용 가능한 관련 단서를 중심으로 그 단서에 심리적으로 닻을 내린 다음 주어진 상황에 맞게 약간의 조정을 해 나가는 휴리스틱이다.

이러한 휴리스틱은 사람들에게 그다지 많은 인지 비용을 들이지 않고 빠른 판단을 할 수 있게 만들어 준다는 의미에서 효율적이다. 그리고 무작위로 답을 구하는 것보다는 대체로 진실 값에 가까운 확률 또는 빈도 판단을 가능하게 한다는 의미에서 효과적이기도 하다. 그러나 이 같은 휴리스틱은 위에서 살펴봤듯이 의사결정자가 논리의 비약, 성급한 일반화 등과 같은 체계적인 오류를 범하게 할 수 있다. 따라서 우리는 의사결정자로서 확률이나 빈도 판단을 수행할 때 휴리스틱이 가질 수 있는 함정을 기억하고 이를 피하는 훈련을 의식적으로 할 필요가 있다. 또한 확률 판단에서 지나친 자신감, 사후판단편향, 통제의 환상처럼 우리 자신의 판단 능력 수준을 정확히 파악하는 데 장애가 되는 현상들을 직시하고 이를 극복하기 위해 노력해야 한다. 그러기 위해서는 항상 우리가 내리는 중요한 판단에 대해 기록을 남기고, 그러한 판단이 어떤 의사결정 구조 아래서 이루어졌는지를 살펴봄과 아울러 우리의 판단이 어떤 오류나 편향에 영향을 받았는지를 음미해 보는 습관을 기르는 것이 중요하다.

1 대표성 휴리스틱의 개념을 소비자의 의사결정 상황에 응용한 국내 연구로는 나준희(2006), 안희경·하영원(2001), 하영원·허정(2006) 등이 있다.

2 이 개념을 활용한 국내 연구로는 하영원·김경미(2011)를 예로 들 수 있다.

··· PART 2 ···

판단의 오류와 진실

CHAPTER 3

비의식 과정의 영향

우리는 우리의 판단이나 선택이
어떻게 이루어지는지 인식할 수 있는가?

문명은 우리가
의식적으로 생각하지 않고서도 수행할 수 있는
중요한 작업의 수를 늘려 나감으로써 진보한다.

알프레드 N. 화이트헤드Alfred N. Whitehead

우리가 하루에도 수없이 많이 내리는 의사결정들이 어떤 심리 과정을 거쳐 이루어지는지 우리 자신이 인식할 수 있는가 하는 문제는 의사결정의 심리에 관한 연구뿐만 아니라 마케팅 등의 응용과학에서도 매우 중요한 문제다. 예컨대 어떤 소비자가 여름을 시원하게 보내기 위해 삼성 에어컨을 샀다고 가정하자. 그 소비자가 LG 또는 여타 브랜드가 아닌 삼성 에어컨을 산 이유에는 여러 가지가 있을 수 있다. 우선 그 소비자는 삼성 에어컨과 LG 에어컨의 성능과 가격 등 상품 속성을 이모저모 열심히 따진 다음 삼성 에어컨이 더 낫다고 판단하고 삼성 에어컨을 구매했을 수 있다. 이때 누군가 그 소비자에게 왜 삼성 에어컨을 구매했는지 물어본다면 그는 자신이 그 에어컨을 선택한 과정을 비교적 자신 있게 이야기할 수 있을 것이다. 그러나 우리의 의사결정이 전부 그러한 방식으로 이루어지지는 않는다. 어떤 소비자들은 삼성이라는 브랜드에 대해 상당한 애착이 있으며, 굳이 상품의 속성을 따져보지 않고 삼성이라는 이유만으로 상품을 구매하는 때도 있다. 또 다른 소비자는 에어컨을 구매하기 위해 백화점에 가는 도중 우연히 보게 된 삼성전자의 옥외 간판이 자신도 모르게 영향을 미쳐 LG 대신 삼성 에어컨을 구매하게 되는 일도 있다.

소비자가 이모저모 따져서 의사결정을 하는 경우는 앞에서 다룬 것처럼 우리의 심리 시스템 중에서 주로 논리적인 측면을 담당하는 '시스템 2'가 작동해 이루어지며, 의사결정자 자신이 어떤 과정을 거쳐 자신의 선택에 이르게 되었는지를 설명할 수 있다. 그러나 우연히 보게 된 옥외 간판이 구매 의사결정에 영향을 미치는 경우는 자신이 그런 자극에 노출되었는지조차 의식하지 못하는 경우가 많으며, 더구나 자신의 선택이 그 같은 자극에 영향을 받았다는 사실을 스스로 인식하기는 매우 어렵다. 그런데 많은 학자의 연구에 의하면 우리는 생각보다 훨씬 더 자주 의사결정에 우리가 의식하지 못하는 비의식적인 과정nonconscious processes을 통해 사소한 자극의 영향을 받는다.

심리학자인 니스벳과 윌슨Nisbett & Wilson (1977)은 사람들이 ① 자신의 반응에 큰 영향을 미친 자극의 존재를 인식하지 못하거나, ② 자신의 반응 자체를 인식하지 못하는 일도 있으며, ③ 자극의 존재와 반응을 인식할 때도 종종 그 자극이 자신의 반응을 가져왔다는 것을 알지 못한다고 밝혔다. 예컨대 니스벳과 윌슨은 쇼핑몰의 소비자 설문조사를 가장한 실험에서 52명의 소비자를 대상으로 4개의 같은 나일론 스타킹 중에서 가장 품질이 좋은 스타킹 하나를 고르도록 했다(물론 소비자들은 4개의 스타킹이 같은 스타킹이라는 것을 몰랐다).

그 결과 소비자들은 가장 오른쪽에 있는 스타킹을 가장 왼쪽에 있는 스타킹보다 약 4배 더 많이 선택했다. 전형적인 위치 효과position effect가 나타난 것이다. 소비자에게 왜 그 스타킹을 골랐는지 물어보자, 그 이유로 상품의 위치를 언급한 소비자는 아무도 없었다. 더구나 직접 소비자에게 "상품의 위치가 선택에 영향을 준 것은 아니냐?"라고 질문했을 때 아무도 '그렇다'고 대답한 사람은 없었다. 오히려 많은 응답자는 그런 질문을 하는 조사원을 거의 미친 사람 취급을 하면서 걱정스럽다는 눈초리로 바라봤다. 이처럼 분명히 상품의 위치가 소비자들의 선택에 지대한 영향을 미쳤음에도 소비자들은 자신의 선택이 상품이 놓인 위치에 큰 영향을 받았다는 것을 인식하지 못했다. 최근 들어 심리학자와 마케팅 연구자는 사람들의 비의식 과정이 어떤 역할을 하는지 밝혀내기 위해 실험에서 '점화'라는 방법을 많이 사용하는데 이에 대해서 알아보기로 하자.

점화를 통한 행동 유발

바젠, 첸과 버로우스Bargh, Chen & Burrows (1996)는 사물이나 사건의 단순한 존재만으로도 사람의 행동에 비의식적으로 영향을 줄 수 있음을 몇 가지 실험을 통해 보여 줬다. 심리학자들은 이러한 효과를 테스트하기 위해 '점화priming'라고 불리는 기법을 즐겨 사용한다. 점화는 실험을 진행하는 과정에 실험 참가자들에게 자극물(단어, 그림, 이야기 등)을 보여 줘서 그들의 지식 체계(개념, 특성, 고정관념 등)를 한 때 활성화시키는 것을 말한다.

그들의 대표적인 실험 두 가지를 소개하고자 한다. 실험 중 우연히 단어를 제시받은 실험 참가자들의 비의식적 과정이 그들의 사회적 행동에 영향을 끼칠 수 있음을 입증한 것이다. 그들은 점화를 이용해 기억 속에 어떠한 개념을 활성화시키면 사람들이 그 개념에 해당하는 행동을 한다는 것을 보여 줬다. 즉 실험에서 연구자들은 '단어 재배열 테스트scrambled sentence test(단어 몇 개를 주고 문법에 맞는 문장을 만들게 하는 테스트)'를 점화 방법으로 이용했다. 실험 참가자들에게는 이 실험이 언어능력을 평가하는 것이라 위장된 채 시행됐다. 실험 참가자들은 30개의 테스트 아이템 중 각 아이템에 속한 5개의 단어를 이용해서 네 개의 단어로 구성된 문법적으로 올바른 문장을 가능한 한 빨리 만드는 과업을 수행했다. 예컨대 각 테스트 아이템에는 '그는, 숨겼다, 찾았다, 그것을, 즉시'와 같은 단어들이 순서가 뒤엉켜 제시되었고 실험 참가자들은 '그는 즉시 그것을 숨겼다'와 같은 문장을 만드는 과업이었다.

바쥐와 그의 동료들(1996)은 우리가 갖고 있는 고정관념이 점화를 통해 활성화되면 활성화된 고정관념이 사람들의 행동에 영향을 미칠 수 있음을 밝혔다. 즉 연구자들은 노인과 관련된 고정관념elderly stereotype의 활성화가 사람들의 사회적 행동에 무의식적으로 영향을 미친다는 것을 입증했다.

이 실험에서는 단어 재배열 테스트에서 노인과 관련된 고정관념의 점화를 위해 '걱정하는', '늙은', '조심스러운', '현명한', '완고한', '정중한', '은퇴한', '엄격한', '보수적인', '무력한', '신중한' 등과 같이 노인 하면 연상될 가능성이 높은 단어들을 포함시켰으며, 실험에서 측정하는 개념과 직접 관련된 '느림'과 관련 있는 모든 단어는 제외했다. 그리고 중립적인 점화를 위한 버전에는 노인과 관련 없는 단어들, 예컨대 '목마른', '깨끗한', '개인적인' 등을 포함시켰다.

단어 재배열 테스트가 끝나면 실험 참가자는 실험자에게 테스트가 끝났음을 알려주었다. 그리고 이 테스트가 언어능력을 평가하기 위한 것이었다고 설명하고 엘리베이터가 복도 끝에 있다고 알려 줬다. 이때 또 다른 실험자는 실험 참가자가 실험실 출입문을 나선 순간부터 방에서 9.75m 떨어진 미리 정해 놓은 지점에 다다를 때까지의 시간을 측정했다. 이 실험에서도 실험 중 제시된 단어들은 실험 참가자들의 행동에 영향을 미쳤다. 즉 노인에 대한 고정관념에 점화된 실험 참가자들은 9.75m를 걷는 데 평균 8.28초가 걸렸지만, 중립적 개념에 점화된 참가자들은 평균 7.30초가 걸렸다. 이 차이는 통계적으로 의미 있는 차이였다. 하지만 모든 실험 참가자는 단어 재배열 테스트에서 제시된 단어들이 자신들의 행동에 영향을 미쳤음을 전혀 알지 못했으며, 테스트의 단어들이 노인과 관련된 단어들을 포함하고 있었는지도 전혀 눈치채지 못했다.

비의식적인 목표 추구

점화를 이용한 많은 심리학 실험들이 비의식 과정을 통해 사람들의 행동에 영향을 끼칠 수 있다는 것을 밝혔지만, 비의식 과정의 효과는 단순히 행동에 영향을 미치는 것으로 그치지 않는다. 사람들은 때때로 자기도 의식하지 못하는 사이에 특정한 목표를 갖게 되며, 그 목표를 추구하기 위한 행동을 실행에 옮긴다. 보통 목표 추구는 사람들이 자유의지로 목표를 선택하고 의식적으로 그 목표를 달성하기 위한 행동을 수행해 나가는 것으로 알고 있지만, 많은 경우 사람들은 비의식의 세계에서 자신조차 인식하지 못한 채 목표를 정하고 그 목표를 추구하는 경우를 볼 수 있다.

다음 시나리오를 상상해 보자. 당신은 스포츠 양말을 사기 위해 쇼핑센터에 있다. 스포츠 용품 상점으로 가는 도중 백화점을 지나가면서 고급스러운 이미지를 우연히 접할 수도 있고, 마트를 지나가면서 절약과 관련된 이미지를 우연히 접할 수도 있다. 스포츠 용품 상점에는 두 가지의 양말 브랜드가 있는데, 한 브랜드는 나이키처럼 비싸고 고급스러운 브랜드이며, 다른 브랜드는 BYC처럼 가격 대비 품질이 괜찮은 브랜드이다. 여기서 질문 하나를 던져 보자. 소비자들이 백화점에서 여러 고급 이미지를 접하게 된다면, 그것 때문에 소비자들이 고급스러움을 지향하는 목표를 비의식적으로 활성화시키게 되어 BYC 대신 나이키(고급 이미지의 브랜드)를 선택할 확률이 높아질 수 있을까? 또는 마트에서 절약과 관련된 브랜드들을 접한 후 절약을 지향하는 목표가 자동적이고 비의식적으로 활성화되어 나이키 대신 BYC(가격 대비 품질이 괜찮은 브랜드)를 선택할 확률이 높아질까?

앞서 소개했듯이, 심리학자들은 사람들이 주변의 사물이나 사건에 노출되는 것만으로도 그들의 행동에 영향을 받을 수 있음을 다양한 실험을 통해 보여 줬다. 한 걸음 더 나아가 차트랜드, 휴버, 쉬브와 태너Chartrand, Huber, Shiv & Tanner (2008)는 환경에 의해 특정 개념뿐만 아니라 목표 또한 비의식적으로 활성화될 수 있으며, 이렇게 한 번 활성화된 목표는 개인이 인식하지 못하는 상태에서 원하는 결과가 달성될 때까지 행동에 영향을 끼칠 수 있음을 보여 줬다.

위에서 언급한 시나리오는 실제로 차트랜드와 그녀의 동료들이 실험으로 보여 준 이야기다. 이들도 다른 실험과 마찬가지로 점화 방법으로 단어 재배열 테스트를 사용했다. 51명의 실험 참가자를 '고급스러움'의 점화 그룹과 '절약' 점화 그룹으로 나누고, '고급스러움' 점화 그룹에는 고급스러움의 목표를 연상시키는 단어들을 테스트 리스트에 포함시켰다. 그리고 '절약' 점화 그룹에는 절약의 목표를 연상시키는 단어들을 리스트에 포함시켰다. 단어 재배열 테스트 후, 5분 동안 실험과 관련 없는 과업을 하게 한 후 다음과 같은 가상의 시나리오를 주고 선택을 하게 했다. "당신은 그동안 신었던 스포츠 양말을 버리고 새 스포츠 양말을 사려고 합니다. 두 가지 조건 중 하나를 선택해야 합니다. 한 가지 조건은 한 켤레에 6500원인 나이키Nike 스포츠 양말이고, 다른 한 가지 조건은 두 켤레에 7000원인 헤인즈Hanes 스포츠 양말입니다."

마지막으로 스포츠 양말을 선택한 실험 참가자들은 다른 비의식 과정에 관한 실험과 마찬가지로 점화와 상표 선택의 관계에 대해 의심을 가졌는지에 관한 몇 가지 질문에 답했다. 실험자들은 이 실험의 주요 목적이 무엇이었는지와 실험의 첫 번째 부분이 실험의 나머지 부분에 영향을 미쳤는지를 질문했는데, 실험 목적을 맞히거나 실험의 앞부분이 뒷부분에 영향을 줬다고 생각하는 실험 참가자는 한 사람도 없었다. 실험 결과는 예측했던 대로였다. '절약' 점화 그룹에서는 19.2%의 실험 참가자들만이 값이 비싼 나이키 양말을 선택했지만, '고급스러움' 점화 그룹에서는 48.0%가 나이키 양말을 선택했다. 즉, 비의식적으로 활성화된 목표가 실험 참가자들이 의식하지 못한 상태에서 그들의 선택 행동에 영향을 준 것이다.

그렇지만 이 실험에서는 차트랜드와 그녀의 동료들(2008)이 주장하는 것처럼 비의식적으로 목표가 활성화된 것인지 아니면 앞서 소개된 바쥐와 그 동료들의 실험에서와같이 단순히 어떤 개념(예컨대, '노인'과 관련된 고정관념)이 활성화된 것인지 알 수 없다. '고급스러움'이나 '절약'이 달성하고자 하는 목표로서 활성화된 것이 아니라 단순히 '고급스러움'이나 '절약'의 개념이 활성화되어 실험 참가자들이 해당 개념과 연관된 행동을 한 것일 수도 있기 때문이다. 따라서 차트랜드와 그녀의 동료들은 이 문제를 해결하기 위해 다음과 같은 추가 실험을 했다.

심리학 이론에 의하면, 목표는 일단 활성화되면 달성될 때까지 시간이 지날수록 그 목표를 달성하고자 하는 동기의 강도가 증가하지만(Atkinson & Birch, 1970), 목표와 무관한 비동기적인 개념은 시간이 지날수록 활성화의 강도가 줄어든다. 차트랜드와 그녀의 동료들은 이 같은 이론적 배경을 활용해 추가 실험을 설계했다. 즉 점화 과업과 선택 과업 사이에 시간 간격을 두어 활성화된 목표를 달성하고자 하는 동기의 강도가 높아지는지 관찰했다. 이들의 추가 실험은 시간 간격을 둔 점 외에는 첫 번째 실험과 같았다. 실험 참가자들은 먼저 점화를 위한 단어 재배열 테스트를 수행한 후, 선택 과업을 하기 전 실험과 관련 없는 비디오 자료를 시청했다. 연구자들은 시간 간격의 효과를 보다 체계적으로 분석하기 위해 한 집단에는 3분 동안 비디오 자료를 시청하게 했고, 다른 한 집단에는 8분 동안 시청하게 했다. 비디오 자료 시청 후 참가자들은 스포츠 양말을 선택하고 실험에 대해 의심이 가는 점이 있는지를 답한 후 실험을 모두 마쳤다.

첫 번째 실험과 마찬가지로 '절약' 점화 그룹보다 '고급스러움' 점화 그룹의 실험 참가자들이 더 비싼 조건을 선택했다. 또한 '고급스러움'이 점화되었을 때 더 비싼 브랜드를 선택하는 경향은 점화와 선택 간의 시간 간격이 3분일 때보다 8분일 때 더 강하게 나타났다. 반면 '절약'이 점화되었을 때 더 비싼 브랜드를 선택하는 경향은 시간 간격이 길수록 더 약하게 나타났다. 즉 '고급스러움' 목표 점화일 때 비싼 브랜드를 선택하는 실험 참가자의 비율과 '절약' 목표 점화일 때 더 비싼 브랜드를 선택하는 비율의 차이는 시간 간격이 3분일 때(고급: 52.7%, 절약: 34.4%)보다 8분일 때(고급: 63.5%, 절약: 23.5%) 더 크게 나타났다.

두 번째 실험의 결과는 겉으로 보기에는 관련 없는 듯이 보이는 과업을 통해 활성화된 '고급스러움'의 목표나 '절약'의 목표가 실험 참가자에게 비의식의 상태에서 그 목표를 추구하게 한다는 가설을 지지하고 있다. 첫째, 점화 과업에서 '절약'과 관련된 단어에 노출된 실험 참가자들보다 '고급스러움'과 관련된 단어에 노출된 실험 참가자들이 비싼 브랜드를 선택하는 경향이 더 강하게 나타났다. 또한 단순한 개념 점화와는 달리 목표 점화에 의한 효과는 점화와 선택 간의 시간 간격이 길수록 더 강해진다는 이론에 비춰 볼 때, 이 실험에서는 점화를 통해 단순한 개념이 아니라 목표가 활성화되었다는 것을 알 수 있다. 즉 '고급스러움'에 점화되었을 때 더 비싼 브랜드를 선택하는 경향은 점화 과업과 선택 과업 간의 시간 간격이 짧을 때보다 길 때 더 강하게 나타났다. 또한 이러한 경향은 실험 참가자들이 의식하지 못한 상태에서 일어났다. 즉 모든 실험 과업 후, 실험자들은 점화 과업이 그다음 시행된 선택 과업에 미친 영향을 의식했는지 물었으며, 또한 이러한 영향에 관해 의심했는지에 대해 물었는데 어떠한 실험 참가자도 연구 가설을 눈치채거나 의심하지 않았다.

애플의 로고는 당신을 창의적으로 만든다

우리는 하루 동안에만도 수천 개의 브랜드 이미지를 본다. 차트랜드와 피치먼스Chartrand & Fitzsimons (2008)는 개념 점화나 목표 점화가 사람들의 행동에 영향을 미치는 것처럼 브랜드를 이용한 점화도 인간의 행동에 영향을 미칠 수 있는지 연구했다. 그들의 첫 번째 연구 목적은 브랜드 점화도 사람들의 행동에 비의식적으로 영향을 미칠 수 있는가를 탐구하는 것이며, 두 번째 목적은 만약 브랜드 점화가 행동을 유발할 수 있다면 어떠한 과정으로 이러한 효과가 유발되는지 탐구하기 위함이었다.

오늘날의 많은 브랜드는 저마다의 개성을 가지고 있기 때문에 브랜드 점화가 어떤 개념을 활성화시켜 행동을 유발할 수 있다. 반면 브랜드는 '세련됨' 혹은 '남성적인'과 같이 사람들이 그렇게 되고자 하거나to be 이상적이라고 생각하는 자아 개념을 표현하기도 한다. '세련됨'을 상징하는 티파니Tiffany나 '남성적인' 개성을 표현하는 할리데이비슨Harley-Davidson과 같은 브랜드는 자연스럽게 이러한 개성을 얻고자 하는 소비자들의 목표를 상징한다. 따라서 브랜드 점화도 소비자들의 심리에 이러한 바람직한 결과와 관련된 목표를 활성화시킬 수 있고, 더 나아가 그와 관련된 목표지향적인 행동을 유발할 수 있다. 피치먼스와 그녀의 동료들은 목표와 관련된 브랜드(즉, 긍정적인 개성을 표현하는 브랜드)는 소비자들의 목표지향적인 행동을 유발할 수 있을 것이라는 가설을 세우고 이를 검증했다. 그들의 대표적인 실험 두 가지를 소개하고자 한다.

첫 번째 실험에서는 애플Apple 컴퓨터를 실험 브랜드로 선택했다. 애플은 오랜 기간에 걸쳐 혁신과 창의성을 기반으로 강력한 브랜드 개성을 구축하기 위해 많은 노력을 기울여 왔다. 애플은 특히 '다르게 생각하라Think Different' 캠페인과 같은 광고와 마케팅 전략을 통해 애플 브랜드의 개성을 강조했다. 연구자들은 비교 브랜드로 IBM 컴퓨터를 선택했는데, IBM은 '전통적인', '책임감 있는', '영리한'과 같은 개념과 연결되어 있다. 사전 조사를 통해 애플과 IBM 모두가 긍정적으로 평가되긴 하지만 애플만이 '창의성'과 연관이 있는 것으로 미리 검증됐다.

341명의 학생이 실험에 참가했다. 219명의 학생이 애플 점화에 배정되었고 122명의 학생이 IBM 점화에 배정됐다. 브랜드 점화를 위한 과업은 다음과 같았다. 스크린의 중앙에 별표가 나오고 그 뒤에 1에서 13까지의 숫자 중 하나의 숫자가 1초에서 2.5초 사이의 시간 동안 무작위로 나타났다. 숫자가 나타나 있는 동안 무늬로 구성된 마스크 그림이 컴퓨터 스크린의 구석에 0.08초 동안 번쩍인 다음, 조건에 따라 애플 또는 IBM 로고가 0.013초(실험 참가자들이 눈치채지 못할 정도로 짧은 시간) 동안 나타났으며 다시 무늬 마스크가 0.08초 동안 나타났다. 애플과 IBM 로고는 온라인 광고와 각 회사의 웹사이트에서 추출된 것으로 스크린에 총 48번 나타났다. 실험 참가자들의 과업은 스크린의 중앙에 나타나는 숫자의 총합을 계산하는 것이었다. 이 같은 과정을 통해 실험자들은 애플과 IBM 로고를 실험 참가자들이 눈치채지 못하게 반복적으로 노출했다.

브랜드 점화 과업 이후의 실험 과업은 애플과 IBM 각 브랜드의 실험 참가자들을 점화 과업과 실험 과업 간에 시간 지연이 있는 그룹과 시간 지연이 없는 그룹으로 나누어 실시했다. 시간 지연이 있는 조건에서 참가자들은 주어진 5분 동안 한 단락으로 된 글에서 'e'자를 모두 지우도록 하는 단순한 언어 관련 과업을 수행했다. 이 언어 과업은 참가자들의 생각을 비우게 하려고 삽입되었는데, 언어 과업에 사용된 원고는 공학과 관련된 전문 용어로 이루어져 있어 비교적 지루한 내용이었다. 시간 지연이 없는 참가자들은 이 과업 없이 바로 다음의 실험 과업을 수행했다.

브랜드 점화 이후, 애플 로고에 노출된 실험 참가자들이 IBM 로고에 노출된 참가자들보다 더 '창의적'인지 아닌지를 평가하기 위한 실험 과업이 시행됐다. 이 과업에서는 길포드, 메리필드와 윌슨 Guilford, Merrifield & Wilson (1958)의 연구에서 이용되었던 '비일상적인 사용법 테스트unusual uses test'를 활용했다. 이 방법은 실험 참가자들에게 어떠한 대상을 제시하고 그 대상에 대해 비일상적인 용도를 가능한 한 많이 생각해 보게 하는 테스트였다. 대상에 대한 일상적인 사용법이나 불가능한 사용법은 포함되지 않는다. 본 실험에서는 먼저 참가자들에게 종이 클립에 대한 비일상적인 사용법(예컨대, 귀걸이로 사용)과 일상적인 사용법(예컨대, 종이를 한데 묶어줌), 그리고 불가능한 사용법(예컨대, 타고 날아다님)에 대한 몇 가지 보기를 제시했다. 그러고 나서 참가자들에게 벽돌에 대한 비일상적인 사용법을 가능한 한 많이 적어 보라고 요구했다. 마지막으로 실험 참가자들에게 점화 과업 동안 어떤 이미지를 본 것이 있는지, 만약 봤다면 그것이 무슨 이미지라고 생각하는지, 그 이미지가 창의성 과업을 수행하는 데 영향을 줬다고 생각하는지, 그리고 영향을 줬다면 어떤 영향을 줬다고 생각하는지에 대해 질문했다.

본 실험은 크게 두 가지 목적을 가지고 있었다. 첫 번째는 브랜드에 대한 노출이 실험 참가자들의 행동에 무의식적인 영향을 준다는 가설을 검증하기 위한 것이었고, 두 번째는 브랜드 점화가 참가자들의 행동에 영향을 미치는 과정이 목표를 기반으로 하는 과정이었는지 혹은 단순히 '창의성'이라는 개념이 활성화한 것인지에 대한 증거를 제시하기 위한 것이었다. 피치먼스와 그녀의 동료들은 일반적으로 소비자들이 애플 브랜드에 대해 '창의적'이라는 연상을 하고 있기 때문에 실험 참가자들이 애플 브랜드에 노출되는 경우, 목표지향적인 행동을 하게 될 것으로 생각했다. 즉 애플 로고에 점화되었을 때 애플과 관련된 목표인 '창의적이 되자to be creative'라는 목표가 활성화되고 나아가 이러한 목표를 달성하기 위한 세부적인 방법들이 활성화됨으로써 참가자들의 행동에 영향을 미쳤으리라 예측했다. 앞서 '비의식적인 목표 추구'에서 전술했듯이, 목표 점화와 개념 점화는 서로 구분할 수 있는데, 목표 점화는 시간이 지날수록 강도가 증가하지만 개념 점화는 강도가 줄어든다. 이를 검증하기 위해 앞의 실험 절차에서 설명했듯 애플 로고의 점화 과업 이후 절반의 실험 참가자들은 시간 간격을 두기 위해 창의성 과업을 바로 수행하지 않고 5분 동안 언어 관련 과업을 수행했던 것이다.

실험의 결과는 위의 두 가지 가설을 모두 지지했다. 즉, 애플에 점화된 실험 참가들이 IBM에 점화된 참가자들보다 더 많은 수의 비일상적인 용도를 찾아냈다(애플 평균: 7.68개, IBM 평균: 6.10개). 또한 애플 점화 실험 참가자들의 창의적인 행동이 시간이 지난 후 증가했는지를 검토했는데, 실제로 애플에 점화된 실험 참가자 중 시간 지연 조건의 참가자들이 시간 지연이 없었던 조건의 참가자들보다 더 창의적인 것으로 나타났다(지연 조건: 8.14개, 즉시 조건: 7.23개). 물론 IBM 점화는 목표 점화가 아닌 일반적인 개념 점화이기 때문에 IBM 점화의 참가자들은 시간 지연에 영향을 받지 않았다.

피치먼스와 그녀의 동료들은 목표와 관련된 브랜드 노출이 행동에 영향을 미치는 과정에 대해 추가적인 증거들을 수집하고자 두 번째 실험을 진행했다. 첫 번째 실험과는 달리, 두 번째 실험에서는 시간 지연에 따른 목표 달성 동기 수준의 증가 이외의 또 다른 목표 점화의 성격을 이용해 브랜드 점화도 목표지향적인 과정을 통해 행동을 유발할 수 있음을 검증하고자 했다. 심리학자인 앳킨슨과 버치Atkinson & Birch (1970)에 의하면 목표는 한 번 활성화되면 달성될 때까지 강도가 증가하지만 일단 달성되고 나면 바로 그 강도가 줄어드는 성격을 지니고 있다. 따라서 피치먼스와 그녀의 동료들은 브랜드 점화가 목표 달성 후 행동에 미치는 강도를 측정할 경우, 브랜드에 의한 점화가 단순한 개념 점화가 아닌 목표 점화라면 목표를 달성하고자 하는 동기가 감소할 것으로 보았다.

연구자들은 '정직honesty'에 대한 브랜드 점화 효과를 검증하고자 했는데, 이를 위한 표적 브랜드로 주로 어린이용 프로그램을 많이 방영하는 디즈니 채널Disney Channel을 선택했다. 그들은 우선 사전 테스트를 통해 디즈니 채널이 실험 참가자들에게 '정직'과 '성실'이라는 특성을 연상시킨다는 것을 확인했다. 대조 브랜드로는 연예계 소식을 많이 다루는 E!채널E! Channel을 선정했다. 참가자들은 대부분 디즈니 채널과 거의 같은 정도로 E!채널을 좋아하기는 했지만, 정직과 성실이라는 특성 면에서는 디즈니 채널보다 낮게 평가했다. 연구자들은 무작위로 실험 참가자들을 디즈니 채널 조건과 E!채널 조건으로 배정해 첫 번째 실험과 같은 방법으로 점화 과업을 실시했다. 그리고 실험 과업에서는 목표달성 정도를 다음과 같이 조작했다. 즉, 각 브랜드의 참가자들을 목표 달성 수준이 높은 것으로 느껴지는 그룹과 낮은 것으로 느껴지는 그룹으로 나누었다. 지각된 목표 달성 수준이 높은 집단(집단 H)에서는 참가자 자신이 지금까지 해 온 정직한 일들을 떠올리게 한 뒤 참가자 자신의 정직성을 0점(전혀 정직하지 않다)에서 7점(매우 정직하다)의 척도로 평가하게 했고, 지각된 목표 달성 수준이 낮은 집단(집단 L)에게는 자신의 정직성 수준을 더 높이기 위해 무엇을 개선해야 하는가를 스스로에게 물어보게 한 뒤, 자신의 정직성을 같은 척도로 평가하게 했다.

이 같은 조작은 실험 참가자에게 조건에 따라 자신의 정직성 수준이 높거나 낮은 것으로 느끼도록 만들었다. 즉 실험 참가자들에게 정직해지는 목표를 달성하는 데 자신이 과거에 성공한 일을 생각하게 하면 자신이 비교적 높은 수준의 정직성을 이미 달성했다고 느끼게 할 수 있고, 반대로 정직해지기 위해서 미래에 좀 더 노력해야 할 부분에 대해 생각하게 하면 참가자들에게 정직성이라는 목표 달성에 아직 미흡하다는 느낌을 들게 할 수 있다.

다음 과업은 실험 참가자들의 정직성을 측정하기 위해 크라운과 말로Crowne & Marlowe (1960)가 개발한 O, X 형태로 된 33개의 질문을 사용했다. 각 질문은 사회적으로 바람직하거나 바람직하지 않은 행동들을 묘사하고 있는데, 실험 참가자들에게 정직하게 응답하는 것과 사회적으로 바람직한 방향으로 응답하는 것 사이에서 갈등을 일으키게 하는 내용이다. 예컨대 '나는 무언가를 회피하기 위해 아픈 척했던 적이 있다'와 같은 문장은 바람직하지 않은 행동을 묘사한 것이지만 누구나 한 번쯤은 경험했을 법한 일이기 때문에 '그렇다'고 대답하는 것이 정직하다고 할 수 있다. 반면 '나에게는 수다스럽고 불쾌한 사람들과 어울리는 것이 어려운 일이 아니다'와 같은 문장은 바람직하기는 하지만 거의 모든 사람이 어렵게 생각하는 일이기 때문에 그 문장에 대해 거짓임을 인정해야 정직한 일이 될 것이다. 각각의 질문에 대해 연구자들은 실험 참가자가 바람직하지 않은 행동에 대해 '그렇다'고 응답한 경우 0점으로, 바람직한 행동에 대해 '그렇다'고 응답한 경우는 1점으로 기록했다. 그리고 33개 문장의 응답 점수 총합을 전체 문장 수인 33에서 뺀 점수를 '정직성 점수'로 삼았다.

이 실험의 결과는 다음과 같다. 우선 브랜드 점화의 효과가 나타났는데, 정직성 목표To be honest와 관련된 브랜드인 디즈니 채널에 점화된 실험 참가자들이 목표와 관련되지 않은 브랜드인 E!채널에 점화된 참가자들보다 더 정직하게 응답한 것으로 나타났다(디즈니 점화 그룹의 평균 정직성 점수: 23.44, E! 점화 그룹의 평균 정직성 점수: 21.30). 또한 목표 달성 수준의 고저에 의한 효과도 나타났는데, 자신의 목표 달성 수준이 높은 것처럼 지각되는 참가자들(평균 정직성 점수: 21.25)이 목표 달성 수준이 낮은 것으로 지각한 참가자들(평균 정직성 점수: 23.19)보다 덜 정직하게 응답했다. 그러나 연구자들이 예측한 대로 디즈니 채널의 정직성에 대한 효과는 지각된 목표 달성 수준에 따라 달리 나타났다. 즉 디즈니 채널에 점화된 실험 참가자들이 E!채널에 점화된 참가자들보다 더 정직하게 응답하는 효과는 정직성 목표 달성 수준을 낮게 지각할 때만 발생하는 효과이며(디즈니 점화 그룹의 평균: 25.08, E! 점화 그룹의 평균: 21.3), 목표 달성 수준이 높다고 지각될 때는 그 효과가 사라졌다(디즈니 점화 그룹의 평균: 21.40, E! 점화 그룹의 평균: 21.10). 실험 참가자가 자신의 정직성 목표 달성 수준이 높다고 인식하는 조건에서는 '정직해지기To be honest'라는 목표가 이미 달성된 것처럼 느끼기 때문에 디즈니 채널에 노출되어도 정직해지고자 하는 목표를 더는 활성화하지 않으며, 따라서 디즈니 채널에 의한 목표 점화 효과가 발생하지 않았던 것으로 보인다.

의사결정의 중요성과 비의식 과정의 활용

우리는 이 장에서 사람들이 자신도 의식하지 못하는 가운데 비의식적으로 판단과 의사결정을 내리는 사례들을 살펴보았다. 그러나 경제학자들은 일반적으로 사람들이 경제적으로 중요한 의사결정을 수행할수록 의식적이고 인지적인 노력이 많이 드는 심리 과정을 활용할 것으로 가정한다(Curtin, 2021). 즉, 사람들은 재무적인 인센티브가 적은 비교적 사소한 판단과 선택을 수행할 때만 비의식 과정을 활용할 것이라는 가정이다. 캐머러와 호가스Camerer & Hogarth (1999)는 이 같은 가정이 현실적으로 유효한지를 알아보기 위해 재무적 인센티브가 없거나, 낮거나, 높은 74개의 의사결정 실험들을 검토하였다. 그들의 결론에 의하면 의사결정 과업에서 재무적 인센티브의 수준이 높아져도 의사결정자들이 의식적 과정을 더 많이 사용하는 것은 아니며, 의사결정의 성과도 반드시 개선되는 것은 아니다.

캐머러와 호가스가 검토한 74개의 실험 중 일부에서는 재무적 인센티브가 커지면 실험 참가자들이 의식적으로 인지적 노력을 더 많이 하게 됨으로써 판단이나 의사결정의 정확성이 개선되었다. 예컨대, 라이트와 앤더슨Wright & Anderson (1989)은 재무적인 인센티브가 주어진 조건에서 인센티브가 없는 조건에 비해 확률 판단에 있어 앵커에 지나치게 의존하는 '닻내림 효과anchoring effect'가 감소하는 것을 발견하였다. 이 같은 실험들과는 대조적으로 몇몇 실험에서는 재무적인 인센티브가 오히려 의사결정의 정확성을 감소시키는 것으로 나타났는데, 그 이유는 인센티브로 인해 의사결정자가 인지적인 노력을 지나치게 많이 쏟아붓기 때문인 것으로 보인다(예를 들면 농구선수가 중요한 경기에서 오히려 자유투 성공률이 감소하는 경향을 보임; Camerer, 1998). 그러나 74개의 실험 중 재무적 인센티브의 유무나

다과가 의사결정의 성과에 아무런 영향을 주지 못하는 경우가 가장 많은 것으로 나타났으며, 그러한 경우 일반적으로 재무적 인센티브는 의사결정자가 의식적 과정을 활용할 것인지 아니면 비의식적 과정을 활용할 것인지를 결정하지는 않는 것으로 보인다. 전반적으로 이 연구가 인간의 판단과 선택에 시사하는 바는 비의식 과정의 영향이 단지 사소한 의사결정들에만 국한되지 않는다는 것이다. 우리에게 중요한 판단과 의사결정에서도 우리는 자신도 모르는 사이에 비의식적 요소들의 영향을 많이 받고 있다고 할 수 있다.

이 장을 끝내며

이 장에서는 사람들이 판단이나 의사결정이 이루어지는 동안 자기 자신의 심리 과정을 인식할 수 있는지에 대해 다루었다. 지금까지 이루어진 연구들의 결론에 의하면 많은 경우 사람들은 자신의 심리 과정에 대해 인식하지 못한다. 이 같은 결론은 학문적으로, 또한 실천적으로도 중요한 문제를 제기한다.

심리학을 비롯한 사회과학의 많은 분야와 마케팅 실무와 같은 실천적인 분야에서 자료 수집을 위해 설문조사를 널리 활용하고 있다. 설문조사에서는 종종 사람들의 행동에 대해 그 이유를 물어본다. 예를 들면 어떤 상품을 선택한 소비자에게 그 상품을 왜 선택했는지 물어보는 경우가 그에 해당한다. 그런 경우 소비자는 자신이 그 상품을 선택한 요인과 선택에 이르기까지의 심리 과정에 대해 정확하게 인식하지 못하는 경우가 많다. 그럼에도 상품 선택 요인이나 자신의 심리 과정을 묻는 질문에 대해 소비자들은 모르겠다고 대답하기보다 자신이 생각하기에 가장 그럴듯하다고 생각하는 대답을 하는 경향이 있다. 그 같은 응답은 조사된 자료의 신뢰성과 진실성을 떨어뜨리는 중요한 이유이다. 소비자가 상품을 선택하는 진짜 이유는 따로 있는데 마케팅 담당자가 소비자의 응답 내용을 액면 그대로 믿고 마케팅 전략을 수립한다면 바람직한 결과를 얻기가 어려울 것이다.

사람들은 자기 자신의 머릿속에서 일어나는 일들은 자기 자신이 가장 잘 알고 있으리라고 생각한다. 그러나 이 같은 일반적인 믿음과는 대조적으로 사람들은 판단이나 의사결정 과정에서 자신의 머릿속에 일어나는 일들에 대해 직접적인 정신적 접근direct mental access이 불가능한 경우가 매우 흔하다. 따라서 사람들은 자신의 반응(예컨대, A라는 사람을 좋아함)을 촉발한 자극이 무엇이었는지 모르거나 아는 것으로 착각하는 때도 있고, 자신이 어떤 반응을 보였다는 사실 자체도 모르는 경우가 있으며, 특정 자극과 자신의 반응이 관련 있다는 것을 눈치채지 못하는 일도 있다. 더구나 사람들은 의식의 영역 밖에 존재하는 자극에 반응하는 때도 있을 뿐만 아니라 의식의 영역에 떠오르지 않는 자극 때문에 거의 무의식적으로 자기 행동의 지침이 되는 목표를 설정하기도 한다. 또 한 가지 기억할 것은 비의식 과정이 의사결정에 영향을 주는 경우는 반드시 사소한 의사결정 영역에만 국한되지 않는다는 점이다. 때로는 우리에게 매우 중요한 의사결정들(예컨대 취업, 결혼 등)도 우리가 모르는 사이에 비의식적 요소들에 의해 영향을 받을 수 있다.

이런 모든 것들을 고려한다면 우리는 다른 사람의 어떤 판단이나 의사결정에 이르는 심리 과정을 알고 싶은 경우, 그 사람에게 직접 물어보는 방법으로는 진실을 파악하는 데 심각한 한계가 있을 수밖에 없다는 점을 알아야 한다. 결국 직접적인 정신적 접근이 가능한 영역을 제외한 비의식 과정을 통해 일어나는 판단이나 의사결정을 이해하기 위해서는 언어를 사용하는 직접적인 자기 보고self-report식의 설문조사 방법 이외에도 비언어적인 방법을 통한 조사나 뇌과학에서 사용하는 방법 등 다양한 방법을 같이 사용하는 것이 현명할 것이다. 또한 우리가 사람들에게 어떤 특정한 반응을 일으키고자 한다면 사람들의 의식 세계에 포함되는 자극과 반응의 관계에만 의존할 것이 아니라, 비의식 세계에서 일어나는 심리 과정을 불러일으킬 수 있는 맥락적 자극들을 활용하는 방법도 고려해야 할 것이다.

CHAPTER 4

과거의 경험에 관한 판단

스냅샷 모델

기억은 동영상을 만들지 않는다.
다만 몇 장의 사진만을 만들어 낼 뿐이다.

밀란 쿤데라Milan Kundera의 『불멸immortality』 중에서

당신이 가족과 함께 동남아로 여행을 간다고 가정해 보자. 아마도 여행을 떠나기 전까지는 막연한 기대와 설렘으로 오랜만에 가는 가족과의 즐거운 여행을 상상해 볼 것이다. 그러나 인천공항에서 비행기를 타는 순간부터 다시 귀국할 때까지 반드시 즐거운 일들만 있는 것은 아니다. 때로는 무더위에 지쳐 허덕이기도 하고, 입에 맞지 않는 식사 때문에 고생할 수도 있다. 물론 에메랄드빛의 바다를 보고 감탄하면서 '역시 오기를 잘했다'는 생각이 들기도 하겠지만, 그다음 날은 특산물 쇼핑을 강요하는 여행사 직원의 횡포에 짜증이 나기도 한다. 이처럼 여행이라는 사건은 효용 면에서 긍정적·부정적 또는 중립적인 부분 사건들이 모여서 이루어진다. 그렇다면 여행이 끝나 귀국 후에 상당 시간이 흐르면 사람들은 그 여행을 어떻게 기억할까?

우리의 기억은 과거의 모든 세세한 부분들이 구체적으로 각인되어 나중에 우리가 경험한 사건을 인출할 때 그 사건을 마치 그대로 다시 경험하는 것처럼 되살릴 수 있는 것은 아니다. 결국 사람들은 똑같은 사건이라도 그것이 지금 당장 일어나는 현재의 사건인지 과거에 경험한 사건인지, 또는 앞으로 일어날 사건인지에 따라 심리 속에 매우 다른 표상을 갖게 된다. 이 장에서는 사람들의 과거 사건에 대한 기억과 인출의 원칙을 살펴보고 그 같은 원칙이 과거 사건에 관한 판단과 평가에 어떤 영향을 주는지 알아보고자 한다.

고통스럽거나 즐거웠던 과거의 경험에 대한 기억과 평가

사람들의 선택 결과인 과거 경험은 미래에 대한 그들의 의사결정이나 판단에 영향을 미치고 길잡이 역할을 한다. 이런 이유로 사람들이 일상에서 하는 선택은 연속선상에서 일어나는 여러 가지 에피소드의 결과물sequence of outcomes이다. 그러므로 일련의 과거 경험에 대해 사람들이 어떻게 기억하고 인출하며 평가하는지 아는 것은 매우 중요한 일이다.

일찍이 경제학에서는 연속적인 결과물의 가치는 그것을 구성하는 부분들에 대한 할인된 가치의 합과 같다고 가정했다. 그러나 심리학에서의 연구 결과에 의하면 실제 사람들의 머릿속에 있는 과거의 경험 가치는 각각의 부분적인 에피소드의 가치를 단순히 합한 것과 다르다(Fredrickson & Kahneman, 1993; Loewenstein & Prelec 1993; Ariely, 1998). 예컨대 위에서 예로 든 휴가 여행에 대한 효용은 여행 동안 느낀 각각의 에피소드와 관련된 효용들의 합으로 구성될 것으로 여겨지지만, 실제 소비자들의 평가는 그런 단순한 합으로 이루어지지는 않는다.

카너먼(2000)은 그의 연구에서 경험된 효용을 두 가지로 나누어 접근했다. 그중 하나는 '기억에 근거한 효용remembered utility'으로 과거 에피소드에 대한 피험자들의 회상 평가를 통해 얻은 효용을 말한다. 다른 하나는 어떤 사건을 경험하는 순간마다 그 즐거움과 고통을 실시간으로 측정하고, 그 효용들을 합해서 에피소드 전체의 경험된 효용을 이끌어 내는 '순간에 근거한 효용moment-based utility'이다. 이 연구에서 에피소드에 대한 총체적인 효용은 순간에 근거한 방법에 따라 평가되느냐 또는 기억에 근거한 방법으로 평가되느냐에 따라 다르게 나타났다(Kahneman, 2000).

특히 기억에 근거한 방법으로 효용을 측정했을 때, 에피소드와 관련된 효용이 정점에 이른 순간과 마무리되는 순간의 효용이 다른 모든 순간에 느끼는 효용보다 총체적인 효용에 더 큰 영향을 미치는 것으로 나타났다. 이 같은 현상을 회상 평가에서 '정점과 마무리의 법칙peak-end rule(앞으로 PE 법칙으로 표기함)'이라고 부른다. 그리고 여러 연구자는 사람들이 과거 경험의 가치에 대한 회상 판단을 할 때, 긍정적 또는 부정적 효용을 발생시키는 원인이 되는 사건의 지속 시간이 길었는지 또는 짧았는지는 그다지 중요하지 않다는 것을 발견했다(Kahneman, Wakker & Sarin, 1997; Schreiber & Kahneman, 2000). 예를 들면 고통과 관련된 비효용의 경우, 사람들이 내시경 검사를 받을 때 같은 정도의 고통이라면 시술 시간이 긴 것보다 짧은 것을 선호하는 것이 당연하다고 생각한다. 즉 고통을 주는 내시경 시술의 지속 시간duration이 과거 경험에 대한 전체적인 효용을 평가하는 데 중요한 요인일 것으로 짐작한다. 그러나 연구자들에 의하면, 사람들이 내시경 시술을 받을 때의 기억을 바탕으로 자신이 경험한 고통에 대해 평가할 때 고통의 지속 시간이 길었는지, 아니면 짧았는지는 그다지 중요하지 않은 것으로 나타났다. 이를 '지속 시간의 무시duration neglect'라고 부른다.

PE 법칙, 그리고 지속 시간의 무시

프레드릭슨과 카너먼Fredrickson & Kahneman (1993)은 강아지가 꽃과 함께 노는 장면처럼 즐겁거나 유쾌한 감정을 불러일으키는 긍정적 동영상과, 원자 폭탄이 투하된 후 히로시마 사람들이 원자병으로 고통받는 장면처럼 부정적인 감정을 불러일으키는 동영상을 보여 주면서 참가자들에게 자기 자신의 감정을 보고하도록 했다. 실험에서 참가자들은 총 16개의 동영상을 볼 기회를 부여받았는데 그들은 동영상을 보는 동안 순간순간 느끼는 감정을 가능한 한 자주 감정 측정 도구를 이용해 표시하도록 지시를 받았다. 측정 도구는 매우 부정적인 감정(-7)에서 중립(0)을 포함해 매우 긍정적인 감정(+7)까지 표시할 수 있도록 고안됐다. 참가자들은 매 동영상이 끝날 때마다 그 동영상에 대한 전반적인 감정을 100mm의 직선(전혀 즐겁지 않다 ~ 매우 즐겁다, 또는 전혀 불쾌하지 않다 ~ 매우 불쾌하다) 위에 표시했다. 연구자들은 16개의 동영상 중 긍정적인 감정을 유발하는 6개와 불쾌감이나 불편함을 유발하는 6개로 구성된 총 12개의 표적 동영상에 대한 자료를 분석했다. 참가자들은 6개의 짧은 버전의 동영상들(평균 33초)과 6개의 긴 버전(평균 97초)의 동영상들을 시청했다.

이 실험에 참가한 32명이 매 순간 자신의 감정을 보고하도록 한 자료에서 프레드릭슨과 카너먼은 참가자가 가장 높은 평점을 매긴 순간(정점)과 마지막 순간(마무리)의 감정을 따로 추출했다. 이렇게 추출된 정점peak에서의 감정, 마무리end에서 느낀 감정, 그리고 동영상의 지속 시간이 각각 얼마나 총체적인 평가와 상관관계가 높은지를 살폈다. 그 결과 긍정적인 동영상에서는 정점과 마무리 감정이 총체적인 평가와 매우 높은 상관관계를 보였고, 지속 시간은 상관계수가 0에 가까웠다. 부정적 동영상에서는 정점에서의 감정이 총체적 감정에 대한 회상적 평가와 가장 높은 상관관계를 보였고, 마무리 감정은 통계적으로 유의한 변수가 아니었다. 또한 지속 시간은 여전히 총체적인 평가에 거의 영향이 없는 것으로 나타났다. 이처럼 사람들의 과거 경험에 대한 총체적인 평가는 평가자가 사건을 경험하는 동안 하나 또는 두 개의 순간, 즉 정점과 마무리 때의 감정에 의해 잘 예측할 수 있으며 에피소드 지속 시간의 영향은 미미한 것으로 밝혀졌다.

긍정적 또는 부정적 동영상에 대한 위의 실험은 사람들이 에피소드의 지속 시간을 무시하는 경향이 있다는 것을 밝혀냈다는 점에서 중요한 연구라고 할 수 있지만, PE 법칙에 대한 강력한 테스트라고 보기는 어렵다. 왜냐하면 연구자들이 실험에서 사용한 동영상은 참가자들이 그것을 봤을 때 유발되는 감정의 기복이 크지 않고 플롯이나 스토리가 없는 동영상이었다. 또한 감정이 정점을 이루는 순간이 동영상의 맨 뒤에 있으면 정점에서의 감정·효용이 마무리 때의 감정·효용과 같으므로 두 변수의 효과가 분리되지 않는다. 따라서 참가자들에게 자극을 제공하되 정점과 마무리의 순간이 일치하지 않도록 하는 것이 중요하다. 또한 감정·효용의 강도를 조작해서 정점일 때의 감정·효용이 다른 순간에 느끼는 감정·효용과 충분히 차이가 나도록 하는 것도 필요하다. 이 같은 이유로 실험 참가자들의 경험을 통제하는 방법으로 실험하기 위해 연구자들은 또 다른 실험에서 신체적인 고통을 이용하는 방법을 사용했다. 즉, 실험 참가자들의 손을 차가운 물에 집어넣는 실험을 실시하였다 (Kahneman, Fredrickson, Schrieber & Redelmeier, 1993).

이 실험에는 캘리포니아대학교에 재학 중인 32명의 남학생이 참가했다. 참가자들은 차가운 물에 손을 담그고 있는 고통스러운 경험을 견뎌야 했다. 이 실험은 고통의 지속 시간이 긴 실험과 지속 시간이 짧은 실험 두 부분으로 이루어져 있었다. 우선 지속 시간이 짧은 실험에서는 참가자들이 한 손을 14.1℃의 차가운 물에 60초 동안 담갔다. 그 후 지속 시간이 긴 실험에서 다른 한 손을 마찬가지로 14.1℃의 차가운 물에 60초 동안 담그도록 한 다음, 온도를 15.1℃로 올려 약간 덜 차가운 물에 30초 동안 추가로 담그고 있게 했다. 즉, 지속 시간이 긴 실험은 지속 시간이 짧은 실험에 비해 고통이 약간 줄어든 채 30초를 추가로 견디게 해서 총 90초 동안 고통의 시간이 지속되는 것이다. 사실 보통 실내 온도가 섭씨 21℃ 정도인 것을 고려하면 15.1℃의 물은 우리 피부에 상당히 차갑게 느껴진다. 실험자는 두 개의 실험을 마친 참가자들에게 세 번째 실험을 한다는 것을 알렸다. 세 번째 실험은 처음 또는 두 번째 실험 중에 참가자들이 선택하는 하나의 실험을 반복하는 것이었는데 실험 참가자들에게 방금 경험한 두 개의 실험 중 어느 것을 선택하겠는가를 물었다.

상식적으로 생각하면 고통이 60초간 지속되는 짧은 실험과, 그보다 약간 덜한 고통이 30초 더 추가되는 90초간의 실험 중에서 참가자들은 당연히 고통의 지속 시간이 짧은 실험을 선택할 것으로 생각한다. 그러나 결과는 놀랍게도 참가자의 69%, 즉 32명 중 22명이 고통의 시간이 90초가 지속되는 실험을 선택했다. PE 법칙이 예측하듯이, 물 온도를 1℃ 정도 살짝 높인 것이 실험의 마무리에 참가자들의 고통 수준을 유의미하게 떨어뜨렸다. 그리고 이같이 참가자들의 경험이 실험의 마무리에서 개선되는 추세로 끝난 경우, 고통의 지속 시간이 더 길어짐에도 지속 시간이 짧은 실험보다 더 나은 것으로 평가하게 한 것이다. 이처럼 실험 마지막에 그전보다 덜한 고통을 추가하는 것이 실제로 사람들의 고통에 대한 전반적인 평가를 덜 고통스럽게 만든다는 것이 밝혀졌다. 이는 PE 법칙(특히 마무리 경험의 영향)과 지속 시간의 무시 현상을 극적으로 보여 준 실험이라고 할 수 있다. 이 같은 결과는 위와 같은 실험실 실험에서뿐만 아니라 현장 조사를 통해서도 밝혀지고 있다. 다음은 그 현장 조사의 내용이다.

레델마이어와 카너먼Redelmeier & Kahneman (1996)은 사람들이 병원에서 실제로 경험하는 고통에 대한 조사를 통해 PE 법칙과 지속 시간 무시의 경향을 밝혔다. 즉 연구자들은 대장 내시경 검사를 받는 101명의 환자에게 자신이 느끼는 현재 고통의 강도를 60초마다 컴퓨터 스크린에 나타나는 10점 척도(10점의 경우 매우 심각한 고통 수준)를 이용해 보고하게 했다. 한편 내시경 검사를 받는 다른 53명의 환자들에게는 자신의 고통을 보고하게 하는 대신 조교에게 환자를 관찰해서 60초마다 고통의 정도를 10점 척도를 활용해 평가하게 했다. 내시경 검사의 지속 시간은 4분에서 67분까지 다양했다. 환자들은 내시경 검사 후 한 시간 내에 검사에 대한 고통의 총량을 10점 만점(0점: 전혀 고통이 없었다, 10점: 무서운 고통이었다)으로 응답했다. 그리고 내시경 검사를 한 의사도 환자가 겪었을 고통의 총량에 대해 같은 10점 척도로 평가하게 했다.

이 같은 측정의 결과는 PE 법칙과 지속 시간 무시의 경향을 지지하는 것으로 나타났다. 예를 들면 환자 자신의 고통에 대한 총체적인 평가global evaluations는 가장 아팠던 3분간peak의 고통 평균 점수, 그리고 마지막 3분간end의 고통 평균 점수와 높은 상관관계를 보였다(각각 0.64와 0.43). 그러나 고통의 총체적 평가와 검사의 지속 시간 간의 상관관계는 0.03으로 거의 관련이 없는 것으로 나타나 지속 시간의 무시 현상이 재연됐다. 더 놀라운 결과는 의사가 내시경 검사 후에 자신이 관찰한 환자의 총체적 고통의 강도를 평가했을 때에도 PE 법칙과 지속 시간에 대한 무시가 똑같이 나타났다는 것이다. 즉 의사가 평가한 환자의 고통 점수와 환자가 자신의 고통을 평가한 고통 점수 최고점 간의 상관계수는 0.64였고, 마무리 고통 점수 사이의 상관계수는 0.44로 둘 다 높은 상관관계를 보였다. 반면 의사의 평가와 지속 시간은 0.15로 비교적 낮은 상관관계를 보였다. 이는 기억에 의존한 총체적 고통은 주로 고통을 경험하는 시간 내의 정점과 마무리의 고통 강도에 의해 결정된다는 것을 말해 준다. 이 같은 레델마이어와 카너먼의 연구는 차가운 물을 사용한 실험실 상황에서의 연구 결과를 내시경 검사가 실제로 이루어지는 병원의 진료실에서 재연했다는 점에서 의의가 있다.

그 이후 새로운 연구에서 레델마이어, 카츠와 카너먼Redelmeier, Katz & Kahneman(2003)은 내시경 검사를 받는 환자 682명을 대상으로 한 실험에서 찬물에 손을 집어넣는 실험에서와 마찬가지로, 고통의 강도를 비교적 약하게 해서 검사 시간을 약 1분간 일부러 늘릴 때 그 같은 고통이 없는 경우보다 총체적인 평가가 향상된다는 것을 발견했다. 이 같은 결과는 소음을 평가하는 실험에서도 똑같이 나타났다(Schreiber & Kahneman, 2000). 즉 강도가 낮은 소음을 추가하는 것은 분명 소음이 없는 것보다는 더 괴로운 경험이다. 따라서 원래 소음을 듣는 시간에 그보다 시간을 좀 더 늘려 낮은 강도의 소음을 추가하면 전체적으로는 원래 소음만 듣고 끝날 때에 비해 더 혐오스러운 경험이 되어야 한다. 그러나 오히려 사람들은 작은 소음을 추가한 조건에서 그들이 들었던 소음을 종합적으로 덜 혐오스럽게 느꼈으며, 기억된 총체적 경험에 대한 평가는 오히려 더 개선됐다. 카너먼과 그의 동료들Kahneman et al.(1993)은 이 같은 현상을 '추가적인 지속 시간 효과additive duration effect'라고 명명했다. 이런 결과는 고통스러운 경험에 대한 기억을 개선하기 위해서 고통의 지속 시간이 늘어나더라도 강도가 약한 고통의 순간을 원래 고통에 일부러 추가하는 것이 필요하다는 것을 말해 준다.

PE 법칙은 우리가 흔히 접할 수 있는 '냄새' 같은 자극에서도 나타난다. 샤이베네와 코핀(Scheibehnenne & Coppin, 2020)은 PE 법칙이 후각에도 적용이 되는지를 알아보기 위해 스위스의 제네바대학교 학생 48명을 대상으로 실험을 실시하였다. 냄새는 사람들에게 비교적 쉽게 긍정적 또는 부정적 감성 반응을 불러일으킬 수 있는 자극이기 때문에 연구자들은 냄새라는 자극을 골랐다. 그들은 긍정적 감성 반응을 불러일으키는 자극으로 라벤더향, 백합향 등을 사용하였고, 부정적 감성 반응을 유발하는 자극으로 담배냄새, 치즈냄새 등을 사용하였다. 연구자들은 참가자들에게 강도를 달리하는 6개의 긍정적 냄새 또는 6개의 부정적 냄새를 각각 6초 또는 12초 동안 맡도록 하여 각각의 냄새가 얼마나 좋은지 또는 나쁜지(very pleasant~very unpleasant) 평가하게 한 다음, 6개의 냄새를 다 맡고 난 다음 전반적으로 냄새가 얼마나 좋은지 또는 나쁜지 평가하게 하였다. 실험 참가자들은 이 같은 과정을 8번 반복하였다. 실험 결과, 긍정적인 냄새와 부정적인 냄새 모두에서 PE 법칙과 지속 시간의 무시가 발견되었다. 즉 가장 긍정적이거나 가장 부정적인 냄새와 맨 마지막에 맡은 냄새(6번째 냄새)가 전반적인 경험의 평가를 잘 예측함을 알 수 있었으며, 냄새의 지속 시간은 전반적인 경험의 평가에 별로 영향을 주지 못했다. 연구자들은 추가 실험에서 6개로 구성된 일련의 냄새 조합에 좋은 냄새와 나쁜 냄새를 혼합하여 참가자들에게 냄새를 맡게 했는데, 그 결과 강력하게 부정적인 후각 경험이 6개 냄새 조합에 대한 전반적 평가를 지배적으로 좌우한다는 것도 밝혀냈다.

'PE 법칙'과 '지속 시간의 무시'로 요약할 수 있는 현상을 카너먼과 그의 동료들(1993)은 다음과 같이 설명하고 있다. 즉 사람들은 과거의 고통스럽거나 즐거운 사건을 머릿속에 '시간을 고려하지 않는 표상duration-free representation'을 통해 각인하며, 그러한 기억의 내용은 보통 '스냅샷(Fredrickson & Kahneman, 1993)' 또는 '전형적인 순간(Kahneman, 2000; Schreiber & Kahneman, 2000)'들에 의해 구성된다는 것이다. 다시 말해 사람들은 에피소드의 전형적인 순간(즉, 스냅샷)에 의해 어떤 에피소드를 표상하고 그것의 지속 시간에 대한 정보는 분리해서 저장한다고 가정할 수 있다. 또한 이 연구들은 정점과 마무리 근처에서 경험한 감정이나 효용이 대표적 순간의 감정적인 가치로 나타나며, 대체로 이런 대표적인 순간에 경험한 감정적인 가치가 전체 에피소드에 대한 전반적인 평가를 결정한다는 것을 보였다.

마케팅 상황에서의 PE 법칙

위에서 살펴본 PE 법칙이나 지속 시간의 무시는 마케팅 상황, 특히 TV 광고에 대한 소비자의 평가에 적용할 수 있다는 것을 보여 주는 연구들도 찾아볼 수 있다. 대부분의 텔레비전 방송 시간은 초 단위로 팔린다. 만약 지속 시간이 광고를 보는 사람들의 총체적인 평가에 영향을 미치지 않는다면, 기업들은 60초 광고보다 비용은 덜 들지만 같은 효과를 낼 수 있는 30초 광고-즉 60초 광고와 비교해서 같은 정도의 정점과 마무리 감정을 전달할 수 있는 30초 광고-를 선호할 것이다. 바움가르트너, 수잔과 패지트Baumgartner, Sujan & Padgett(1997)는 세 개의 실험을 통해 156명의 실험 참가자들에게 지속 시간이 30초에서 90초에 이르는 긍정적인 감정을 유발하는 광고를 보고 나서 그 광고에 대해 평가하도록 했다. 실험에서 광고를 보는 참가자들은 광고를 보는 동안 매 순간 감정적 반응을 측정하고 광고가 끝난 다음 광고에 대해 전반적인 평가를 하도록 했다. 실험 결과 참가자들은 최고점에서의 긍정적인 감정의 강도가 상대적으로 높고, 마무리에 강한 긍정적인 내용을 담고 있는 광고를 가장 선호하는 것으로 나타났다. 또한 광고를 본 시청자들은 짧은 광고에 비해 추가된 부분이 있는 긴 광고가 마무리에서 강렬한 긍정적 경험을 만들어 줄 때만 긴 광고를 선호하는 것으로 나타났다.

소비 상황에서의 PE 법칙

지금까지 소개한 연구들에서는 주로 고통이나 즐거움을 주는 자극을 이용한 실험으로 PE 법칙을 보여 줬다. PE 법칙과 관련된 심리학의 기존 연구와는 달리 하영원과 정성희(2010)는 PE 법칙이 소비자가 자주 당면하는 상황인 자신의 과거 지출에 대한 평가에도 적용될 수 있다는 것을 보여 줬다. 특히 기존 연구와는 대조적으로 하영원과 정성희는 두드러진 최고점 지출이 있는 지출 패턴과 최고점 지출 없이 평균적인 지출로 이루어진 지출 패턴으로 나누어 이런 지출 패턴에 따라 소비자들의 과거 지출에 대한 평가가 달라질 수 있는지를 살펴봤다. 예컨대 소비자가 과거 한 달 동안 이루어진 지출의 총액을 직관적으로 판단한다고 하자. 이때 과거 한 달의 지출 아이템 중에 평균적으로 사용하는 금액보다 훨씬 큰 금액peak의 아이템이 포함된 경우, 합계 금액은 같더라도 과거 한 달의 지출에 대한 총체적인 평가(즉, 과거 한 달 동안 자신이 지출한 금액에 대해 직관적으로 판단한 총액)가 지출 패턴이 상대적으로 평평한 경우보다 더 높을 것이다. 왜냐하면 과거 한 달 동안의 지출 중 가장 두드러진 지출이 대표적인 지출이 되고 이것이 과거 지출에 대한 총체적인 평가에 많은 영향을 미칠 것이기 때문이다. 특히 이런 두드러진 지출은 소비자에게 여러 지출 중에서도 강하게 각인된 스냅샷처럼 남아 있어서 소비자들은 그 지출 때문에 자신이 실제로 쓴 금액보다 돈을 더 많이 썼다는 부정적인 인상을 받게 될 것이다. 이처럼 강하게 각인된 지출 때문에 소비자 자신이 쓸 수 있는 돈이 줄어들었다는 느낌이 들고 이는 과거 한 달 동안의 소비에 대한 전반적인 판단에 부정적인 영향을 미칠 수 있다. 이 같은 부정적 영향력은 과거 지출에 대한 평가에도 영향을 줄 수 있지만 이후의 소비 상황에도 당연히 영향을 미칠 것이기 때문에 이후의 지출에 대한 주의 수준을 높일 것이다.

하영원과 정성희(2010)는 정점과 마무리에 대한 실험에 앞서 현실적인 실험 자극을 선정, 조작하기 위해 서울 소재의 대학생 56명을 대상으로 사전 조사를 했다. 이 조사를 통해서 피험자들이 한 달 동안 사용하는 평균 지출 수준을 파악했다. 또한 예외적인 지출과 일상적인 지출 항목들을 파악하고 그 항목별로 평균적으로 지출하는 가격대를 수집해 각 단일 항목에 대해 비싸다고 생각하는 가격대를 알아냈다.

이 같은 사전 조사를 통해 피험자들의 한 달 용돈 평균이 약 43만 원 정도였기 때문에 45만 원을 피험자들의 한 달 예산으로 설정했다. 주중에 고정적으로 지출하는 금액(교통비, 점심값 등)을 하루에 6200원으로 설정했으며, 그 결과 주중에 사용하는 일상적인 지출의 총합은 13만 200원이었다. 이 금액을 포함한 한 달의 지출 총액은 40만 5000원이었고 비일상적인 지출에 사용할 수 있는 금액은 27만 4800원이었다. 이 같은 가상적 예산 하에서 두드러진 지출로 최고점이 있는 경우와 최고점이 없는 두 조건으로 나누고 지출 목록은 서로 비슷하게 설정했다. 그리고 두 조건에서 총지출 금액은 일정하지만, 지출 패턴만 다른 11개의 지출 리스트를 만들었다. 특히, 두드러진 최고점 지출을 조작하기 위해 사용된 자극은 의류였는데, 사전 조사에서 응답자들이 용돈 내에서 구매하기에 비싸다고 생각하는 의류의 평균 금액은 약 14만 원이었다. 그래서 나머지 지출의 금액을 고려한 실험에서 정점이 있는 경우, 의류 상품에 대한 지출은 13만 원으로 설정했다. 이는 응답자들이 의류 제품을 사기 위해 지급하는 평균(4만 9241원)에서 약 3 표준편차(1 표준편차: 2만 8446원)만큼 떨어진 금액이다. 두드러진 최고점 지출 이외의 항목들은 사전 조사에서 피험자들이 평균적으로 지출한다고 응답한 금액들의 평균을 내고 거기서 크게 벗어나지 않는 1 표준편차 내에서 실험 자극(지출 금액)을 구성했다.

한편 두드러진 최고점이 없는 지출 패턴을 조작하기 위해서도 사전 조사에서 피험자들이 응답한 항목별 평균 지출 금액에서 크게 벗어나지 않는 금액으로(1 표준편차 이내) 자극물을 구성하되 패턴이 평평하게 되도록 지출 리스트를 구성했다. 실험 자극인 의류를 위한 지출 또한 다른 지출 리스트들과 비슷한 수준이되 사전 조사를 통해 얻은 평균적인 지출치(4만 9241원)에 가까운 3만 원으로 설정했다. 또한, 지출 패턴이 가능한 한 평평하게 되도록 영화표 및 스낵

〈그림 4-1〉 시간적 순서에 따른 과거 지출 패턴

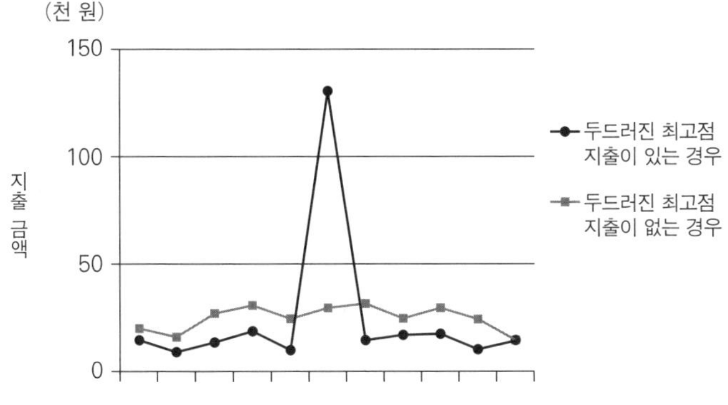

구매비 같은 리스트는 합해서 설정하되 위에서 언급한 것과 같이 피험자들의 응답치 평균(2만 4982원)에서 크게 벗어나지 않도록(1 표준편차 이내에 들어오도록) 유의했다(〈그림 4-1〉 참조).

마무리 조건을 조작하기 위해 앞에서 언급한 11개의 지출 리스트에 소액 지출(복사비 1700원)을 추가해 이 조건에서는 지출 항목이 12개의 리스트로 구성되게 했다. 따라서 소액 지출 추가 조건에서는 총지출액이 40만 6700원으로 증가했다.

실험 결과, 피험자들은 한 달 지출 총액이 일정함에도 지출 패턴에서 두드러진 최고점 지출이 있는 경우에 없는 경우보다 그달에 더 많이 지출했다고 판단했다. 소비자들에게 과거 지출에 관한 판단은 추가적인 구매의사결정에서 매우 중요한 정보이다(Soman, 2001). 그러므로 과거의 일정 기간 지출한 금액에 대한 소비자들의 회상 판단의 정확성은 건전한 소비 생활을 위해서 매우 중요하다. 소비자들이 자신의 지출이 어느 정도 이루어지고 있는지 그때그때 정확히 인식하고 있는 것은 과다지출 또는 과소지출을 하지 않을 수 있는 기초이기 때문이다. 또한 이 실험에서 마무리 부분의 소액 지출(복사비 1700원) 추가는 실제 총지출 금액을 더 크게 만들었음에도 추가하지 않았을 때보다 그달에 더 적게 지출했다고 판단하게 했다. 소액 지출 추가가 과거 지출에 관한 판단에 미치는 영향은 과거 지출 패턴에 두드러진 최고점 지출이 있는 경우에(두드러진 최고점 지출이 없는 경우에 비해) 더 크게 나타났다. 이는 지각상의 지배 원칙 dominance principle에 대한 위배가 소비자와 관련된 상황에서 나타났다는 점에서 이론적으로도 중요한 발견이라고 할 수 있다.

이 장을 끝내며

이 장에서는 사람들이 과거에 자신에게 긍정적 또는 부정적 감정이나 효용을 유발한 경험들을 어떻게 기억하고 평가하는지에 대해 살펴봤다. 사람들이 자신의 감정적인 경험을 판단하는 데 사용하는 기억을 설명하기 위해 카너먼과 그의 동료들이 개발한 스냅샷 모형을 소개했다. 이 모형에 의하면 사람들은 감정이나 효용을 유발한 사건을 동영상처럼 기억하고 있지는 않으며 몇 장의 스냅샷처럼 기억하고 있다. 특히 스냅샷 중에서도 가장 두드러진 순간들이 중요한데, 정점peak을 이루는 감정·효용을 가져다준 순간 또는 사건이 마무리되는 순간end이 사건에 대한 전반적이 감성적 평가에 결정적인 영향을 미친다(PE 법칙). 또한 즐거움이나 고통이 얼마나 지속했는가 하는 것은 사건에 대한 전반적인 감성적 평가에 큰 영향을 미치지 않는 것으로 나타났는데, 카너먼과 그의 동료들은 이를 '지속 시간의 무시duration neglect'라고 명명했다. 또한 PE 법칙과 지속 시간 무시 현상은 우리가 흔히 접할 수 있는 광고나 소비를 위한 지출 평가에서도 볼 수 있었다.

이 장에서 다룬 연구들을 통해 알 수 있는 것은 사람들의 즐거웠거나 아팠던 기억은 매우 불완전할 뿐만 아니라 어떤 특정 순간에 일어난 일들(특히 정점과 마무리의 순간에 있었던 감정)에 의해 좌우된다는 점이다. 아마도 우리가 기억하는 자신의 과거는 우리가 그 당시에 느꼈던 고통이나 즐거움과는 상당히 다른 형태로 우리 머릿속에 입력된 것으로 보인다. 사람들이 과거에 자신에게 고통이나 즐거움을 줬던 대상을 어떻게 기억하고 있는지가 중요한 이유는 그 기억이 그 대상과 관련된 현재나 미래의 판단과 선택에 결정적인 영향을 미치기 때문이다. 많은 사람은 매우 즐거웠던 경험과 고달팠던 경험이 혼재된 유럽 여행을 끝낸 뒤 시간이 흐르면 다시 유럽 여행을 가고 싶어 한다. 그 여행에서 특히 인상에 남을 정도로 즐거웠던 경험이 있었거나 여행의 마무리에서 즐거운 경험을 한 사람일수록 더욱 더 유럽 여행을 가고 싶어 할 것이다.

CHAPTER 5

감성 예측의 오류와 편향

내가 미래에 어떤 것을 좋아할지 나는 알까?

인생에는 두 가지 비극이 있다.
하나는 우리 마음속에 있는 욕망을 잃어버리는 것이고,
하나는 그것을 갖게 되는 것이다.

조지 버나드 쇼George Bernard Shaw

이전 장에서 살펴본 것처럼 사람들이 과거의 경험에 대해 자신이 어떻게 느꼈는지 그 당시 그대로의 기억이 없는 경우도 많지만, 앞으로 다가올 일에 대해 자신이 어떻게 느낄지 역시 정확한 예측을 하지 못하는 경우가 허다하다. 예컨대 대학교 학부를 졸업하는 학생이 바로 취업을 할지, 아니면 대학원에 진학할지를 고민하다가 취업을 했다고 가정해 보자. 만일 그가 "취업 대신 대학원에 진학할 것을 그랬다"라고 자신의 의사결정을 후회한다면 그 이유에는 여러 가지가 있을 수 있다. 우선 한 가지 가능한 이유는 막상 회사에 취직을 해 보니 자신이 원래 생각했던 것과는 달리 싫어하는 여러 가지 일을 해야만 하는 경우가 있기 때문이다. 그러나 이런 경우는 대체로 정보의 부족 때문에 생겨나는 의사결정상의 오류라고 할 수 있다. 이 같은 오류는 미리 충분한 시간을 가지고 정보 수집을 한 뒤 의사결정을 한다면 피할 수 있는 오류일 것이다. 그러나 이런 경우와는 달리, 의사결정과 관련된 정보를 충분히 수집하여 회사에 취직하면 어떤 일을 경험하게 되고 대학원에 진학하면 어떤 일을 겪게 될 것인지 충분히 안 다음 의사결정을 한다고 해도 자신의 의사결정에 대해 후회하게 되는 경우가 있다. 그것은 주로 자신이 미래에 경험할 일들에 대해 어떻게 느낄 것인가를 잘못 예측하는 데 기인하는 경우가 대부분이다.

이 장에서는 사람들이 자신이 겪게 될 일들에 대해 어떤 감성적인 반응을 보일 것인가에 대한 예측에 대해 다룬다. 특히 사람들의 미래 감성에 대한 잘못된 예측affect misforecasting을 중심으로 살펴보기로 한다.

미래 감성 예측과 관련된 오류들

감성 예측에 대한 대부분의 연구는 건강 분야에서 주로 이루어졌다. 의료 서비스 제공자들이 이 이슈에 특히 관심이 많았던 이유는 환자들이 장차 경험하게 될 의료 시술에 대해 자신이 어떤 감성적 반응을 보일지 정확하게 예측하는 상태에서 시술에 대해 동의하는 것인지를 알고 싶어 했기 때문이다(Ubel & Loewenstein, 1997). 이에 대한 연구는 사람들이 자신의 감정 상태나 미래의 효용을 비교적 정확히 예측할 수 있다는 결과와 그렇지 않다는 결과가 모두 나타나 서로 엇갈리는 것을 볼 수 있다.

루엘린-토머스, 서덜랜드와 틸Llewellyn-Thomas, Sutherland & Thiel(1993)의 연구에서는 66명의 후두암 환자들에게 방사선 치료로 기대할 수 있는 결과를 설명한 후에, 그들에게 방사능 치료를 하고 4주 후에 어떻게 느낄 것인지와 치료를 통해 어떤 효용을 얻을 것으로 생각하는지 예측하도록 했다. 치료가 끝나고 4주가 지난 후 환자들에게 그들이 느끼는 실제 상태와 치료를 통해 얻는 효용이 무엇인지 보고하도록 했다. 연구자들은 4주 후에 환자들이 느끼는 방사선 치료의 효용 평가치는 치료 이전에 그들 자신이 예측한 가치에 놀랍도록 가깝다는 것을 발견했다.

그러나 다른 연구에서는 사람들이 미래에 자신이 느낄 감정에 대해 예측할 때 여러 가지 오류를 범한다는 것이 밝혀졌다. 예를 들면 사람들은 자신이 경험하게 될 공포감의 수준을 실제보다 더 높게 예측하는 경향이 있다는 것이다. 예컨대 래크먼Rachman (1983)은 낙하 훈련을 해야 하는 군 훈련병들이 훈련을 하기 전에 자신들이 낙하 시에 어느 정도의 공포감을 느낄지 예측하도록 한 결과, 실제 경험하게 되는 공포의 수준보다 훨씬 더 높은 수준의 공포를 경험할 것으로 예측하는 경향이 나타났다. 따라서 낙하 훈련에서 가장 중요한 과정은 훈련병들이 낙하 시에 경험할 공포감에 대한 과대 예측을 극복할 수 있도록 해 주는 것이다. 다시 말해 훈련병들이 낙하 훈련에 대해 지레 겁을 먹고 '쫄지 않도록' 만들어 주는 것이 중요하다.

사람들이 미래를 예측할 때 나타나는 오류는 치과 치료를 받기 위해 대기하는 환자들과의 인터뷰에서도 일관성 있게 나타났다 (Kent, 1985). 켄트Kent는 치과 병원에 내원한 44명의 환자를 치료받기 바로 전과 바로 후, 그리고 치료받고 난 3달 후에 각각 인터뷰했다. 그 결과 평균적으로 환자들은 그들이 진료를 받을 때 경험할 고통의 정도를 실제보다 더 클 것으로 예측하는 경향을 보였다. 이 같은 경향은 진료에 대해 걱정을 많이 하는 환자들에게 특히 강하게 나타났다. 평균 예상 고통 수준은 100점 만점의 고통 척도에서 16.5였지만, 실제 환자들이 경험한 고통의 평균 수준은 9.0으로 보고됐다. 그리고 예상하는 고통과 경험된 고통 사이의 상관 계수는 0.16으로 비교적 낮은 편이었다.

이처럼 자기 자신이 느끼게 될 고통에 대해 과대 예측하는 경우와는 반대로, 비록 적은 수이기는 하지만 자신이 느낄 고통에 대해 과소 예측하는 경향을 보인 연구도 있었다. 특히 이 연구들의 특징은 주관적인 평가를 사용한 것이 아니라 행동적인 측정 방법을 사용했다는 점이다. 크리스텐센-젤란스키Christensen-Szalanski (1984)는 출산을 앞둔 임산부 대다수가 분만 과정에서 마취제를 사용하지 않기를 원하며 사용할 의사도 없다고 말했다. 그러나 실제로 그들의 사전 의사결정과는 다르게 분만 시에 마취제를 사용하는 경향을 보였다. 이는 그들이 분만 시에 경험할 고통의 강도를 과소 예측해서 생기는 문제라고 할 수 있다. 이 같은 의사결정의 번복은 첫 아이를 출산할 때뿐만 아니라 이미 출산의 경험이 있는 산모들에게도 똑같이 일어났다.

또 다른 연구에서는 사람들이 자신의 병에 대한 진단에 어떻게 반응할지 예측한 것과 실제 반응을 비교했다. 직관적으로 생각해 보면 사람들은 자신이 심각한 병에 걸렸을지도 모른다고 생각할 때보다 확실히 그 병에 걸렸다는 진단을 받았을 때 훨씬 더 절망적인 심정일 것으로 예측할 수 있다. 실제로 이런 예측 때문에 사람들은 유방암 같은 병을 검진해 보는 것을 주저한다. 그러나 헌팅턴병 환자들에 대한 연구(Brandt et al, 1989)에 의하면 헌팅턴병이 의심되는 환자들은 검진하기 전에는 병에 걸렸다는 진단 결과가 나올 것을 매우 두려워하지만, 막상 병에 걸렸다는 양성 진단을 받고 나면 예측했던 것만큼 절망적인 심정이 되지는 않는다는 것이 밝혀졌다.

환자들이 검진 결과를 알기 이전에 예측한 자신의 미래 감정이 막상 자신의 검진 결과를 알았을 때의 감정에 비해 더 극단적이라는 사실은 시프, 도스와 로웬스타인Sieff, Dawes & Loewenstein의 연구가 극명하게 보여 주고 있다. 즉, 연구자들은 에이즈 균 감염 여부 검사를 하기 위해 병원을 찾은 사람들에게 테스트 결과를 받고 난 뒤 5주 후에 어떻게 느낄 것 같은지를 21개의 문항으로 구성된 설문지를 통해 물었다. 설문지에 포함된 질문은 검진을 받는 사람들이 에이즈 균 음성 반응(즉, 긍정적인 결과)이 나타났을 때와 양성 반응(즉, 부정적인 결과)이 나타났을 때 각각 어떤 기분일지를 예측하도록 하는 설문지였다.

그러나 검진 결과 실제로 에이즈 균 양성 반응이 나타난 사람들이 워낙 적었기 때문에 연구자들은 4~10주 전에 이미 실제로 에이즈 균 양성 판정을 받은 사람들을 따로 찾아 그들에게 지금 현재의 기분을 물었다. 그리고 검진을 받기 위해 병원을 찾았던 사람들이 양성 반응이 나타났을 때 어떤 기분일까를 예측한 것과 비교했다. 그 결과 에이즈 균에 실제로 양성 반응이 나타난 사람들은 검진을 받기 위해 찾아온 사람들이 예측했던 것보다 그다지 비참하다고 느끼지 않았다. 마찬가지로 테스트를 받았던 사람 중에서 에이즈 균 음성 반응이 나온 사람들도 그들 자신이 에이즈 균 음성 반응이 나왔을 때 얼마나 좋아할까에 대해 자신이 예측했던 것만큼 크게 좋아하지는 않는 것으로 나타났다.

이 연구는 매우 비참할 것으로 생각하는 일도 막상 실제로 그 일을 겪게 되면 예상보다는 덜 비참하다고 느끼며, 매우 기쁠 것이라고 예상하는 일도 경험하고 보면 그렇게까지 기쁘지는 않다는 것을 보여 준다. 다시 말해 사람들은 일반적으로 실제로 경험하기 전까지는 자신의 미래에서 느끼는 감정을 과장되게 예측하는 경향이 있다는 것이다.

미래의 경험에 대한 자신의 느낌을 예측한 내용과 실제 어떤 일을 당면했을 때의 느낌이 서로 다르다는 것을 보여 준 또 하나의 연구가 있다. 콜라타Kolata (1997)의 연구에 의하면, 대부분의 건강한 사람들은 자신이 사설 양로원이나 병원의 병실 또는 중환자실에서 죽는 것보다 집에서 죽고 싶다고 말한다. 하지만 죽어 가는 환자들의 90%는 높은 수준의 집중적인 진료를 하는 병원에서 죽는 것으로 나타났으며, 그들은 그러한 진료를 호의적으로 생각했다.

한편 슬레빈, 플랜트, 린치, 드링크워터와 그레고리Slevin, Plant, Lynch, Drinkwater & Gregory (1988)의 연구에서는 사람들에게 만약 자신의 삶을 세 달 연장할 수 있는 강도 높은 항암 치료를 받는다면 얼마나 받고 싶은지를 여러 그룹의 구성원들에게 물었다. 의사 중에서 방사선 전문의들은 자기가 암에 걸리는 경우 단 한 사람도 그 같은 항암 치료를 받겠다고 말한 사람이 없었으며, 암 연구자 중에서는 오직 6%만이, 일반 사람 중에서는 건강한 사람들의 10%만 그 같은 항암 치료를 받겠다고 말했다. 그러나 이미 암을 앓고 있는 것으로 판명된 암환자들의 42%는 3개월의 생명 연장을 위해 그 같은 항암 치료를 받을 것이라고 응답했다. 물론 건강한 사람들도 막상 그들이 암 같이 심각한 병에 시달리게 되면 단 일주일의 생명 연장을 위한 치료라도 받고 싶어 할지도 모른다는 것을 머리로는 알고 있다. 그러나 건강한 사람들이 미래에 건강을 잃고 중병을 앓게 되면 자신이 어떻게 느낄지를 판단할 때, 현재 자신이 건강해서 느끼는 것들을 그 상황에 지나치게 많이 투영시키는 경향이 있다는 것은 확실하다.

감정이입상의 괴리: Cold State vs. Hot State

앞으로 있을 자신의 경험에 대해 자기가 어떻게 느낄 것인지를 예측할 때와 그것을 실제로 경험할 때 사람들은 신체적으로 전혀 다른 상태에 있게 되는 경우가 많다. 즉, 예측은 비교적 안정적이고 각성하지 않은 '냉정한 상태cold state'에서 이루어진다. 그러나 그 일을 경험할 때 사람들은 대개 피곤하거나, 화가 나거나, 배가 고프거나, 고통스럽거나, 성적으로 흥분돼 있는 등 '뜨거운 상태hot state'에 있게 된다. 냉정하거나 뜨거운 두 상태 중 하나에 속해 있는 사람이 자신이나 다른 사람들이 다른 신체적 상태visceral state에서 경험하는 일에 대해 예측하게 하면 그 사람은 예측 상의 오류를 범할 가능성이 매우 높다(Loewenstein, O'Donoghue & Rabin, 2003; Van Boven, Dunning & Lowenstein, 2000).

그것은 자신이 속해 있는 상태에서 다른 상태에 속해 있는 자기 자신이나 다른 사람에게 감정이입을 한다는 것이 매우 어렵기 때문일 것이다. 이를 '감정이입상의 괴리empathy gap'라고 한다. 예를 들면 지금 막 식사를 마치고 배부른 상태에 있는 사람은 자신이 다시 배고파졌을 때 다음 식사를 얼마나 즐길지 상상해 보기가 쉽지 않고 따라서 자신이 느끼게 될 즐거움을 과소평가하는 경향이 있다. 마찬가지로 배가 부른 사람들은 배가 고픈 상태에 있는 사람들이 어떻게 느낄지 머리로는 이해할 수 있더라도 그 사람이 느끼는 고통을 자신의 고통처럼 느끼기는 어렵다. 이 같은 판단상의 오류를 '투사投射의 편향projection bias'이라고 부른다.

이 같은 투사의 편향은 우리의 일상생활과 관련된 의사결정에서도 중요한 부분이다. 예를 들면 배가 고픈 사람이 그렇지 않은 사람에 비해 슈퍼마켓에서 그들이 필요한 것을 더 많이 구매하는 경향이 있다든지(Nisbett & Kanouse, 1969), 사람들이 일주일 뒤에 먹을 음식을 고를 때는 초콜릿보다 사과 같은 과일을 더 많이 고르지만, 당장 소비할 음식을 고를 때는 초콜릿을 훨씬 더 많이 선택하는 경향(Read & Van Leeuwen, 1998) 등이 그것이다. 이처럼 '냉정한' 상태에 있는 사람들이 '뜨거운' 상황에서 자신이 어떻게 행동할지를 예측하는 것에서도 미래 예측에 대한 오류가 빈번히 발생한다고 볼 수 있다.

투사의 편향은 유혹적인 일에서 특히 많이 나타난다. 알코올중독을 극복 중인 사람이 회사의 송년 회식 자리에 참석하는 상황을 생각해 보자. 회식에 참석하기로 할 때는 '냉정한' 상태에서 의사결정을 하지만(절대로 술은 마시지 말아야지!), 자신이 예상한 것과는 달리 그 사람은 신체 내적인 상태가 의사결정 시와 전혀 다른 '뜨거운' 상태로 바뀌면서 자신의 맹세를 쉽게 깨는 것을 볼 수 있다. 로웬스타인과 슈카디Loewenstein & Schkade (1999)는 이런 영역에서의 연구 결과들이 매우 일관성 있는 패턴을 보이는데 그것은 바로 사람들이 자신이 가지고 있는 의지의 강도를 지나치게 높게 평가하고, 뜨거운 상태에서 그들의 행동에 미치는 영향 요소들의 힘을 과소평가하는 경향이 있기 때문이라고 설명하고 있다.

의지력의 미약함

우리는 새해가 되면 대개 어떤 일을 하거나 하지 말아야겠다는 결심을 하는 경우가 흔히 있다. "새해부터는 절대로 담배를 피우지 말아야지!"라는 금연 결심이 대표적인 예일 것이다. 그러나 안타깝게도 그 같은 결심은 작심삼일로 그치는 경우를 종종 볼 수 있다. 그것은 많은 사람이 자신의 의지력을 과대평가하기 때문에 자기의 미래 행동을 잘못 예측하는 데 그 원인이 있다. 사람들은 사회적 영향력(특히 다른 사람으로부터의 압력)이 자신의 행동에 미치는 힘을 과소평가하기도 한다.

사회 심리학에서 고전적인 실험으로 간주하는 스탠리 밀그램Stanley Milgram (1965)의 실험에서 실험 참가자들은 옆방에 있는 사람(실험 참가자는 모르지만, 미리 실험자와 짜고 고통의 신음을 내도록 지시를 받은 사람)에게 실험자의 지시에 따라 전기 쇼크를 가하도록 했다. 실험자는 이 실험을 '처벌과 학습'에 관한 실험으로 위장하고 실험 참가자가 단어에 관한 문제를 틀릴 때마다 더 강한 전류를 피험자에게 가하도록 했다. 전기 쇼크의 전압은 15볼트에서 450볼트까지 점차 증가했다. 전압이 낮을 때는 별문제가 되지 않았지만, 실험 참가자 중 65%가 넘는 참가자들이 옆방에 있는 사람이 고통의 신음을 내는데도 심적 갈등을 경험하면서도 실험자의 지시에 따라 계속해서 전압을 최고 수준인 450볼트가 될 때까지 올려 갔다. 실험자는 실험 참가자들에게 실험 전에 실험 내용을 말해 준 뒤 만약 그들이 이 실험에 참가하게 된다면 그들이 어떤 행동을 할지 예측하게 했다. 대부분 참가자는 다른 사람에게 고통을 느낄 수 있을 정도의 전기 쇼크를 옆방 사람에게 가하라는 지시를 받았을 때 자신이 이에 복종할 것이라고는 전혀 생각하지 않았다. 즉 실험 참가자들은 다른 사람으로부터 압력을 받을 때 자신의 자유 의지로 그 지시를 거부할 수 있으리라 생각했지만, 결과적으로 대부분의 실험 참가자들은 그와 관련한 자신의 의지력을 과대평가하는 것으로 나타났다.

자신의 미래 행동을 정확하게 예측하지 못하는 현상은 바로 중독성이 있는 물질을 갈망할 때 두드러지게 나타난다. 일반적으로 담배와 알코올을 포함해서 기분 전환용 물질의 사용은 중독의 위험이 있다. 그러나 사람들은 그 같은 물질에 대해 미래의 시점에서 자신이 갖게 될 욕망의 강도를 실제 자신이 경험하게 되는 것보다 훨씬 낮게 예측하는 경향이 있다. 로웬스타인(1996)은 이 같은 미래의 갈망에 대한 과소평가를 중독의 중요한 요인 중 하나로 봤다. 이 같은 예측의 오류는 같은 사람에게 시간의 간격을 길게 두고 적어도 두 번 이상 자료를 수집하는 종단적인 연구에서도 나타난다. 예컨대 린치와 보니Lynch & Bonnie(1994)는 담배를 피우는 고등학교 학생들에게 자신이 5년 후에도 담배를 피울지 아닐지를 예측해 보라고 물었다. 그 결과 하루에 평균 한 개비 이하로 담배를 피우는 학생들

가운데 오직 15%만이 그들이 5년 후에도 담배를 피우고 있을 것으로 예측했지만, 정작 5년 후가 되었을 때 그들 중 43%는 여전히 담배를 피우고 있었다. 하루에 적어도 한 갑을 피우는 흡연자는 34%만이 5년 후에도 담배를 피울 것이라 예상했으나, 실제 5년이 지난 후에 그들 중 70%가 여전히 하루에 한 갑 이상의 담배를 피우고 있었다.

자신의 미래 행동에 대한 예측의 실패는 신용카드를 사용하는 소비자들에게도 흔히 나타난다. 신용카드 사용자들은 대부분 카드빚을 0으로 유지하고 싶어 하지만 실제 많은 사람이 그것에 실패한다. 오수벨Ausubel(1991)은 이 같은 실패가 사람들이 미래에 경험할 소비 욕구를 과소평가하는 경향 때문이라는 것을 밝혔다.[3] 더구나 사람들이 흔히 자기 자신의 미래 상태에 대해 잘못된 예측을 범하는데, 이는 신용카드 사용 시 앞으로 자신이 부담할지도 모르는 카드빚에 붙는 높은 이율의 이자에 대해 둔감해지게 한다.

신용카드나 약물중독의 예처럼 장기적인 행복에 가장 저해되는 일반적인 장애가 바로 충동구매다. 시와 그의 동료들(2008)은 미래에 대한 고려 없이 주어진 대안 중에서 우리에게 즉각적이면서도 커다란 만족을 가져다주는 대안을 선택하는 것이 충동구매라고 정의했다. 예를 들면 레스토랑에서 지급해야 하는 가격을 고려하지 않고 무조건 가장 맛있는 메뉴를 선택하는 것이 충동적인 선택일 것이다. 즉각적인 만족을 극대화하는 것이 장기적으로 개인의 행복을 극대화하는 것은 아닌 경우가 흔하다. 대부분 사람은 그들이 장기적으로 선택해야 할 것이 무엇인지 알고 있어도 충동적이고 단기적인 선호로 충동구매를 하는 경우가 흔하다. 특히 이런 충동적인 선택이 최적의 선택이 아닌 경우는 단기적인 결과와 장기적인 결과 사이에 상쇄 관계가 있을 때다. 즉, 더 큰 즉각적인 즐거움 때문에 장기적으로는 어떤 형태이건 비용을 지급하지 않으면 안 될 때 충동성이 가장 문제가 된다. 앞에서 들었던 예처럼 사람들이 흡연을 하는 것은 흡연이 미래에 일으킬 수 있는 부정적인 결과를 과소평가하기 때문일 것이다. 아직도 우리 주위에 흡연자가 많은 것을 보면 사람들은 자신의 일생 중 앞으로 남아 있는 시간 동안 가장 효용을 많이 가져다줄 대안이 무엇인가를 예측해서 그것을 근거로 의사결정을 하기보다는 때때로 자신이 미래에 치러야 할 비용을 고려하지 않은 채 지금 당장 내게 큰 효용을 가져다주는 대안을 선택하는 것으로 보인다.

의사결정에서 맥락 정보의 중요성

위에서 살펴본 많은 연구에서 지금 현재 처해 있는 내적 상태와 다른 내적 상태에 있을 때 자신이 어떻게 느낄지 정확히 예측하지 못해서 생길 수 있는 많은 오류를 보고하고 있다. 그러나 사람들이 같은 내적 상태에 있어도 예측과 경험은 서로 다른 정보에 근거해서 이루어진다(Hsee et al, 2008). 사람들은 일반적으로 차가운 인지적 정보에 근거해서 예측 과업을 수행한다. 그러나 그런 예측에 따라 의사결정을 한 이후에 막상 그 일을 경험할 때 그 일에 대한 평가는 뜨거운 경험 정보에 의해 좌우된다.

예를 들면 어떤 사람에게 60데시벨의 소음을 들었을 때, 얼마나 불편할지 예측하도록 했다고 하자. 사람들은 대부분 60데시벨이 얼마나 큰 소음인지 잘 모르기 때문에 자신이 알고 있는 다른 소음(예컨대, 지하철을 타고 갈 때 듣는 소음)이 몇 데시벨 정도인지 알고 싶어할 것이고, 그런 정보가 있다면 그 같은 맥락 정보에 많이 의존할 것이다. 그와는 대조적으로 실제로 60데시벨의 소음을 들려주고 그것이 얼마나 불편하게 느껴지는지 묻는다면, 굳이 참고할 만한 다른 정보에 의존하지 않고 자신이 실제 느끼는 불편함이 어느 정도인지를 말할 것이다. 즉, 소음 때문에 느끼는 불편함의 정도를 평가할 때 예측 과업에서는 '60데시벨'이라는 차갑고도 인지적인 정보를 근거로 평가하는 반면, 경험 과업에서는 자신이 실제로 느끼는 청각적 경험에 근거해서 평가하는 경향이 있다(Hsee et al, 2008). 어떤 소음이 60데시벨이라는 인지적인 정보를 얻었을 때 사람들은 그 정보 자체만으로는 불편할지, 아니면 참을 만할지 평가하기가 매우 어렵다. 그 정보를 이해하기 위해서 자신의 과거 경험(예컨대, 자기가 이미 경험한 소음을 데시벨로 표시한 것)이나 맥락적인 정보를 활용해 상대적으로 평가해야 한다.

이와는 대조적으로 경험적인 정보는 대개 그 자체만으로도 절대적인 평가가 가능하다. 사람들은 직접 어떤 소음을 경험하는 경우, 그 소음이 나에게 얼마나 불편을 끼치는지에 대한 판단을 할 때 맥락적인 정보에 의존하지 않는다.

이런 차이는 예측이 경험보다 덜 안정적이고 맥락 변수에 의해 더 큰 영향을 받는다는 것을 의미한다. 모어웨지, 길버트, 머세스와 윌슨Morewedge, Gilbert, Myrseth & Wilson (2007)의 연구는 예측과 경험의 이 같은 차이를 보여 주는 증거를 제시하고 있다. 이 연구에서 실험자는 실험 참가자들의 일부에게 감자칩을 먹는 것이 얼마나 즐거울지 예측하게 했고, 다른 참가자들에게는 실제로 감자칩을 먹어 보고 그 경험을 평가하도록 했다. 그들이 실험을 할 때 각 집단의 배경으로 사전 실험에서 감자칩보다 더 매력적으로 평가받은 초콜릿을 갖다 놓거나 감자칩보다 덜 매력적으로 평가받은 정어리를 갖다 놓았다. 감자칩을 먹는 것이 얼마나 즐거울지 예측해야 하는 참가자들은 배경 음식이 초콜릿이면 감자칩을 먹는 즐거움을 비교적 낮게 평가했지만, 배경 음식이 정어리일 때는 감자칩을 먹는 즐거움을 높게 평가했다. 이와는 달리 실제로 감자칩을 시식하는 참가자들은 배경으로 놓인 음식에 그다지 큰 영향을 받지 않았다. 이처럼 예측은 실제 경험보다 외부의 준거 정보에 더 많이 의존하는 것으로 나타났다.

공동 평가에 의존하는 '예측'과 단독 평가에 의존하는 '경험'

사람들이 둘 이상의 대안 중 하나를 선택하는 상황에서 자신의 미래 경험을 머릿속에 그려 볼 때 일어날 수 있는 오류는 둘 이상의 대안을 함께 놓고 평가하느냐, 아니면 하나씩 단독으로 평가하느냐 하는 것과 관련이 있다. 예컨대 내가 두 개의 아파트를 놓고 그중 하나를 선택해야 한다고 가정하자. 비교해야 할 두 아파트는 가격이나 직장까지의 거리 등 모든 측면에서 같지만, 다음 사항에서만 다르다. 한 아파트는 평수가 35평이지만 그곳에 사는 주민이 가끔 눈이 충혈되고 코가 막히는 알레르기를 경험하고 있었다. 반면 다른 아파트는 크기가 28평이지만 주민들이 알레르기를 경험하지 않았다. 사람들은 두 대안 중 하나를 선택할 때, 비록 알레르기를 유발하는 면에서 단점이 있다는 것을 알더라도 더 큰 아파트가 더 큰 안락함을 줄 것으로 예측하고 그것을 선택하는 경향이 있다. 그러나 실제로 살아 보면 아파트 평수 7평의 차이는 생활하는 데 큰 차이를 가져다주지 않을 가능성이 높다. 그에 비해 알레르기는 우리가 생활하는 데 상당히 큰 불편함을 일으킨다. 그러므로 사람들은 더 작은 아파트를 선택해서 알레르기로 고생하지 않는 것이 실제로는 더 행복할 가능성이 큼에도 막상 선택 시에는 아파트 평수에 필요 이상의 가중치를 부여해 큰 아파트를 선택한다. 이와 같은 의사결정 상의 오류를 '차별성의 편향distinction bias'[4]이라고 부른다. 왜냐하면 예측 과업에서 사람들은 실제 소비 경험에서는 그다지 중요하지 않지만, 선택 시에 쉽게 평가할 수 있는 아파트 평수 같은 속성에 지나치게 민감하기 때문이다.

차별성의 편향이 발생하는 이유는 사람들이 예측 시와 경험 시에 다른 평가 모드를 사용하기 때문이다. 즉 사람들은 대안이 미래에 가져다줄 효용을 예측할 때는 대안들을 함께 놓고 평가하지만, 경험 시에는 대안을 단독으로 평가하는 경향이 있다. 사람들은 어떤 대안과 관련해 자신이 어떤 감정을 갖게 될지를 예측할 때, 실제 그 대안을 직접 경험할 때의 평가 모드에 자기 자신을 투사시키는 데 실패한다(Hsee & Zhang, 2004). 예를 들면 아파트를 구매하는 상황은 둘 이상의 대안들을 함께 비교하는 공동 평가joint evaluation: JE 상황이지만, 일단 구매한 아파트에 살게 되면 사람들은 구매한 아파트 하나만을 경험하게 되는 단독 평가single evaluation: SE 상황에 놓이게 된다. 사람들은 가끔 자기가 고려하기는 했지만 구매하지 않았던 대안을 생각해 보는 때도 있기는 하지만, 소비 상황에서의 가장 지배적인 평가 모드는 단독 평가SE 모드다. 구매 상황처럼 공동 평가JE 모드에 있는 사람은 평가하기 어려운 속성이 자신의 경험에 미치게 될 영향력을 잘못 예측할 가능성이 높다. 위의 아파트 구매의 예처럼 사람들은 구매 당시에는 알레르기로 고생하지 않기 때문에 미래에 알레르기 때문에 고생하면서 느끼게 될 불편함을 상상하기가 매우 어렵다.

예측 시의 공동 평가 모드와 경험 시의 단독 평가 모드가 가져다주는 의사결정 상의 편향을 다룬 또 하나의 실험을 생각해 보자. 시와 장Hsee & Zhang (2004)은 243명의 중국 대학생들을 상대로 두 가지 과업 중 하나를 선택하는 실험을 했다. 하나의 과업은 참가자 자신이 경험했던 행복한 이야기(자신의 성공담)를 하면서 5g짜리 작은 조각의 도브Dove 초콜릿을 먹는 것이고 다른 하나는 자신이 경험했던 슬픈 이야기(자신의 실패담)를 하면서 15g짜리 큰 조각의 도브 초콜릿을 먹는 과업이었다. 대부분 참가자는 슬픈 이야기를 하면서 큰 조각의 초콜릿을 먹는 과업을 선택했다. 그러나 실험 결과 행복한 이야기와 작은 초콜릿의 조합을 선택한 참가자들이 실험을 더 좋은 경험으로 평가했다.

이 연구에서도 두 과업 중에서 하나를 선택할 때 사람들은 작은 초콜릿과 큰 초콜릿의 차이는 과대평가하는 반면, 자신의 실패담이나 성공담을 이야기하면서 자신이 느끼게 될 감정의 차이는 과소평가하는 것으로 나타났다. 실패담이나 성공담을 이야기하는 것에 비해 초콜릿의 크기는 공동 평가 상황에서는 평가가 쉽지만, 대안을 단독으로 평가하는 경험 상황에서는 바람직함을 평가하기가 어렵다. 이런 이유로 실제 소비 경험상에서는 별로 중요하지 않은 초콜릿의 크기라는 속성이 실험 참가자가 대안을 선택하는 단계에서는 매우 중요한 속성으로 여겨지면서 궁극적으로 사람들에게 자신의 행복에 부정적인 영향을 미칠 수 있는 대안을 선택하게 한다.

평가 모드와 행복

위의 연구들이 말해 주는 것은 사람들이 의사결정 당시에는 매우 중요해 보이지만 실제 경험하고 보면 그렇게 중요하지 않은 속성에 연연하는 경우가 많다는 것이다. 예를 들면 결혼 적령기에 있는 자녀를 둔 부모들이 가장 많이 하는 조언 중의 하나는 "막상 결혼 생활을 해 보면 배우자의 외모는 그다지 중요하지 않다"는 말일 것이다. 그러나 정작 배우자를 선택하는 당사자는 외모에 많은 가중치를 두고 후보들을 평가하는 것을 볼 수 있다. 이는 의사결정 당시에는 성격 등의 요소가 미래의 나에게 어느 정도로 영향을 미칠지 평가하기가 어렵지만, 외모는 비교적 쉽게 평가할 수 있기 때문일 것이다. 그렇다면 대부분의 의사결정자가 자신의 미래에 가장 큰 행복을 가져다줄 대안을 선택하는 데 방해가 될 수 있는 의사결정 상의 편향성을 가지고 있는 것을 알 수 있다.

이처럼 예측된 선호와 실제 소비 경험상의 선호가 차이를 보이는 핵심적인 이유는 평가 모드(즉, 공동 평가 vs. 단독 평가) 때문이라고 할 수 있다(Hsee, 1996). 평가 모드나 평가 가능성evaluability 때문에 자신에게 더 많은 행복을 가져다 줄 대안을 과소평가하는 경향이 나타나게 된다. 시와 그의 동료들(1999)은 평가 모드나 평가 가능성이 행복 관련 연구에서 가장 유명한 발견 중의 하나인 '이스털린 역설Easterlin Paradox'에 대해 대안적인 설명을 제공한다고 주장했다.

이스털린 역설이란 여러 세대에 걸친 실질 소득의 증가가 더 많은 행복을 가져다주지는 않는다는 것이다(Easterlin, 1974). 이 발견은 종종 '쾌락적 적응hedonic adaptation'으로 설명된다. 즉 사람들은 그들을 둘러싼 외부 환경이 바뀔 경우, 처음에는 변화에 매우 민감하게 반응하지만 시간이 지날수록 그 변화에 둔감해진다는 것이다. 예를 들면 사람들은 승용차가 없어서 대중교통을 이용하다가 처음으로 승용차를 사면 처음에는 큰 기쁨을 맛보지만, 시간이 지나면 승용차를 타고 다니는 것에 적응하게 되어 더는 그것이 기쁨의 원천이 되지는 않는다.

마찬가지로 2020년대에 우리나라에 사는 국민의 1인당 연평균 소득이 3만 5000달러라고 할 때, 1990년대 연평균 소득이 1만 달러였던 전 세대보다 더 행복하다고 말할 수는 없다는 것이다. 이것은 2020년대를 사는 우리나라 사람들은 이미 1인당 국민소득 3만 5000달러 수준에 적응했기 때문에 1990년대의 1만 달러 수준에 적응해서 살고 있던 사람들과 비교해 더 행복하다고 느끼지 않는다는 주장이다. 2020년대의 1인당 국민소득이 3만 5000달러에서 현저하게 벗어나는 변화가 발생하지 않는다면 2020년대에 국민이 느끼는 행복 수준은 1990년대에 사람들이 느꼈던 행복 수준과 비슷할 것이다. 따라서 비교적 안정적으로 경제가 성장하는 한, 세대에 걸친 행복 수준의 변화는 크지 않을 것이다. 이 같은 주장에 대해 시와 그의 동료들(2004)은 쾌락적 적응 이론을 대체하거나 보완할 수 있는 설명으로 부富의 절대적 수준에 대한 평가 모드가 단독 평가 모드라는 점을 들고 있다.

실질소득과 행복 사이의 상관관계가 낮은 이유는 사람들의 쾌락적 적응이라는 측면도 있지만 아마도 그보다 더 중요한 이유가 있을 것이다. "당신은 지금 얼마나 행복합니까?"라는 질문을 10점 척도(1: 매우 불행하다, 10: 매우 행복하다)에 응답하도록 요구받은 사람들이 자기가 느끼는 지금 현재의 행복 수준을 그것과 비교할 수 있는 아무런 준거점을 주지 않은 상태에서 절대적으로 평가한다는 것은 매우 어려운 일이기 때문이다. 각 세대에 속한 사람들이 자신의 부에 대해 현재 느끼는 감정을 평가하는 것은 일반적으로 단독 평가 모드에서 이루어진다. 물론 2020년대를 사는 우리나라 사람 중에서도 행복에 관한 질문을 받았을 때 1990년대에 자신의 생활 수준과 비교해 지금 행복하게 느낀다고 대답할 수도 있다. 그러나 1990년대를 살았던 사람들이 똑같은 질문을 받았을 때도 자신의 1960년대의 생활 수준과 비교해 응답하는 사람들이 있었을 것이므로 1990년대의 응답과 2020년대의 응답에 차이가 크지 않을 것이다. 따라서 1990년대에 비해서 2020년대의 1인당 소득이 엄청나게 증가했다고 하더라도 사람들이 평가하는 자신의 행복 수준은 그다지 크게 증가하지 않을 수 있다.

그러나 시와 그의 동료들(2004)은 부의 증가가 항상 행복 수준의 향상과 무관한 것은 아니라고 주장했다. 예를 들면 1캐럿짜리 다이아몬드를 소유한 사람은 다이아몬드 그 자체에서 효용을 느끼기는 어렵고 그 절대적인 가치를 평가하기도 어렵다. 자기가 소유한 1캐럿짜리 다이아몬드에서 행복을 느끼기 위해서는 대개 비교 대상(예컨대, 다이아몬드를 소유하지 못한 사람)이 필요하다. 따라서 어떤 사회 구성원들의 소득이 전반에 걸쳐 증가해 대부분 1캐럿짜리 다이아몬드를 가질 수 있게 된다면 원래 1캐럿짜리 다이아몬드를 소유했던 사람의 행복 수준은 오히려 감소할 가능성이 크다. 더구나 새로 다이아몬드를 갖게 된 사람들도 다른 사람들이 모두 다이아몬드를 가지고 있다면 그 다이아몬드를 가지고 있다는 것이 그 사람에게 행복을 가져다줄 가능성은 낮을 것이며, 오히려 다이아몬드를 갖지 못한 사람들은 불행을 느끼게 될 것이다. 따라서 그 사회의 전반적인 행복 수준은 감소할 가능성이 크다.

그에 반해 추운 겨울에 쾌적한 온도에서 잠을 자는 경험은 굳이 비교 대상이 없어도 그런 경험을 하는 사람에게 행복을 느끼게 한다. 그 같은 경험은 굳이 비교 대상을 필요로 하지 않으며, 사람들은 그 경험의 가치를 절대적으로 평가하는 것이 가능하다. 따라서 부의 증가에 따른 행복 수준의 변화를 평가할 때, 다이아몬드 같은 재화의 획득으로 평가하지 않고, 추운 겨울 과거보다 좀 더 따뜻하고 쾌적한 방에서 잠을 잘 수 있게 된 상황으로 평가한다면 분명 소득의 증가는 전반적인 행복 수준의 향상으로 이어질 수 있을 것이다. 이런 생각은 저개발 국가에서는 나이 많은 세대보다 젊은 세대가 더 삶에 대한 만족 수준이 높다는 연구 결과(Clark et al, 2008)나

선진국 사람들이 저개발 국가에 사는 사람들보다 평균적으로 더 삶에 대해 만족한다는 연구 결과(예컨대 Leigh & Wolfers, 2007)와 일맥상통한다.

아마도 이 같은 연구 결과가 나타나는 이유는 사람들이 비교 대상 없이도 절대적인 가치를 평가할 수 있는 재화나 서비스는 주로 가장 기본적인 생물학적 필요를 충족시켜 주는 것과 관련되어 있으므로 선진국보다는 개도국에서 그 같은 측면을 개선할 수 있는 여지가 더 크기 때문일 것이다. 이미 선진국의 대열에 들어선 우리나라도 국민의 절대적인 행복 수준을 높일 수 있는 여지는 얼마든지 있다. 예컨대 사람들을 쾌적한 온도에서 생활할 수 있도록 하는 것, 사회적인 고립으로부터 해방하는 것, 불면증 같은 질병에 시달리지 않게 함으로써 육체적으로나 정신적으로 더 건강한 삶을 영위할 수 있도록 하는 것 등이 국민의 상대적이 아닌 절대적인 행복 수준을 높이는 일들이라고 할 수 있다.

이 장을 끝내며

사람들의 의사결정은 대부분 미래에 대한 예측에 근거해 있다. 그 중에서도 가장 본질적인 부분은 내 의사결정으로 나타나는 결과를 경험할 때 나 자신이 그 경험에 대해 어떻게 느낄 것인가를 예측하는 것이라 할 수 있다. 그러나 많은 연구는 사람들이 자신의 미래 경험에 대해 자기 자신의 감성을 예측할 때 체계적인 오류를 많이 범한다는 것을 보여 준다. 그중에서도 가장 대표적인 것이 의사결정자가 의사결정 시에 자신의 지금 현재 상태를 미래의 상태에 지나치게 투사하는 투사의 편향projection bias, 그리고 평가 모드(공동 평가 모드 vs. 단독 평가 모드)의 차이에서 나타나는 차별성의 편향distinction bias이다.

사람들은 배가 고플 때 먹을 것을 사면 실제로 자신이 먹을 수 있는 것보다 더 많이 사는 경향이 있으며, 금연 결심을 할 때는 자신이 앞으로 담배의 유혹을 충분히 견딜 수 있을 것으로 착각한다. 또한 휴대폰을 구매할 때에는 실제 사용할 때 그다지 중요하지도 않은 1200만 화소냐, 1250만 화소냐에 지나치게 신경을 쓴다. 그뿐이 아니다. 대부분 사람에게 아주 중요한 의사결정이라고 할 수 있는 직업 선택에서도 나타난다. 연봉 4500만 원이면서 내게 별로 감흥을 주지 않는 그저 그런 직업과 연봉 3500만 원이면서 내가 하고 싶은 일을 할 수 있는 직업 사이에서 고민하다가 단순히 연봉 차이 때문에 그저 그런 직업을 선택하기도 한다. 이런 오류나 편향들은 분명히 우리가 행복한 삶을 살아가는 데 방해가 되는 요소일 것이다. 우리가 이 같은 편향들을 갖고 있다는 사실과 그 기저에 깔린 메커니즘을 충분히 이해한 다음, 의사결정의 문제를 지금 현재에 얽매인 시각이 아니라 좀 더 폭넓은 시각에서 바라볼 수 있는 능력을 갖추는 것이 현명한 판단과 선택을 하는 데 필수 요소다.

3 개인의 투자예측에 대한 과대평가가 투자거래와 투자수익률에 미치는 영향에 대한 국내 연구로는 변진호·김민수·최인철(2007)이 있다.

4 평가 모드에 따른 차별성 편향 효과의 경계조건에 대한 국내 연구로는 하영원·안서원·안희경·이준호(2003), 이유재·김병규(2004), 박세훈·김문용(2007) 등을 참조.

CHAPTER 6

확인의 편향

사람들은 정말 자기가 보고 싶은 것만 볼까?

사람들은 일단 어떤 의견을 채택하고 나면
다른 모든 것들을 끌어다가
그 의견을 지지하는 증거로 사용한다.

프란시스 베이컨 Francis Bacon

사람들은 세상의 여러 가지 일에 대해 많은 것을 믿고 기대를 하고 있다. 예를 들면 많은 소비자는 '유명 브랜드의 제품이 덜 알려진 브랜드의 제품보다 품질이 더 뛰어날 것'이라거나 '국산 자동차는 동급의 미국산 자동차보다 연비가 더 높을 것'이라고 생각한다. 또한 사람들은 다른 사람의 성격을 판단할 때 그 사람의 혈액형이 A형이면 '소심하고 꼼꼼하며, 완벽을 추구하고 자존심이 매우 강할 것'이라고 믿는다. 이 같은 생각들이 옳건 그르건 간에 사람들은 많은 믿음을 가지고 있으며 그러한 믿음을 지지해 줄 만한 새로운 정보를 얻으면 자신이 갖고 있던 믿음을 강화한다. 그리고 기존의 믿음에 반하는 증거를 얻으면 자신의 생각이나 믿음에 변화를 가하기도 한다. 만일 혈액형에 따라 성격이 좌우된다는 이론을 믿고 있는 사람이 혈액형이 A형이면서도 대범하고 사교적이면서 적극적인 성격의 소유자를 만나면, 자신이 갖고 있던 '혈액형-성격 이론'이 틀렸음을 인정하고 혈액형과 성격은 관련성이 없다는 쪽으로 자신의 이론을 수정할 수 있다. 아니면 '그 사람은 예외일 것'이라고 간주하고 자신의 원래 이론은 그대로 유지하는 반응을 보일 수도 있다. 사람들이 새로운 정보에 근거해서 자신의 생각을 수정해 가는 과정에 대한 심리학 연구에 의하면 사람들은 새로운 정보를 상당히 편향적인 방법으로 획득하고 해석한다.

2-4-6 실험

인지심리학자 피터 웨이슨Peter Wason (1960)이 사람들이 가진 정보 탐색에서 편향성을 보여 주기 위해 1960년에 발표한 유명한 심리학 실험을 살펴보자. 웨이슨은 자신이 마음속으로 생각하고 있는 '증가하는 3개의 숫자'라는 규칙을 29명의 대학생으로 이루어진 실험 참가자들이 알아맞히는 게임을 실시했다. 우선 웨이슨은 실험 참가자에게 규칙에 맞는 하나의 예로 2-4-6이라는 세 개의 숫자로 이루어진 조합을 제시한 다음, 실험 참가자에게 규칙에 맞다고 생각하는 3개의 숫자로 이루어진 수의 조합(예컨대, 4-6-8이나 1-3-5 등)을 만들어서 참가자 자신의 가설을 테스트할 기회를 제공했다.

이 실험에서 실험 참가자들은 우선 2-4-6이라는 3개의 숫자로 구성된 수 조합을 보고 이미 실험자인 웨이슨이 마음속에 생각하고 있는 규칙이 어떤 것일지 추측하게 된다. 이때 실험 참가자들이 가장 흔하게 생각하는 규칙은 '2씩 증가하는 수' 또는 '2씩 증가하는 짝수' 등의 가설들이다. 여기서 실험 참가자들은 그 이후에 숫자로 된 예를 제시해서 실험자로부터 그 예가 실험자의 규칙에 맞는지(yes) 또는 아닌지(no)의 대답을 얻음으로써 자신의 가설을 검증하는 단계를 자신이 '실험자의 규칙을 알아냈다'는 자신감이 들 때까지 반복해서 거쳤다. 이 같은 가설 검증 단계에서 실험 참가자는 크게 두 가지 방법으로 자신의 가설을 검증할 수 있다. 한 가지 방법은 자신이 생각하고 있는 가설(예컨대, 2씩 증가하는 짝수)에 맞는 수조합(예컨대, 6-8-10)을 제시하고 yes 또는 no의 대답을 얻어 규칙을 알아맞히기 위한 정보를 얻는 것이고, 다른 하나는 자신의 가설에 일치하지 않는 수조합(예컨대, 1-5-9)을 제시한 다음 그 예가 실험자의 규칙에 맞는지 알아보는 방법이다.

웨이슨의 실험 결과에 의하면, 사람들은 자신이 가진 가설이 맞는지 틀렸는지 알기 위해 정보를 획득할 때 자신의 가설에 맞지 않는 부정적인 예보다는 가설에 맞는 긍정적인 예를 활용해 검증하려는 경향을 보였다. 즉 웨이슨 실험의 참가자들은 대개 가설에 어긋나는 수조합들(예컨대, 1-2-3)보다는 10-12-14 또는 106-108-110처럼 자신의 가설에 맞는 예(예컨대, 2씩 증가하는 짝수)로 가설을 검증했다. 그런데 문제는 웨이슨이 마음속에 가지고 있었던 규칙이 매우 넓은 범위를 포괄하는 '증가하는 3개의 수(예컨대, 1-2-30 같은 수조합을 포함)'였다. 따라서 실험 참가자들은 '2씩 증가하는 짝수' 같은 가설에 맞는 예를 제시했을 때 항상 yes이라는 대답을 얻었고, 이에 근거해 자기가 규칙을 발견했다는 것에 자신감을 높여 갔다. 그 결과 많은 실험 참가자들이 '실험자의 규칙은 2씩 증가하는 짝수'라고 자신 있게 말했을 때, 그 규칙은 맞는 규칙이 아니라는 대답을 듣고 상당히 놀라는 기색이었다. 웨이슨은 실험 참가자들이 자신의 믿음(또는 가설)을 검증할 때, 현재 자기 자신의 믿음을 반박하기 위한 검증보다는 이를 확인하기 위한 검증을 시도하는 경향이 있다는 의미에서 이 같은 현상을 '확인의 편향confirmation bias'이라고 불렀다. 이 같은 정보 탐색에서의 확인 편향 때문에 29명의 실험 참가자 중에서 오직 6명만이 '증가하는 3개의 수'라는 실험자의 규칙을 첫 번째 기회에 정확하게 맞혔다.

웨이슨의 2-4-6 실험에서 볼 수 있는 정보 탐색에서 확인의 편향은 우리의 일상생활에서도 흔히 볼 수 있다. 예를 들면 어떤 소비자가 '세탁 세제 비트는 세척력이 강하다'는 믿음을 갖고 있다고 하자. 그 소비자는 아마도 의식적으로 자기 믿음을 검증한다는 생각이 없을지 모르지만, 세탁 세제를 살 때 자신이 잘 모르는 '테크'나 '스파크' 같은 다른 브랜드보다는 '비트'를 구매할 가능성이 높다. 더구나 그 소비자가 '비트'를 사용해서 만족할 만한 세탁 결과를 얻게 된다면 2-4-6 실험에서 yes라는 대답을 얻은 실험 참가자와 마찬가지로 '비트의 세척력이 강하다'는 자신의 원래 생각을 더 강화할 것이며, 다른 브랜드의 세척력에는 별로 관심을 기울이지 않게 된다. 만일 실제로는 '테크'나 '스파크' 같은 다른 브랜드들도 '비트'에 못지않은 세척력을 가지고 있다면, 이 소비자는 정당화하기 어려운 자신의 생각에 대해 정보 탐색 상 확인의 편향으로 지나친 자신감을 갖게 된 상황에 해당한다.

4-카드 실험

정보 탐색에서 확인의 편향은 웨이슨과 존슨-레어드Wason & Johnson-Laird(1972) 및 웨이슨(1968)이 'If P, then Q(P → Q)'와 같은 유형의 명제를 검증할 때 어떤 정보를 탐색하는가를 알아보기 위해 실시했던 또 다른 실험인 ‘4-카드 실험’에서도 잘 나타난다. 실험자들은 실험에서 128명의 대학생에게 ‘만약 다음 4개의 카드 중 어떤 카드의 한 면에 모음(P)이 적혀 있다면, 그 뒷면에는 짝수(Q)가 적혀 있다’는 규칙(즉, P → Q)을 알렸다. 이 규칙이 진실인지 아닌지를 알아보기 위해서는 앞면에 A, D, 4, 7이 적혀 있는 4개의 카드 중 최소한의 카드만 뒤집어 봐야 하는데 어떤 카드를 뒤집어야 하는지 물었다.

이 실험에서 128명의 실험 참가자 중 가장 많은 59명은 모음인 A와 짝수인 4가 적혀 있는 카드를, 42명은 모음인 A가 적혀 있는 카드만을 뒤집어 보면 된다고 대답했다. 그러나 정답은 A와 7이다. 정답을 맞힌 참가자는 5명에 지나지 않았다. 만일 모음인 A(P)가 적혀 있는 카드를 뒤집었을 때 짝수(Q)가 나타난다면 그것은 규칙(P → Q)이 맞는다는 것을 확인하는 정보가 되겠지만, 홀수($\overline{Q}$)가 나타난다면 규칙이 틀렸다는 결정적인 증거가 될 것이다. 그에 비해 자음($\overline{P}$)인 D가 적혀 있는 카드를 뒤집었을 때 짝수(Q)가 적혀 있든, 홀수 ($\overline{Q}$)가 적혀 있든, 그것이 해당 규칙의 진실성을 검증하는 데는 별 쓸모가 없는 정보이다. 왜냐하면 검증하고자 하는 규칙(P → Q)에서 자음($\overline{P}$)의 뒷면에는 어떤 종류의 숫자가 있어야 한다는 것에 대해 아무런 언급이 없기 때문이다. 한편 짝수(Q)인 4가 적혀 있는 카드를 뒤집었을 때 모음(P)이 적혀 있을 때에는 이 역시 규칙을 확인하는 정보가 될 수 있지만, 자음($\overline{P}$)이 적혀 있는 경우는 위에서 말한 이유 때문에 규칙이 틀렸다는 것을 말해 주는 증거가 될 수는 없다. 마지막으로 홀수($\overline{Q}$)인 7이 적혀 있는 카드를 뒤집었을 때 자

〈그림 6-1〉 웨이슨의 4-카드 실험에서 사용된 자극물

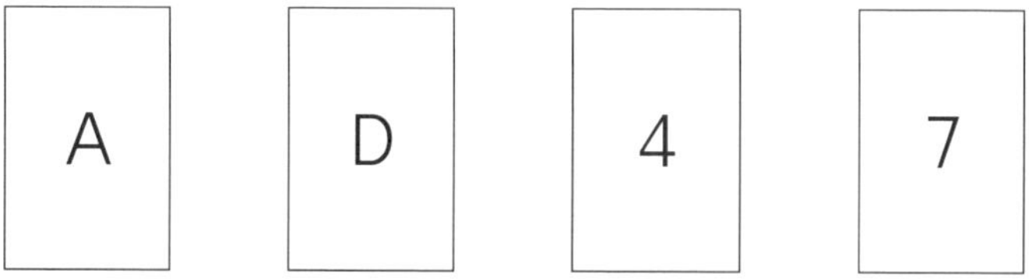

A	D	4	7

음($\bar{P}$)이 적혀 있다면 그것은 규칙(P → Q)의 진실성을 확인하는 정보라고 할 수 있고, 모음(P)이 적혀 있다면 규칙이 틀렸다는 것을 말해주는 결정적인 증거가 될 것이다. 따라서 4개의 카드 중에서 규칙(P → Q)의 진실성을 검증하는 데 결정적인 증거를 제시할 가능성이 있는 카드는 A와 7이며, 이 두 개의 카드를 모두 뒤집어 봐야 완전한 검증이 이루어진다고 할 수 있을 것이다. 사실 D와 4가 적혀 있는 카드는 뒤집어 봐도 규칙을 검증하는 데 유용한 정보를 전혀 제공하지 못한다.

그렇다면 대부분이 정답인 A와 7 대신 A와 4가 적힌 카드를 뒤집어 보고자 한 이유는 무엇일까? 그것은 아마도 'P는 Q이다'는 P → Q 형 구조의 문장을 사람들이 일상생활에서 흔히 사용하지만 엄격하게 따져보면 이 같은 구조의 문장이 논리적 모호성을 갖기 때문으로 보인다. 예컨대, "박지성 선수(P)가 2002년에 '올해의 축구왕'(Q)으로 선정됐다"는 문장을 생각해 보자. 이 문장에서 박지성 선수 이외의 선수($\bar{P}$)가 2002년에 축구왕으로 선정되지 않았다($\bar{Q}$)는 말을 명시적으로 하고 있지는 않지만, 일반적으로 '축구왕'은 한 명만 선정하기 때문에 이 문장을 보고 사람들은 박지성 선수(P) 이외의 다른 선수들($\overline{P}$)은 2002년의 축구왕으로 선정되지 않았다는 것($\overline{Q}$)을 함축하고 있는 것($\overline{P} \rightarrow \overline{Q}$)으로 받아들인다. 따라서 이 같은 경우, 사람들이 이 명제의 진위를 알아보기 위해 "박지성 선수(P)가 진짜로 2002년의 축구왕(Q)이었는지?"를 알아보거나 "2002년의 축구왕(Q)이 진짜로 박지성 선수(P)였는지?" 등을 알아보는 것은 매우 자연스러울 뿐만 아니라 명제를 검증함에서 부정적인 결과를 가져다주는 '편향'이라고 볼 수 없다. 오히려 이 같은 P(박지성) → Q(2002년 축구왕)를 테스트해 보기 위해 "김남일 선수나 홍명보 선수($\overline{P}$)가 2002년의 축구왕(Q)이었는지?" 또는 "2002년의 축구왕이 아니었던 선수($\overline{Q}$) 중에 박지성 선수(P)가 있는지?"를 살펴보는 일은 매우 비효율적인 정보 탐색 작업이라고 할 수 있다. 그러므로 4-카드 실험에서 대부분 실험 참가자가 'A와 7' 대신 'A'나 'A와 4'를 선택한 것은 일상 언어에서 많이 경험해 본 맥락적인 요소가 4-카드 실험에도 그대로 작용한 것으로 보인다.

한 가지 흥미로운 사실은 실험에서 다루는 문제의 맥락적인 정보가 4-카드 문제의 논리적인 구조와 일치하는 경우 사람들은 문제의 정답을 무리 없이 맞힐 수 있다는 것이다. 즉, 그릭스와 콕스 Griggs & Cox (1982)는 실험 참가자들에게 "대학 캠퍼스에 있는 어떤 술집에서 맥주와 콜라를 팔고 있습니다. '만일 어떤 사람이 맥주를 마시고 있다면, 그 사람은 반드시 20세 이상이어야 한다'는 규칙을 테스트하려면 다음 중 어떤 사람들을 검사해 보겠느냐?"라는 문제를 제시했다. 그리고 '① 맥주를 마시고 있는 사람, ② 콜라를 마시고 있는 사람, ③ 20세 이상인 사람, ④ 20세 미만인 사람'을 보기로 줬다. 이 문제는 4-카드 실험에서와 마찬가지로 'P(맥주 마시는 사람) → Q(20세 이상인 사람)' 형의 구조로 되어 있다. 그러나 4-카드 실험에서 많은 참가자가 정답인 A와 7(즉, $P\&\overline{Q}$) 대신 A와 4가 적혀 있는 카드(즉, P&Q)를 골랐던 것과는 달리, 이 문제에서는 대부분 참가자가 맥주 마시는 사람과 20세 미만인 사람($P\&\overline{Q}$)을 골랐다. 이 실험에서 참가자들은 콜라를 마시는 사람($\overline{P}$)과 20세 이상인 사람(Q)은 이 규칙을 검사하는 데 상관없는 사람들로 여겼을 것이다. 4-카드 실험에서 사용되었던 문제가 참가자들에게 생소한 순수 논리를 따지는 문제였던 반면, 그릭스와 콕스(1982)가 제시한 문제는 참가자들이 가지고 있는 '미성년자는 술을 마시면 안 된다'는 사전 지식이 문제 풀이의 맥락적인 배경으로 작용하면서, 문제의 논리 구조와 맞았기 때문에 정답($P\&\overline{Q}$)을 쉽게 맞힐 수 있었던 것으로 생각한다.

조슈아 클레이만과 하영원의 비판: 긍정적 검증 전략

위에서 살펴본 2-4-6 실험이나 4-카드 실험은 사람들이 일반적으로 가지고 있는 정보 탐색에서의 편향성을 잘 보여 준다. 그러나 사람들이 가지고 있는 이러한 일반적인 성향에 '편향(즉, bias)'이라는 부정적인 꼬리표를 붙일 필요는 없다는 의견이 대두했다. 클레이만과 하영원(1987)은 웨이슨의 연구를 포함한 많은 인지 및 사회 심리학에서 연구했던 정보 탐색에서의 '확인의 편향'은 하나의 편향이라기보다 사람들이 일반적으로 긍정적인 예부터 검증해 보고자 하는

'긍정적 검증 전략positive test strategy'으로 보는 것이 더 적절하다고 주장했다. 즉 2-4-6 실험에서 참가자 자신이 생각하는 규칙에 맞는 10-12-14 등의 예를 테스트해 보는 것은 자신의 가설이 맞는다는 것을 확인하고자 하는(즉 'yes'라는 긍정적인 피드백을 얻고 싶은) 동기 때문에 나타난 행동이라기보다는, 자기가 가지고 있는 가설이 맞는지 틀리는지는 모르지만 일단 1-2-3처럼 자신의 가설에 맞지 않는 부정적인 예부터 테스트하는 것보다 자신이 현재 가지고 있는 가설에 맞는 긍정적인 예부터 테스트해 보는 것이 더 자연스럽기 때문이라는 것이다.[5] 따라서 사람들이 자기 자신의 가설에 맞는 긍정적인 예를 테스트하려는 경향을 부정적인 뜻을 갖는 인지적 편향으로 보는 것보다는, 사람들이 정보를 탐색할 때 특별한 실마리가 없는 경우에 일반적으로 사용하는 하나의 '휴리스틱'으로 보는 것이 더 적절한 것으로 보인다.

사실 사람들이 실험자의 규칙을 맞히기 위해 가설을 검증하는 3가지 상황의 유형을 보여 주는 〈그림 6-2〉에서 상황 2와 상황 3에서는 부정적인 검증보다 긍정적인 검증이 실험자의 규칙을 알아내는 데 훨씬 더 효율적인 검증 방법임을 알 수 있다. 다만 웨이슨의 2-4-6 실험으로 대표할 수 있는 상황 1의 경우처럼 진실한 규칙이 실험 참가자의 규칙보다 더 넓은 일반적인 규칙일 때에만 긍정적 검증 전략은 진실한 규칙을 찾아내는 데 방해가 될 수 있다.

실제로 클레이만과 하영원(1989)은 그들의 이론을 경험적으로 보여 주기 위해 54명의 시카고대학교 학생들을 대상으로 실험했다. 실험 참가자들이 풀어야 하는 문제는 웨이슨의 2-4-6 실험에서 사

〈그림 6-2〉 규칙 알아맞히기 실험에서 가능한 세 가지 상황

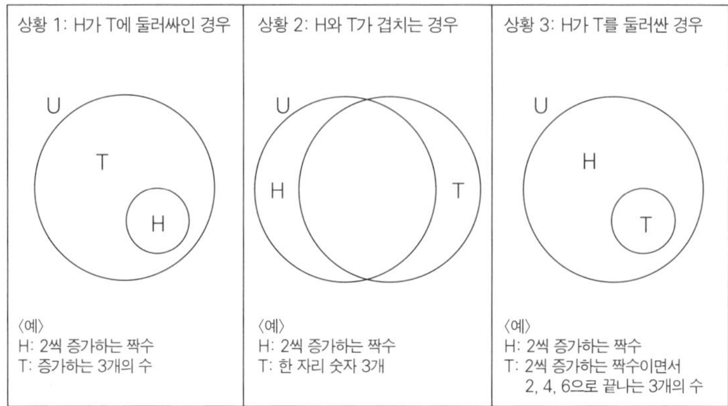

H: 실험 참가자의 가설(hypothesis)에 맞는 예의 집합
T: 실험자의 규칙에 맞는 예들로 이루어진 표적 집합(target set)
U: 가능한 예의 전체 집합(universe)

용된 문제(상황 1)를 비롯해 〈그림 6-2〉의 상황 2와 상황 3을 대표할 수 있는 문제들을 만들어 참가자들이 조건에 따라 다른 문제를 풀도록 했다. 이 실험에서는 실험 참가자가 규칙을 알아냈다고 자신할 수 있을 때 규칙을 말하도록 했던 웨이슨의 실험과는 달리 참가자들이 무조건 열여덟 번 자신의 예를 제시하고 피드백(yes 또는 no)을 받은 다음 규칙을 알아맞히도록 했다. 웨이슨의 2-4-6 실험에서는 참가자들이 평균 다섯 번 정도의 피드백을 받은 다음 규칙을 알아맞히려고 시도했으며 참가자들의 21%만이 실험자의 규칙을 알아맞혔다. 클레이만과 하영원의 실험에서는 열여덟 번의 피드백을 모두 얻은 다음 규칙을 말해 보도록 했고, 54명의 실험 참가자 중 28명(52%)이 실험자의 규칙을 맞혔다. 그리고 실험 참가자들이 가

장 자주 사용한 가설 검증 전략은 '긍정적 검증 전략'이었다(66%).

이 실험에서 가장 흥미로운 결과는 54명의 실험 참가자 중 끝내 실험자의 규칙을 맞히지 못한 26명 중 대부분인 17명(65%)이 상황 1의 경우처럼 실험자의 규칙에 비해 지나치게 좁은 범위에 자신의 규칙이 머물러 있었다는 점이다. 심지어 상황 2나 상황 3과 같은 초기 상황에서 문제 풀이를 시작한 참가자들(예컨대, 실험 참가자의 규칙은 '2씩 증가하는 짝수'이고 실험자의 규칙은 '한 자리 숫자 3개'인 경우)도 피드백을 얻으면서 자신의 가설을 수정하기는 하지만 결국은 지나치게 좁은 가설(예컨대, '한 자리 숫자이면서 2씩 증가하는 3개의 수')을 갖게 되어 상황 1과 같은 상태로 이전하면서 틀린 상태를 끝까지 유지하는 경우가 많았다.

위의 결과들을 종합적으로 살펴보면 다음과 같다. 첫째, 실험 참가자들이 가장 자주 사용하는 가설 검증 전략은 자신의 가설에 맞는 예를 제시해 피드백을 얻는 '긍정적 검증 전략+test strategy'이라는 것과 둘째, 이 같은 '긍정적 검증 전략' 자체가 진실한 규칙을 알아내는 것을 결정적으로 방해하지는 않는다는 것이다. 다만 문제가 되는 것은 사람들이 얼마 되지 않는 피드백을 통해서 얻은 정보에 지나치게 높은 진단적 가치를 부여하는 경향이 있으며, 그 결과 자기 자신의 판단에 대해 너무 빨리 지나친 자신감을 갖게 된다는 점이다. 일단 사람들이 자기 자신의 가설에 과도한 자신감을 갖게 되면 다른 가설을 별로 생각하지 않게 되고, 따라서 진실한 규칙이 자신의 규칙보다 더 일반적일 때에도 자신의 규칙에 갇혀 헤어나지 못하게 된다고 볼 수 있다. 특히 여러 가지 대안 가설을 고려해 보는 것이 문제를 성공적으로 해결하는 데 결정적으로 중요하다는 것을 알 수 있다. 클레이만과 하영원의 실험에서 문제를 맞힌 사람들은 평균 5.6개의 가설을 생각했지만, 문제를 맞히지 못한 사람들은 평균 1.9개의 가설을 생각해 보는 데 그쳤기 때문이다.

사람들은 왜 나이를 먹으면 고집이 세질까?

지금까지 살펴본 규칙 알아맞히기 실험의 결과는 우리의 일상생활에 어떤 시사점을 가지고 있을까? 실험 결과 중 가장 중요한 실천적인 시사점을 가지고 있다고 생각하는 결과를 요약하면 다음과 같다.

① 사람들은 정보로서의 가치가 크지 않은 적은 양의 확인적 피드백 confirmatory feedback에 근거해 자기 자신의 판단에 지나친 자신감을 갖게 되는 경향이 있다(Wason, 1960).

② 많은 양의 피드백이 주어지면 사람들은 초기의 잘못된 가설을 수정해 규칙을 맞힐 가능성이 높아지지만(52%), 그래도 역시 많은 사람들(48%)이 지나치게 편협한 규칙에 머물러 있어 진짜 규칙을 알아내지 못한다(Klayman & Ha, 1989).

위의 실험 결과들이 갖는 현실적인 시사점을 살펴보기 위해 앞에서 든 세탁 세제 소비자의 예로 돌아가 보자. 만일 어떤 소비자가 무슨 이유에서건 간에 '세탁 세제 중에서 비트의 세척력이 가장 좋다'는 믿음을 갖게 되었다고 상상해 보자. '비트'가 실제로도 만족할 만한 세척력을 가지고 있는 제품이라면 그 소비자는 아마도 반복적으로 '비트'라는 브랜드를 구매할 것이다. 그 소비자에게 '혹시 비트 말고 다른 브랜드를 사용해도 똑같이 만족할 만한 결과를 얻을 수 있지 않을까?'라는 생각이 들지 않는 한 그는 계속 '비트'를 구매할 것이고, 구매 결과 얻게 되는 만족으로 '역시 비트가 최고'라는 자기의 믿음에 점점 자신감이 더해질 가능성이 크다. 특히 소비자들의 소비 생활 목표는 시장에서 판매되는 여러 브랜드의 품질을 정확하게 아는 것이라기보다는 제품의 소비를 통해 만족을 얻으려는 것이 보통이다. 따라서 굳이 아직 사용해 보지 않은 브랜드를 단순히 자신의 믿음을 검증하기 위해 위험을 무릅쓰고 구매하려 하지는 않을 것이다. 따라서 '테크'나 '스파크' 같은 브랜드가 '비트'와 같거나 심지어 우월한 품질을 가지고 있을 때에도 그 소비자는 '비트'를 고집할 것이다.

사람들이 결과 피드백 때문에 지나친 자신감을 갖게 되어 잘못된 믿음을 수정하지 않고 유지하는 사례는 소비생활에만 한정되지 않는다. 부모와 자녀 간의 세대 갈등 중에서 상당 부분은 부모들이 자신이나 주위 사람들의 경험을 통해 얻은 신념을 자녀에게 강요하는 데 기인한다. 예컨대 부모가 원하는 자녀의 바람직한 모습은 '중·고등학교 때 착실하게 공부를 열심히 해서 세칭 일류 대학을 졸업하고, 안정된 직장에 취직해서 나이 서른이 되기 전에 결혼하고 아들딸 낳고 잘 사는 것'이라고 가정해 보자. 자녀에 대해 이런 소망이 있는 부모들은 아마도 자기 자신이 이런 길을 걸어온 사람인 경우가 많을 것으로 추측할 수 있다. 그들은 대개 자신의 경험을 통해 자기가 걸어온 길을 가는 것이 '행복'을 얻는 길이라는 믿음에 자신감을 갖게 된다. 더구나 그들은 주위에도 비슷한 길을 간 사람들이 많으므로 주위의 사례들도 자신의 믿음을 더 강화시켜 주는 경향이 있다. 만일 자녀가 부모의 자신감에 찬 신념에 근거한 소망과는 다른 길을 가려 한다면 부모와 자녀 사이에는 갈등이 생길 수밖에 없다.

물론 자녀가 위의 조건을 모두 충족시킬 수 있다면 자녀가 무난한 삶을 영위할 가능성은 높아진다. 그러나 확률을 따져 보면 자녀가 이 조건들을 전부 충족시킬 수 있을 가능성은 매우 낮다. 또한, 자녀는 부모가 옳다고 생각하는 정해진 길을 가지 않고도 더 큰 성공을 거둘 확률이 엄연히 존재한다. 그렇다면 부모들은 자녀와의 갈등이 더 깊어지기 전에 자신의 생각이 지나치게 편협한 것은 아닌가에 대해 고민해 보는 것이 필요할지도 모른다. 부모들은 자신의 경험으로 갖게 된 자기의 가설에 과도한 자신감을 버리고 자신이 생각하는 길을 가지 않아도 자녀가 행복해질 수 있다는 대안적인 가설을 심각하게 고려해 볼 필요가 있지 않을까? 사실 IT 업계의 황제로 군림한 마이크로소프트의 빌 게이츠나 애플의 스티브 잡스도 대학을 중퇴한 사람들이 아닌가?

자기성취적 예언과 자신의 판단 능력에 대한 과신: 대우 효과

어느 회사의 CEO가 회사의 장래를 좌우할 만큼 중요한 프로젝트를 맡길 만한 부하 직원을 찾고 있다고 상상해 보자. 그 CEO는 고민 끝에 A와 B를 찾아냈는데, 아무래도 A가 B보다는 더 나은 능력을 갖추고 있다고 판단해 일을 A에게 맡기고 회사의 많은 자원으로

A를 지원했다. A는 평소보다 더 열심히 일해서 프로젝트에 성공했다. 그 결과, CEO는 자기의 '사람을 판단하는 능력'에 더욱더 자신감을 갖게 됐다.

시나리오에서 CEO가 'B보다는 A가 일을 더 잘해 낼 수 있을 것 같다'는 판단에 근거해서 A에게 일을 맡긴 것은 일종의 긍정적 검증 전략이라고 할 수 있다. 그러나 문제는 CEO의 판단이 결과 피드백인 A의 성과에 영향을 줄 수 있다는 점이다. 다시 말해 A가 B보다 능력이 뛰어나지는 않지만, CEO가 A를 선택하고 많은 지원을 아끼지 않았기 때문에 A가 평소보다 더욱 열심히 일해서 프로젝트를 성공한 것일 수도 있다.

아인혼과 호가스Einhorn & Hogarth (1978)는 이 같은 현상을 '대우 효과treatment effect'라고 명명했다. 사실 A와 B에게 동시에 같은 프로젝트를 주고 같은 조건에서 그들에게 같은 수준의 지원을 제공했을 때 어떤 결과가 나올지를 관찰해야 그 CEO의 판단 능력이 검증될 수 있다. 하지만 현실에서 그런 실험을 해 보는 것은 대개 불가능해서 CEO는 A의 성과만을 가지고 자신의 판단 능력을 평가하게 된다. 이 같은 의사결정의 구조 아래서 의사결정자는 판단 능력이 뛰어나지 못함에도 결과 피드백으로 자기 판단 능력에 대해 지나친 자신감을 갖게 될 수 있다.[6]

일반적으로 어떤 예측이나 예언(A가 B보다 일을 더 잘할 것이다)이 특정 행동을 유발하고(A를 프로젝트 책임자로 발탁하고, 회사의 자원을 A에게 몰아주기), 그 행동 때문에 예언이 현실에서 진실로 나타나는 경우(A의 성공적인 프로젝트 수행), 그 예언을 '자기성취적 예언self-fulfilling prophecy'이라고 부른다. 예를 들면 어떤 은행이 충분한 유동자산을 보유하고 건전하게 운영되고 있음에도 '그 은행이 곧 파산할 것이다'는 악성 루머에 휘말릴 수 있다. 그런 경우 그 은행에 돈을 맡긴 고객들은 자기가 돈을 맡긴 은행이 곧 망할지도 모른다는 우려 때문에 앞다투어 예금을 찾으려 할 것이고, 그 은행은 경영상의 부실 때문이 아니라 악성 루머 때문에 지급 불능 상황에 빠지게 되어 근거 없는 예언이 현실로 나타나게 된다.

소비자들의 소비 행동에서도 자기성취적 예언은 흔히 관찰된다. 쉬브, 카르몬과 애리얼리Shiv, Carmon & Ariely (2005)는 실험 참가자들에게 수수께끼 문제를 풀기 전에 '에너지 드링크'를 사서 마시도록 했다. 참가자 중 일부에게는 정가인 1.89달러를 받고 드링크를 판매했으며, 다른 참가자들에게는 정가는 1.89달러지만 특별히 실험 참가자들에게 0.89달러에 판매한다는 것을 알려 준 다음 드링크를 판매했다. 그 결과 정가를 주고 드링크를 사서 마신 참가자들이 할인가격에 같은 드링크를 사서 마신 참가자들보다 수수께끼 문제를 푸는 과업에서 더 높은 점수를 얻었다.

이 같은 효과를 보통 '위약 효과placebo effect'라고 부르는데 위약 효과는 실험실 밖에서도 광범위하게 나타난다. 예컨대 웨버, 쉬브, 카르몬과 애리얼리Waber, Shiv, Carmon & Ariely (2008)는 실제로 감기에 걸린 환자가 자신이 복용한 감기약을 할인된 가격에 샀다는 사실을 알게 되면, 같은 약을 정가에 산 감기 환자보다 더 고통을 참지 못하는 경향이 있다고 밝혔다. 이 연구는 감기 환자가 감기약에 대해 자신이 지급한 만큼의 기대를 걸게 되고, 그 기대에 근거한 신체적인 효과가 실제로 나타날 수 있다는 것을 보여 준다.

자기성취적 예언은 우리가 일상생활에서 흔히 경험하는 인간관계에서도 그 예를 찾아볼 수 있다. 내가 'K는 왠지 나를 싫어하는 것 같다'는 생각을 하게 되었다고 상상해 보자. 그런 경우 아마도 나는 K를 쌀쌀맞게 대할 것이다. 그 결과 K가 나를 싫어해서가 아니라 내가 그를 쌀쌀맞게 대하는 것에 대한 반작용으로 나에게 불친절한 행동을 할 때에도 'K는 나를 싫어한다'는 원래 생각이 옳았다는 것을 확인하면서 나의 판단에 대한 확신을 갖게 될 것이다. 이러한 확신은 내가 K를 더욱더 부정적으로 대하게 하고, K는 그에 대응하는 행동을 계속하게 됨으로써 악순환의 고리가 생겨날 가능성이 크다. 그러나 현실에서는 이 같은 자기성취적 예언에 의한 순환구조를 깰 수 있는 요소들도 많이 있다. 예를 들어 K가 같은 직장에 근무하는 동료라면 우연한 기회에 K와 서로 간의 오해를 푸는 대화를 나눌 수도 있고, K가 내게 생일 선물을 하는 등의 호의적인 행동으로 내가 원래 가졌던 생각을 바꿔 놓기도 한다.

대부분의 심리학자도 사람들이 자신의 믿음과 충돌하는 증거를 만났을 때 원래 자신이 갖고 있던 생각을 절대로 바꾸지 않는다고 주장하지는 않는다. 다만 사람들은 일반적으로 새로운 증거가 나타나도 논리적으로 요구하는 만큼 충분히 자신의 믿음을 변화시키지 않거나, 편견 없이 증거를 대할 때보다는 훨씬 더 느린 속도로 자신의 믿음을 변화시키는 경향이 있다. 이러한 경향은 사람들이 접하는 증거가 여러 가지로 해석될 수 있는 모호한 증거일 때 더 현저하게 드러난다.

확인의 편향과 혼합 증거

위에서 살펴본 것처럼 사람들이 정보를 탐색할 때 주로 자신의 믿음에 맞는 예를 검증해 보는 긍정적 검증 전략은 그 자체로 편향이라고 보기는 어렵다. 다만 사람들이 검증의 결과 또는 관찰을 통해 얻은 정보를 해석할 때 그 정보가 자신의 믿음을 지지하는 것으로 보기 어려운 경우에도 자기 신념을 지지하는 것으로 해석한다면 그것은 진정한 의미의 확인 편향으로 볼 수 있다. 로드, 로스와 레퍼Lord, Ross & Lepper(1979)가 스탠퍼드대학교의 학생들을 상대로 수행했던 연구는 이 문제와 관련해 매우 중요한 시사점을 던져 준다.

연구자들은 사형 제도가 살인죄의 예방에 큰 도움이 된다고 생각하는 학생들(집단 1)과 별로 도움이 되지 않는다고 생각하는 학생들(집단 2)을 골라 그들에게 사형 제도의 범죄 예방 효과에 관한 두 가지 연구의 방법론과 연구 결과를 제시했다. 두 연구 중 하나는 사형 제도의 존재가 실제로 살인 범죄율을 감소시킨다는 결과를 도출한 연구였고, 다른 하나는 그와 정반대의 결과를 얻은 연구였다. 두 연구 결과를 동시에 놓고 보면 사형 제도의 범죄 예방 효과에 대해 서로 상충하는 결론을 유도할 수 있는 '혼합 증거mixed evidence'라고 할 수 있다.

두 연구 중 하나는 '패널' 디자인을 사용해서 미국의 50개 주 중 사형 제도를 도입한 여러 주에서 사형 제도의 도입 이전과 이후에 살인 범죄의 비율이 어떻게 변화했는가를 보여 줬다. 다른 연구는 '동시' 디자인으로서 사형 제도가 있는 주와 없는 주 사이의 모든 범죄 중 살인 범죄가 차지하는 비율이 얼마나 차이가 나는가를 제시했다. 집단 1과 집단 2에 속한 학생들은 자신의 사형 제도에 대한 견해를 지지하는 연구와 자신의 견해에 충돌하는 연구를 모두 볼 수 있었다.

이 연구의 결과는 확인의 편향과 관련해 우리에게 많은 시사점을 던져 준다. 우선 사형 제도에 찬성하는 참가자들(집단 1)은 사형 제도의 범죄 예방 효과와 관련해 긍정적인 결과를 도출한 연구와 부정적인 결과를 도출한 연구를 모두 접할 기회가 있었음에도 사형 제도에 긍정적인 결과를 도출한 연구 결과만을 선택적으로 받아들여 자신의 태도를 더 강화했다. 사형 제도에 대해 찬성하는 집단 1에 속한 참가자들은 자신의 견해와 충돌하는 연구에 대해서는 실험 디자인이 잘못되었다거나 표본 선정이 잘못되었다는 등의 이유로 무시하는 경향을 보였다. 참가자들이 원래 자기가 가지고 있던 견해를 지지하는 연구를 그렇지 않은 연구보다 더 설득력 있는 것으로 판단하는 경향은 사형 제도에 반대하는 집단 2에서도 똑같이 나타났다. 그 결과 집단 1과 집단 2의 사형 제도에 대한 태도는 실험 참가자들이 객관적인 정보라고 할 수 있는 두 개의 과학적 연구 결과를 접하기 전보다 더 큰 차이를 보이면서 집단 간의 사형 제도에 대한 태도가 양극화되는 경향을 보였다.

이 실험에서 실험 참가자들이 접했던 두 연구가 모두 과학적인 방법을 활용했기 때문에 집단 1과 집단 2의 사형 제도에 대한 견해 차이가 작아질 것으로 기대했지만, 오히려 차이가 더 벌어지고 말았다. 이 같은 연구 결과는 "사람들의 마음속에 어떤 견해가 자리를 잡고 나면 자신의 견해와 충돌하는 증거들은 무시하거나 깎아내려 버린다"는 프란시스 베이컨Francis Bacon(1960)의 통찰이 옳았다는 것을 보여 준다.

증거의 모호성과 확인의 편향

로드와 그의 동료들(1979)이 수행했던 연구에서 실험 참가자들에게 제시한 사형 제도의 범죄 예방 효과에 대한 과학적 연구 결과는 '혼합 증거'로서, 사형 제도를 찬성하는 사람들과 반대하는 사람들 모두에게 아전인수 격으로 활용됐다. 그들의 연구에서 제시된 혼합 증거는 실험 참가자로서 증거를 구성하는 두 개의 과학적 연구 결과 중 어느 쪽에 가중치를 두느냐에 따라 해석을 달리할 수 있는 특성이 있다. 이처럼 증거에 대해 여러 가지의 해석이 가능한 경우 그 증거를 모호한 증거라고 부를 수 있다.

증거의 모호성은 어떤 입장을 명백하게 지지하는 정보와 부정하는 정보가 섞여 있는 혼합 증거인 경우에도 나타나지만, 증거 자체가 어느 한쪽으로 치우치지 않아 어느 쪽으로도 명백한 정보를 제공하지 않을 때에도 나타난다. 예를 들면 새로 나온 맥주가 기존의 카스 맥주보다 더 맛있는 맥주인지 알아보기 위해 어떤 소비자가 새로운 맥주를 마셔 보았다고 생각해 보자. 새로운 맥주가 완전히 새로운 타입의 맥주가 아니라면 보통 소비자들은 자신의 시음 경험만으로 새로운 맥주가 하이트보다 더 맛있는지 아닌지를 판단하기가 쉽지 않다. 이 경우 소비자의 맥주 시음은 매우 모호한 경험이라고 할 수 있으며 확인의 편향이 크게 작용할 수 있는 상황이다. 만일 그 소비자가 새로운 맥주를 시음하기 전에 믿을 만한 친구로부터 새로운 맥주의 맛을 높게 평가하는 것을 들은 적이 있다면 아마도 그 소비자는 자신의 맥주 시음 경험을 친구에게 들은 내용을 확인하는 증거로 해석할 가능성이 크다. 새로운 맥주의 시음처럼 감각적인 요소가 포함된 경험은 특히 모호성이 높은 경우가 많으며, 그런 경험을 하는 사람이 사전에 그 대상에 대해 어떤 생각이나 믿음을 가지고 있는가에 따라 자신의 경험을 사전의 믿음을 지지하는 쪽으로 해석하는 경향이 강하다.

그렇다면 사람들은 새로운 경험을 항상 자신의 믿음을 강화시키는 방향으로만 해석할까? 호크와 하영원Hoch & Ha(1986) 및 하영원과 호크(1989)는 바로 이 문제를 소비자 학습의 맥락에서 정면으로 다루고 있다. 그들의 결론부터 말하면 사람들은 새로운 경험이 모호할 때만 확인의 편향으로 자신의 사전 믿음을 강화한다.

그들은 64명의 시카고대학교 학생들을 대상으로 두 개의 제품군에 관한 실험을 했다. 두 제품 중 하나는 티셔츠로 브랜드마다 품질 차이가 별로 나지 않기 때문에 소비자들이 실제로 상품 경험을 해본 뒤에도 각 브랜드의 품질을 정확히 평가하기가 어려웠다. 다른 하나는 키친타월로서 소비자들이 제품 경험을 통해 비교적 쉽게 브랜드 간의 품질 차이를 알아낼 수 있었다. 참가자 중 티셔츠의 특정 브랜드(J.C. 페니J.C. Penney) 광고에 노출된 사람들은 노출되지 않은 참가자들에 비해 제품을 실제로 경험한 뒤 광고된 브랜드를 매우 높게 평가했다. 그에 반해 키친타월의 경우에는 특정 브랜드(볼트Bolt) 광고의 노출 여부가 상품을 경험한 뒤 그 브랜드에 대한 품질을 평가하는 데 별로 영향을 주지 못했다.

이 실험이 말하는 것은 사람들이 광고로 얻은 가설을 검증하는 과정에서 상품 경험이 모호한 정보를 제공하는 제품은 확인의 편향이 강하게 작용하지만, 상품 경험이 품질에 명백한 증거를 제공하는 경우에는 광고가 사람들이 생각하고 있는 품질 평가에 별로 영향을 주지 못한다는 것이다.

사람들은 정말 자기가 보고 싶은 것만을 보는가?

사람들이 어떤 의견이나 믿음을 가지고 있을 때, 그들은 정말 자신의 믿음을 확인할 수 있는 증거만을 골라서 볼까? 이 장에서 지금까지 살펴본 바로는 그렇지는 않은 것 같다. 사람들은 모호한 증거를 만나면 그 증거를 자신의 믿음을 지지하는 방향으로 해석하려는 경향이 있는 것은 확실해 보인다. 그러나 명백하게 자신의 믿음에 반하는 증거에 노출되는 경우, 사람들은 보통 자신의 믿음을 수정한다. 이 같은 믿음의 수정은 원래 자신이 가지고 있던 믿음을 통째로 버리고 새로운 증거에 일치하도록 새로운 믿음을 형성하는 것에서부터 새로운 증거를 자신이 가진 믿음의 단순한 예외로 인정하는 것에 이르기까지 다양한 형태로 나타난다.

여기서 한 가지 확실히 할 필요가 있는 것은 사람들이 가진 믿음을 확인할 수 있는 증거가 그들이 보고 싶어 하는 증거와 반드시 일치하지는 않는다는 사실이다. 예를 들면 A는 우연히 B를 알게 되었는데 B는 A가 평소에 이상형으로 생각했던 이성이었다고 상상해 보자. 그러나 A는 'B가 나를 좋아할 리 없다'는 생각을 하고 있다. 이 경우 A의 믿음을 확인하는 증거는 'B는 나를 싫어한다'는 것을 보여 주는 증거이겠지만, A가 '보고 싶은' 증거는 'B는 나를 좋아한다'는 것을 말해 주는 증거일 것이다. 이 같은 상황에서 A는 어떤 증거에 더 영향을 많이 받을까?

위의 질문에 대해 중요한 시사점을 던져 주는 연구가 로스, 레퍼와 허버드Ross, Lepper & Hubbard (1975)에 의해 수행됐다. 연구자들은 실험 참가자들에게 몇 개의 글을 주고 진짜로 자살한 사람들이 남긴 글과 자살한 사람들이 남긴 것처럼 가짜로 꾸민 글을 구분하도록 요구했다. 참가자들이 매번 판단을 내릴 때마다 실험자들은 참가자들에게 무작위로 '맞았다' 또는 '틀렸다'는 가짜 피드백을 줬다. 전체적으로 참가자들은 평균보다 훨씬 잘한 집단(성공 집단), 평균보다 훨씬 못한 집단(실패 집단), 그리고 평균 정도로 맞힌 집단(평균 집단)의 세 집단으로 나뉘도록 피드백이 조작됐다. 그런 뒤 실험자들은 피드백이 무작위로 주어졌다는 사실과 '성공', '평균', '실패' 등의 성과는 아무런 의미가 없다는 것을 실험 참가자들에게 말했다. 그 같은 디브리핑debriefing이 끝난 다음 참가자들에게 자신이 실험 과업에서 실제로 어느 정도 맞혔다고 생각하는지, 장래에 비슷한 과업을 받는다면 어느 정도의 성과를 올릴 수 있다고 생각하는지, 그리고 자신의 이 같은 과업과 관련한 능력이 어느 정도 된다고 생각하는지를 추정하게 했다.

실험 결과에 의하면, 피드백이 완전히 무작위로 주어졌다는 디브리핑에도 불구하고 참가자들은 자신들이 과업의 피드백으로 형성된 자기 자신의 판단에 대한 인상을 거의 그대로 간직하고 있었다. 즉, 실험 과업에서 '성공' 집단에 속했던 참가자들은 자신의 실험 과업 수행 능력을 다른 집단의 참가자들보다 훨씬 더 높게 평가했으며 장래에 비슷한 과업도 잘해 내리라 추정했다. 반면 '실패' 집단에 속한 참가자들은 정반대의 패턴을 보였다.

일반적으로 사람들은 자기 자신이 어떤 과업에서건 능력이 형편없다고 밝혀지는 것보다는 높은 수준의 능력을 갖추고 있다고 인정받는 것을 더 좋아할 것이다. 그렇다면 위의 실험에서 '실패' 집단에 속한 대부분 참가자에게는 피드백이 무작위로 조작된 가짜였다는 것을 알려 주는 디브리핑이 바로 자신이 '보고 싶어 하던' 증거였을 것이다. 그러나 그들은 디브리핑에서 얻은 새로운 정보를 무시하고 원래 실험 과업의 피드백으로 형성된 자기 자신에 대한 부정적인 인상을 거의 그대로 유지했다. 이 실험 결과가 시사하는 바는 사람들은 자기 자신에 관한 판단에서 일반적으로 자신이 보고 싶어 하는 증거보다는 자신의 원래 믿음을 확인시켜 주는 증거에 더 높은 가중치를 둔다는 것이다.

집단사고와 메아리방 효과

확인편향은 특정 그룹의 구성원들에게 집단사고groupthink라는 현상으로 나타나기도 한다(하영원, 2019). 응집력이 높은 그룹의 구성원들은 그룹의 화합과 일체성을 지나치게 강조하기 때문에, 결과적으로 비합리적이거나 역기능적인 집단적 판단과 의사결정에 도달하게 된다. 이 같은 현상을 집단사고라고 하는데, 집단사고 하에서는 구성원들의 반론 제기나 대안적 해법의 제시가 억압되며, 비판적 평가 없이 의사결정에 대한 합의에 이르게 된다. 이 같은 현상은 그룹

구성원들의 집단적 확인편향으로 설명할 수 있다. 즉 응집력이 높은 집단의 구성원들은 비슷한 생각을 가진 사람들에게 둘러싸여 있기 때문에 자신의 생각을 끊임없이 확인하게 되며, 그 결과 자신이 속한 그룹은 완전무결하다고 판단하는 '무취약성의 환상illusion of invulnerability'에 빠지게 된다(Janis, 1982). 집단사고는 '우리'와 '타인들'을 배타적으로 구분하기 때문에 집단사고가 '우리'를 위협한다고 생각되는 '타인들'에 대한 증오와 결합하면 1940년대에 나치 독일에 의해 저질러진 유대인 집단 학살에서 볼 수 있듯이 매우 위험한 형태의 집단 증오로까지 발전하기도 한다.

근래 들어 소셜 미디어의 활용이 대중들에게 일반화되자 소셜 미디어에서도 확인편향의 부작용이 나타나고 있다. 페이스북이나 트위터 등의 소셜 미디어에서는 비슷한 생각을 가진 사람들이 함께 모여 커뮤니티를 형성하는 경향이 있다. 같은 그룹에 모인 사람들은 비슷한 사고 방식과 의견을 가지고 있을 가능성이 높기 때문에 구성원들이 다양한 시각에 노출되는 것이 제한되면서, 구성원 서로의 의견과 신념만을 증폭시키고 강화시키는 성향을 보인다. 이 같은 현상을 소리가 밖으로 새나가지 않고 메아리처럼 울리게 만든 반향실에 비유하여 '메아리방 효과echo chamber effect'라고 부른다. 메아리방 효과가 심각한 단계에 이르면 소셜 미디어에서의 가짜 뉴스의 영향력이 커지고, 정치적인 극단주의가 위세를 떨칠 가능성이 높아지며, 경제적으로는 주식 시장 등에 패닉을 불러오기도 한다. 최근 연구자들은 소셜 미디어에서의 메아리방 효과를 살펴보기 위해 갭Gab, 페이스북Facebook, 레딧Reddit, 그리고 트위터Twitter에서 총기규제, 코로나19COVID-19 백신 접종, 인공유산 등 논란의 여지가 많은 주제에 관한 메시지 내용을 비교 분석하였다(Cinelli et al., 2021). 분석 결과 특정 커뮤니티에 비슷한 사람들끼리 모이는 경향homophily은 페이스북과 트위터에서 두드러지게 나타났으며, 메아리방 효과와 같은 편향성은 페이스북에서 특히 심하게 나타났다. 페이스북에서는 메아리방 효과를 완화하기 위한 조치로 뉴스 페이지에 한 가지 주제에 대해 하나의 뉴스원源만을 제공하지 않고 반드시 복수의 뉴스원을 제공함으로써 독자들이 다양한 관점에 노출될 수 있도록 배려하고 있다. 우리나라에서도 네이버, 다음 등의 소셜 미디어가 유사한 조치들을 취한 바 있다. 그러나 소셜 미디어들의 메아리방 효과를 감소시켜보려는 이 같은 노력에도 불구하고 시간이 흐를수록 점증하는 메아리방 효과는 사회적 분열과 정치적 극단주의가 기승을 부리는 데 일정한 역할을 수행하고 있는 것으로 보인다.

이 장을 끝내며

사람들이 어떤 가설이나 의견을 가지고 있을 때, 그 가설에 맞는 예를 활용해 그것을 검증하려는 경향이 있는 것은 확실해 보인다. 그러나 그 같은 경향이 반드시 자신의 가설을 확인하고자 하는 동기에 기인하는 것은 아니다. 그럼에도 사람들이 가지고 있는 신념이나 가설이 유지될 수 있게 하는 중요한 메커니즘은 다음의 두 가지일 것이다.

① 자기성취적 예언처럼 어떤 판단에 근거한 행동이 수반되는 경우, 그 행동 때문에 기존 신념을 확인시켜 주는 결과가 나타나면 사

람들은 자신의 판단이 유효하다는 것을 더 강하게 믿게 된다.

② 사람들이 자신에게 주어진 모호한 정보를 해석할 때 그 정보를 자신이 가지고 있는 신념을 지지하는 방향으로 해석하는 경향이 있다.

사람들은 자신의 믿음과 충돌하는 증거를 봤을 때 자신의 마음속에 일어나는 갈등을 줄이고 싶어 하므로 기존의 믿음이 살아남을 수 있도록 자기 합리화 과정을 거치거나 증거 자체를 부정 또는 무시한다는 인간의 동기에 기초한 견해는 1960년대까지 당연한 것으로 받아들여 졌다(Festinger, 1957). 그러나 1970년대에 들어서면서 벰Bem (1972)의 '자기 지각 이론self-perception theory'을 중심으로 동기적인 견해에 입각한 연구 결과들이 전적으로 인지적인 개념들만을 사용해 재해석되면서, 페스팅거Festinger의 인지 부조화 이론처럼 인간의 태도나 신념의 유지 및 변화를 설명하는 데 동기를 주된 메커니즘으로 사용하는 이론들은 심각한 위기를 맞게 된다.

이 같은 동기적 견해의 가장 큰 약점은 사람들이 충돌하는 인지들을 동시에 가지고 있을 때 마음속에 실제로 갈등이 일어난다는 것을 객관적인 방법으로 보여 주기 어렵다는 데 있다. 따라서 인간의 신념 및 태도의 변화를 동기적인 요소에 의존하지 않고 전적으로 인간의 기대, 추론, 확인 과정 등의 인지적인 요소들에만 의존해 설명하려는 노력이 상대적으로 더 간결하고 반증 가능한 이론 구조를 만드는 것은 사실이다(Nisbett & Ross, 1980). 그렇지만 최근에는 인간의 추론 과정 자체에 동기적인 요소의 역할이 있다는 것을 밝혀내려는 노력(Kunda, 1990; Kunda & Sinclair, 1999)과 함께 인지 부조화의 존재를 신경과학의 차원에서 입증하고자 하는 시도들이 이어지고 있다(Van Veen et al, 2009).

확인편향이 집단적인 차원에서 나타나면 집단사고groupthink라는 현상을 초래하게 되는데, 집단사고는 기업이나 특정 조직의 차원에서도 나타날 수 있고, 더 광범위하게 사회 전체를 뒤흔드는 현상으로 나타날 수도 있다. 또한 정보통신 기술의 발달에 힘입어 빠른 속도로 파급되고 있는 소셜 미디어의 과도한 활용은 확인편향의 부작용으로 인해 입증되지 않은 사실이나 왜곡된 의견이 끊임없이 전파되는 메아리방 효과로 나타날 가능성이 높다는 점도 유의할 필요가 있다.

5 조슈아 클레이만과 하영원의 '확인의 편향'에 대한 비판에 대해 좀 더 구체적인 내용을 알고 싶은 독자는 https://en.wikipedia.org/의 'Confirmation bias'에 나와 있는 'Hypothesis testing (positive test strategy) explanation(Klayman and Ha)'을 참조.

6 자기 판단에 대해 지나친 자신감을 갖게 되어 잘못된 신념을 계속 유지하게 되는 의사결정 구조에 대해서는 Einhom & Hogarth (1978)를 참조.

··· PART 3 ···

선택과 갈등

CHAPTER 7

선택 맥락 효과

사람들은 대안을 선택할 때
선택 맥락의 영향을 받을까?

사랑은 매 순간 이루어지는
선택의 연속이다.

바바라 디 앤젤리스Barbara de Angelis(미국 작가)

중국 식당에서 점심 메뉴를 선택하는 상황을 생각해 보자. 어떤 사람들은 중국 음식 중에서 간단히 먹을 수 있는 짜장면을 좋아하기 때문에 중국 식당에만 가면 고민하지 않고 짜장면을 주문한다. 그렇지만 어떤 사람들은 짜장면과 짬뽕 사이에서 무엇을 주문할까 고민을 하기도 한다. 이처럼 사람들의 선택 대안에 대한 선호가 비교적 확고한 예도 있지만, 선호가 불확실한 경우도 흔히 볼 수 있다. 심지어 보통은 짜장면을 선호하는 사람조차도 때에 따라서 짬뽕이 더 먹고 싶은 때도 있다. 일반적으로 의사결정자가 선택 대안에 확고한 선호가 없다면 그 사람은 종종 심리적인 갈등 상황에 돌입하게 된다.

가장 흔하게 볼 수 있는 선택 상의 갈등은 가격이 저렴하지만 품질이 떨어지는 대안과, 품질은 높지만 가격이 비싼 대안 사이에서 일어난다. 예를 들어 김영식 씨가 오랜만에 만난 친구에게 점심을 대접하기 위해 비교적 고급 중국식 레스토랑에 갔다고 상상해 보

자. 늘 만나는 친구도 아니고 해서 짜장면이나 짬뽕을 시킬 수는 없다 보니 자연스럽게 '런치 스페셜'이라는 이름의 메뉴에 눈이 갔다. 고를 수 있는 대안은 'A 세트(가격: 2만 원)', 'B 세트(가격: 3만 원)'의 두 가지가 있었는데 마음 같아서는 당장 가격이 저렴한 A 세트를 두 개 시키고 싶었지만, B 세트에 평소에 좋아하는 깐소 새우가 포함되어 있어 B 세트를 시킬까 고민도 했다. 그러나 아무래도 점심 한 끼를 먹는 데 6만 원을 쓴다는 것은 좀 과한 것 같아서 결국 A 세트 쪽으로 마음이 기울었다. 그러던 차에 메뉴의 다음 장에 'C 세트(가격: 4만 원)'가 있는 것을 발견했다. 물론 C 세트에 포함된 요리는 더 고급 요리들이었다. A 세트 쪽으로 마음이 기울던 김영식 씨는 메뉴에서 C 세트를 보는 순간 3만 원짜리 B 세트가 그다지 비싸 보이지 않았다. 더구나 A 세트를 주문하면 친구가 '아! A, B, C 중에서 제일 싼 메뉴를 주문하다니! 영식이는 나를 이 정도로밖에 생각하지 않는구나!'라고 생각할까 봐 두려웠다. 그 순간 김영식 씨는 마음을 바꿔 A 세트 대신 B 세트를 2인분 주문했다. C 세트를 보고 나니 B 세트가 가격도 적당하고 음식도 무난한 것으로 여겨졌다. 더구나 오랜만에 만난 친구에게 세트 메뉴 중에서 제일 싼 것을 사줬다가는 '대접을 하고도 욕먹을 수 있겠다'는 생각이 들 수 있는데, 그것을 떨쳐 버릴 수 있게 되어 마음이 홀가분했다.

이 예에서 김영식 씨는 분명히 A, B, C 중에서 어떤 대안이 가격 대비 가장 큰 가치를 제공하는지에 전적으로 의존해 메뉴를 선택하지는 않았다. 김영식 씨는 A와 B 중에서 A 쪽에 마음이 기울었다가 C라는 대안이 선택의 맥락을 바꾸는 대안으로 등장하자 선택을 A에서 B로 바꿨다. 이처럼 선택 대안 중에서 극단적인 대안을 회피하고 중간 대안을 선택하는 경향을 '타협 효과'라고 하는데, 이는 가장 대표적인 선택 맥락 효과 중의 하나다.

이 장에서는 대표적인 선택 맥락 효과인 유사성 효과, 유인 효과, 그리고 타협 효과를 살펴보고, 왜 그런 효과들이 나타나는지를 생각해 보기로 한다.

루스의 공리와 비례성 원칙

전통적인 선택 이론에서는 개인의 선택은 대안에 대해서 의사결정자가 느끼는 효용을 통해 결정되며, 선택의 맥락을 구성하는 요소들은 선택에 영향을 미치지 않는다는 것을 가정한다. 전통적인 선택 이론에서는 사람들이 각 대안을 좋아하는 정도를 수량화한 개념 즉, 효용을 이용해 의사결정자가 선택 집합 내에 있는 대안 중에서 어떤 대안을 선택할지 확률로 표현할 수 있다고 본다. 예컨대 어떤 동네 과일 가게에서 오렌지와 사과만 판매하는데, 두 과일의 가격이 같고 M이라는 사람이 오렌지와 사과를 똑같이 좋아한다면 M이 오렌지를 선택할 확률은 다음과 같이 표현할 수 있다.

$$\text{선택 확률} = \frac{U(\text{오렌지})}{U(\text{오렌지}) + U(\text{사과})} = \frac{1}{2} \quad \text{(여기서 U는 효용을 의미함)}$$

수리심리학자인 루스Luce (1959)는 각 대안이 선택될 확률은 각 대안의 효용에 비례한다고 봤다. 이를 '루스의 선택 공리Luce's choice axiom'라고 한다. 여기서 기존 대안인 사과와 오렌지에 새로운 대안인 배가 추가되었다고 가정해 보자. 만일 과일을 선택하는 사람이 오렌지, 사과 그리고 배를 똑같이 좋아하고 세 과일의 가격이 같다면 그 사람이 세 개의 과일 중에서 오렌지를 선택할 확률은 다음과 같이 나타낼 수 있다.

$$\text{선택 확률} = \frac{U(\text{오렌지})}{U(\text{오렌지}) + U(\text{사과}) + U(\text{배})} = \frac{1}{3}$$

과일 가게에서 오렌지와 사과를 판매할 때에는 소비자가 오렌지를 선택할 확률이 1/2이었는데 오렌지, 사과, 배를 판매할 때에는 오렌지를 선택할 확률이 1/3로 변했다. 배가 추가되어 선택할 수 있는 대안이 세 개가 되고 선택하는 사람이 각 대안을 똑같이 좋아한다면, 배를 선택할 확률은 오렌지나 사과를 선택할 확률과 같이 1/3이 될 것이다. 이때 배의 선택 확률 1/3은 기존의 오렌지나 사과를 선택할 확률에서 같은 비율(1/6)만큼을 가져왔다고 할 수 있다.

이 같은 개인의 선택 확률을 이용해 여러 사람이 모여서 구성되는 전체 시장에서의 '시장점유율'에 대한 예측치도 얻어낼 수 있을 것이다. 이때 루스의 공리에 의하면 새로운 대안 배가 선택 집합에 새로이 진입한다고 하더라도 기존의 오렌지와 사과의 선택 비율(배 진입 전 비율은 1/2 대 1/2이며, 진입 후 비율은 1/3 대 1/3)은 1:1로 변함이 없어야 한다. 이를 '비례성의 원칙'이라고 하며, 이는 관련 없는 대안들의 독립성independence of irrelevant alternatives: IIA을 가정하고 있다. 즉, 기존 대안 간의 선택 비율은 새로운 대안의 존재 여부와는 독립적이라는 의미다.

루스의 선택 공리 이후 2000년에 노벨 경제학상을 수상한 계량 경제학자 대니얼 맥패든Daniel McFadden (1974)은 효용을 하나의 확정적인 수치로 나타내지 않고 무작위 부분을 포함하는 확률분포로 다루는 선택 이론을 제안했다. 그러나 확률적 효용 이론에 기초한 대부분의 규범적normative 선택 모형들에서도 사람들의 선택 행동을 모형화할 때 '관련 없는 대안들의 독립성IIA'을 가정하는 것은 루스의 모형과 마찬가지다.

유사성 효과

실제로 시장에 새로운 제품이 등장하면 우리는 신제품 때문에 기존 제품들이 어떻게 타격을 받는가를 관찰할 수 있다. 예컨대 2011년에 '나가사키 짬뽕'이라는 신제품이 시장에 진입하면서 기존 브랜드인 '신라면'이나 '안성탕면' 등은 점유율 면에서 타격을 입었다. 물론 절대적인 물량으로 보면 가장 큰 시장을 점유하고 있던 '신라면'이 가장 큰 타격을 입었을 것이다. 그러나 점유율의 감소라는 면에서는 아마도 흰 국물 라면으로 '나가사키 짬뽕'과 가장 비슷한 콘셉트인 제품(예컨대, '꼬꼬면')이 상대적으로 가장 큰 타격을 입었을 것으로 짐작된다. 즉, 루스의 선택 공리가 예측하는 대로 신제품이 진입하면서 기존 브랜드의 점유율이 원래 기존 시장점유율의 비율에 따라 감소했을 것으로 보기는 어렵다.

실제로 시장에서는 새로운 브랜드가 출시되는 경우에 기존 브랜드의 시장점유율 감소가 기존 브랜드의 원래 시장점유율에 비례해서 나타나지 않는 경우가 많다는 실증적인 결과를 흔히 볼 수 있다.

이 같은 현상을 설명할 수 있는 실마리를 제공한 사람이 의사결정 심리학 분야의 전설로 알려진 사람 중 한 명인 트버스키다. 트버스키(1972)는 「속성별 제거elimination by aspects: EBA」라는 연구 논문을 통해 선택 맥락이 선택 행동에 영향을 주는 대표적인 상황을 제시하고, 그것이 '유사성 효과similarity effect'때문에 나타날 수 있다는 것을 보여 줬다.

사람들이 여러 대안 중 하나를 선택하는 방법은 여러 대안을 평가해 자신에게 가장 많은 효용을 제공한다고 생각되는 하나의 대안을 선별하는 것이다. 그러나 이 같은 방법은 때에 따라 인지적으로 많은 수고를 해야 하므로 사람들은 일종의 편법을 사용하는 때도 있다. 예를 들면 올여름 일주일간의 휴가를 즐기기 위해 30개의 외국 관광지 중에서 하나를 선택해야 한다고 가정해 보자. 우선 30개의 관광지 중에서 바다를 구경할 수 없는 14개의 관광지를 제외한다. 그러고 나서 남아 있는 16개의 관광지 중에서 1인당 비용이 250만 원 이상 소요되는 9개의 관광지를 제외한다. 나머지 7개의 관광지 중에서 날씨가 따뜻하지 않을 것 같은 남반구에 속한 3개의 관광지를 제외하면 4개의 관광지가 남는다. 이런 식으로 계속해 나간다면 결국 하나의 관광지를 선택할 수 있다.

이처럼 속성별 제거 방식은 여러 속성aspect들의 집합인 대안에서 하나의 속성을 선택해 그 속성(예컨대, 바닷가)을 포함하지 않는 대안들을 제거하는 식으로 진행된다. 이 과정을 마지막 하나의 대안이 남을 때까지 계속하는 의사결정 방식이다. 이런 방식은 분명 30개의 관광지를 꼼꼼히 따져서 그중 하나를 선택하는 의사결정 방식보다는 훨씬 더 신속하면서도 인지적 비용을 많이 소모하지 않는다. 실제로 사람들은 여러 대안 중에서 하나의 대안을 선택할 때 속성별 제거EBA 방식을 종종 사용하는 것으로 보인다. EBA는 대안의 전체적인 효용보다는 속성별 효용을 고려해서 선택하는 의사결정 과정이다. 따라서 선택 집합에서 하나의 대안이 선택될 확률은 그 대안의 전체 가치뿐만 아니라 그 대안과 다른 대안과의 관계, 즉 맥락에 의해서도 좌우된다.

예를 들어 보자. 어떤 클래식 음악 애호가가 CD 가게에서 드뷔시Debussy의 교향곡 〈바다La Mer〉와 베토벤Beethoven 교향곡 〈제5번No.5〉 CD를 놓고 어느 것을 살지 고민하고 있다고 생각해 보자. 그가 두 CD를 좋아하는 정도가 같다면 각 CD를 선택할 확률은 각각 1/2일 것이다. 이때 같은 선호도를 갖는 베토벤 교향곡 〈제3번No.3〉 음반이 새로운 대안으로 추가됐다. 루스의 공리에 따르면 소비자가

〈그림 7-1〉 EBA 방식을 통한 음반 구매 상황

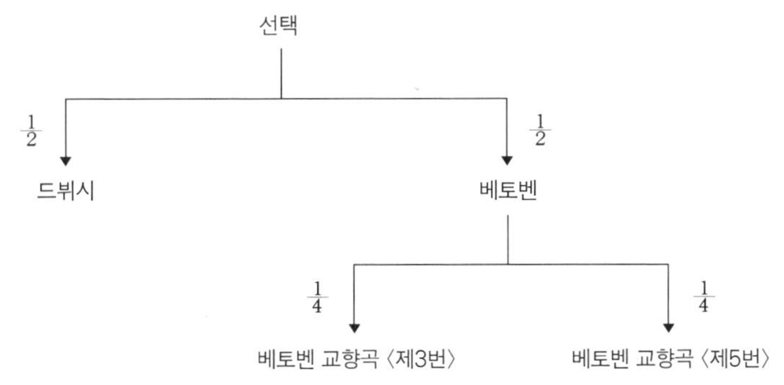

세 음반을 똑같이 좋아하므로 각 음반을 선택할 확률은 대안의 수에 근거해 각각 1/3로 결정될 것이다. 그러나 대부분 사람은 이러한 선택 확률에 대한 계산을 이해하기 어려울 것이다. 그 소비자가 각 대안을 똑같이 좋아하기는 하지만 세 개의 대안을 동일 선상에 놓고 선택하기보다는 베토벤 교향곡 〈제3번〉과 〈제5번〉은 '작곡가가 같다'는 속성을 고려해 하나로 묶은 후, 드뷔시를 선택하든지 아니면 베토벤을 선택할 수도 있다. 만일 베토벤을 선택한다면 그중 몇 번 교향곡을 고르겠느냐고 생각하는 것이 오히려 더 일반적일 가능성이 높기 때문이다(〈그림 7-1〉 참조).

위의 경우처럼 속성에 따라 선택이 이루어지는 경우 그 선택 과정을 포착할 수 있는 의사결정 모형이 EBA라고 할 수 있다. EBA는 어떤 과정을 통해 대안을 선택하는지 구체적으로 알아보기로 하자. EBA에 의하면 어떤 대안의 선택 확률은 대안들의 전체 속성 효용의 합 대비 해당 대안의 속성 효용의 비율에 따라 결정된다. 그런데 EBA의 특이한 점은 이 경우 각 대안 간에 속성이 얼마나 공유되는지를 고려한다는 점이다. 이러한 EBA의 특성은 그림으로 잘 나타낼 수 있다.

〈그림 7-2〉에서와 같이 각 대안을 그 대안이 가지고 있는 속성이 제공하는 부분 효용들로 나누어 본다면, 두 개의 베토벤 음반은 각각의 독특한 속성distinct feature이 주는 효용을 a로, 공통 속성common feature이 주는 효용을 b로 표현할 수 있다. 다시 말해서 두 개의 베토벤 교향곡의 효용은 〈제3번〉과 〈제5번〉 모두 각각의 독특한 속성의 효용 a와 공통 속성 효용 b의 합으로 표현할 수 있고, 드뷔시 〈바

〈그림 7-2〉 EBA에 따른 소비자 선택 확률 모형

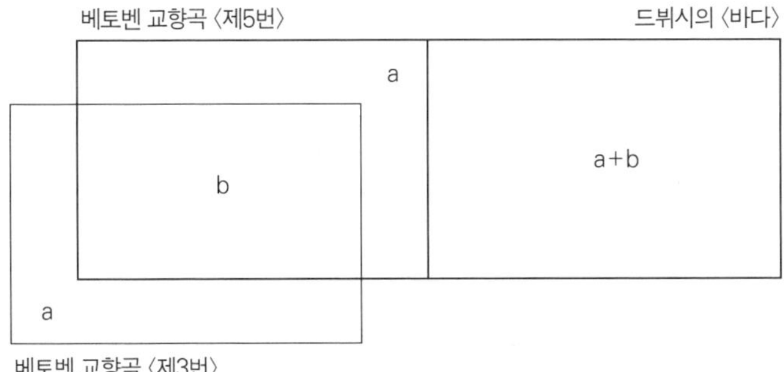

다〉교향곡의 전체 효용은 베토벤 교향곡과 같은 수준의 효용인 a+b이다. 이제 3개의 교향곡 CD 중에서 드뷔시 교향곡을 선택할 확률 P(D; B3, B5)는 다음과 같이 세 개 CD의 전체 속성 효용의 합 중 드뷔시 교향곡이 가진 속성 효용의 합으로 계산해 볼 수 있다.

$$P(D; B3, B5) = \frac{a+b}{(2a+b)+(a+b)} = \frac{a+b}{3a+2b}$$

반면 드뷔시 교향곡 대신 베토벤 〈제3번〉과 〈제5번〉 교향곡을 선택할 확률은 다음과 같이 계산해 볼 수 있다.

$$P(B3; B5, D) = P(B5; B3, D) = \frac{a+b(\frac{a}{2a})}{(2a+b)+(a+b)} = \frac{a+\frac{1}{2}b}{3a+2b}$$

드뷔시 교향곡을 선택할 때와는 달리 베토벤 교향곡 〈제3번〉과

〈제5번〉을 선택할 때는 두 대안 간 공통 속성의 효용 b는 절반밖에 고려되지 않는다. 그것은 세 개의 선택 대안 중에서 베토벤이 작곡한 교향곡이라는 속성이 두 개의 대안에 의해 공유되고 있기 때문에 그 두 개의 대안이 '베토벤 작곡'이라는 속성이 갖는 효용 b를 나누어 가지기 때문이다. 따라서 EBA는 사람들이 대안을 선택할 때 그 대안이 가지는 가치뿐 아니라 대안 간의 관계 즉, 대안 간의 유사성에 따라서도 좌우된다는 것을 포착할 수 있는 선택 모형이다.

트버스키(1977)는 대상들 간의 유사성이 공통 속성과 독특한 속성에 따라 결정된다고 봤다. 즉, 두 대상 간의 유사성은 공통 속성이 많으면 많을수록 높아지고 독특한 속성이 많으면 많을수록 낮아진다. 〈그림 7-1〉에서와 같이 베토벤 교향곡끼리의 비교는 '베토벤 작곡'이라는 중요한 공통 속성이 드러나면서 사람들은 두 교향곡을 유사한 것으로 인식한다. 두 교향곡이 더 유사하면 유사할수록 a는 0에 가까워지며, 따라서 위에서 계산된 드뷔시 교향곡을 선택할 확률은 선택 상황이 드뷔시와 베토벤이라는 작곡가 사이의 선택이 되면서 1/2에 가까워진다. 반면 베토벤 교향곡들이 유사할수록 a가 0에 수렴하므로 위에서 계산된 각 베토벤 교향곡을 선택할 확률은 1/4에 가까워진다. 결국 사람들이 각 음반을 구매할 확률은 〈그림 7-1〉과 같은 위계적인 구조에 따라 결정된다.

EBA 모형의 주된 장점은 사람들의 선택 행동이 대안의 전체적인 가치뿐 아니라 선택 집합 내의 대안 간 관계에 의해 받는 영향을 모형 안에 포착할 수 있다는 점이다. 일반적으로 선택 집합에 새로 진입한 선택 대안은 기존 대안 중에서 자신과 비슷한 대안의 선택 확률을 상대적으로 더 많이 감소시키는데 이를 '유사성 효과'라고 한다. 유사성 효과는 새로운 대안이 선택 집합에 진입함으로써 달라진 맥락에 의해 나타나는 효과이므로 선택 맥락 효과의 하나라고 할 수 있다. EBA는 유사성 효과를 표현할 수 있는 모형이며 제품 디자인, 포지셔닝, 광고 등에도 시사점을 던져 준다. 예컨대 마케터의 입장에서 자신의 대안이 소비자에게 선택될 확률을 극대화하기 위한 포지셔닝 전략을 구사하는 데 다음과 같은 시사점을 얻어낼 수 있다.

시장에 Y라는 제품(예를 들면 '신라면')이 이미 나와 있다고 하자. 어떤 기업이 라면 시장에서 Y와 경쟁하기 위해 X라는 신제품(예를 들면 '나가사끼 짬뽕')을 출시하는 상황을 생각해 보자. 만일 〈그림 7-3〉의 (a)처럼 X가 Y보다 전체적인 효용이 더 우월하다고 판단된다면 X로서는 Y와 정면 대결을 통해 'X는 Y와 유사하지만, Y가 제공하는 효용은 X가 제공하는 효용 일부에 지나지 않음'을 강조하는 것

〈그림 7-3〉 EBA가 제공하는 제품 포지셔닝상의 시사점

X: 지배하는 대안 Y: 지배되는 대안

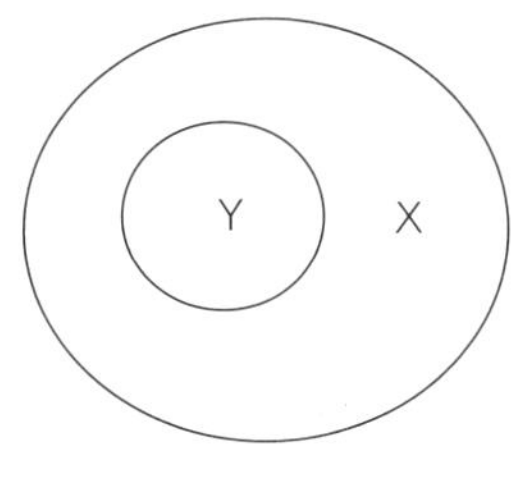

(a) 유사성을 강조하는 포지셔닝

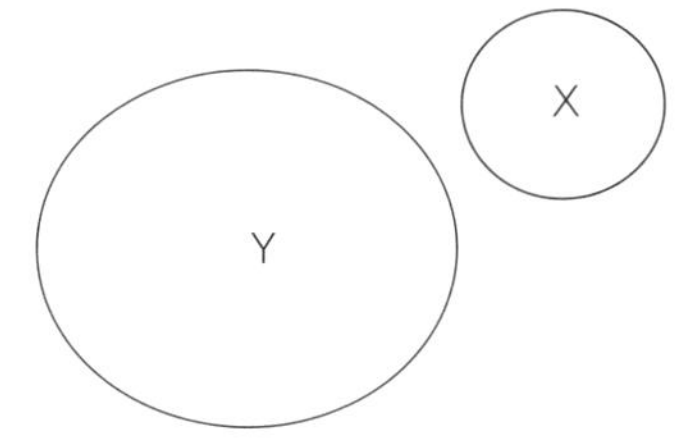

(b) 차별화를 강조하는 포지셔닝

이 유리하다. 이와는 대조적으로 (b)에서처럼 X의 전체적 효용이 Y의 전체적 효용보다 낮다고 판단된다면 X는 기존 제품 Y와 다른 점을 강조해서 소비자들에게 비교하기 어렵게 만드는 차별화 전략을 구사하는 것이 더 유리할 것이다. 사실 X로 이미 제품 디자인이 완성되었다고 하더라도 소비자들의 X에 대한 지각은 상당 부분 광고 등의 촉진 전략에 의해 좌우되므로 X의 독특한 속성을 강조함으로써 소비자들이 X와 Y의 직접 비교를 어렵게 만드는 것이 효과적인 포지셔닝 전략의 방향일 것이다.

유인 효과와 정규성 가정

사람들의 선택 행동 중에서 위에서 살펴본 비례성 원칙이나 유사성 원칙(즉, 새로 진입하는 대안은 기존 대안 중에서 유사한 대안의 상대적 점유율을 더 많이 감소시킨다는 원칙)에 모두 어긋나는 현상이 발견되는데 그것이 바로 '유인 효과the attraction effect'다. 사실 유인 효과는 선택 이론의 측면에서 보면 비례성 원칙과 유사성 원칙에 어긋날 뿐만 아니라, 기존 선택 모형들의 가장 기본적인 전제가 되는 정규성 가정regularity assumption(새로운 대안이 선택 집합에 진입했을 때 어떤 기존 대안의 선택 점유율도 증가시킬 수는 없다는 가정)에 어긋난다는 점이 더 중요한 의미가 있다. 휴버와 그의 동료들(1982)은 유인 효과의 발견을 통해 때로는 새로운 대안의 도입이 그 대안과 유사한 기존 대안의 점유율을 잠식하는 것이 아니라 오히려 더 증가시킬 수 있다는 것을 보여줌으로써 선택에서 유사성 원칙과 정규성 원칙이 동시에 어긋날 수 있다는 것을 밝혔다.

휴버와 그의 동료들에 의하면 유인 효과가 발생하는 상황은 크게 두 가지가 있을 수 있다. 첫 번째 상황은 〈그림 7-4〉의 (a)와 같이, 브랜드 C가 경쟁 브랜드 B에 대해 가격 속성은 같은 수준이거나 열위에 있으며 품질 속성에 대해서는 명백한 열위에 있는 상황이다. 예를 들면 스마트폰 시장에 갤럭시S2(브랜드 B)보다 가격이 더 비싸면서 품질은 더 떨어지는 브랜드(브랜드 C)가 출시된 경우다. 브랜드 C와 같은 대안을 '지배되는 대안dominated alternative'이라고 부를 수 있다. 그런데 상표 C는 경쟁 브랜드 중 브랜드 B에 의해서만 지배되고, 다른 경쟁 브랜드 A보다는 가격이 저렴하므로 브랜드 A에 의해서는 지배되지 않는 대안이다. 이와 같은 대안을 '비대칭적으로 지배된 대안asymmetrically dominated alternative: ADA'이라고 부른다. 이처럼 비대칭적으로 지배된 브랜드 C는 열등한 품질 속성의 하한선을 확장해서 브랜드 C를 지배하고 있는 브랜드 B가 경쟁 브랜드 A

〈그림 7-4〉 유인 효과의 경계 조건

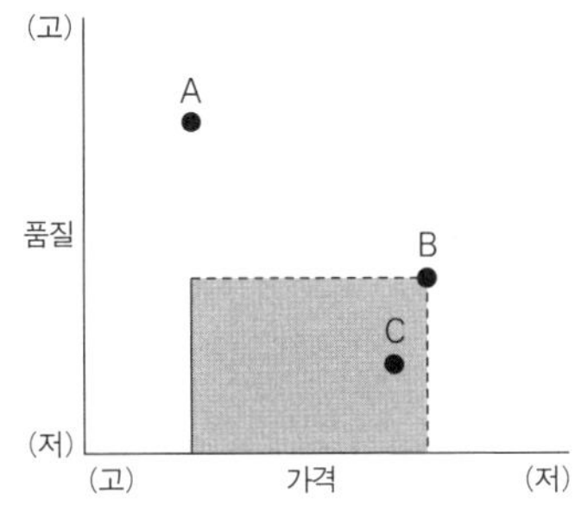

(a) 비대칭적으로 지배되는 브랜드의 영역

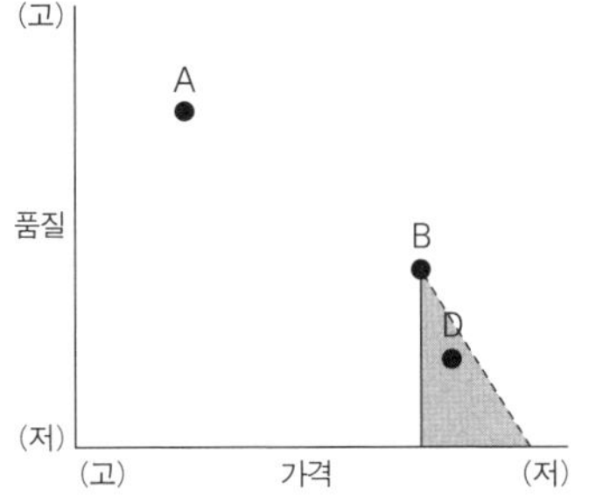

(b) 비교적 열등한 브랜드의 영역

보다 열등한 정도가 덜해 보이게 하는 역할을 한다. 따라서 브랜드 C를 지배하고 있는 브랜드 B의 매력도가 증가할 수 있고, 그 결과 B를 선택하는 확률이 증가한다. 다시 말해 브랜드 C는 그 자체로는 소비자들에게 선택될 여지가 없지만 브랜드 B를 돋보이게 하는 역할을 하므로 '미끼 브랜드decoy brand'이며, 브랜드 B는 새로운 대안의 진입 시에 관심의 대상이 되는 브랜드이므로 '표적 브랜드target brand'이다. 그리고 브랜드 A는 브랜드 B 및 브랜드 C와 경쟁 관계에 있으므로 '경쟁 브랜드competitor brand'라고 부르기도 한다.

유인 효과가 나타나는 두 번째 소비자 선택 상황은 경쟁 관계 중에 표적 브랜드 B보다 상대적으로 열등한 대안relatively inferior alternative: RIA이 있는 경우다. 〈그림 7-4〉의 (b)에서 보면, 브랜드 D는 유사한 브랜드 B보다 가격이 약간 저렴하므로 가격 속성에서는 브랜드 B보다 약간 우월하지만 품질 속성에서는 열등한 정도가 커서 전체적으로 브랜드 B에 대해 열등한 브랜드로 지각된다. 브랜드 B보다 상대적으로 열등한 브랜드 D의 추가는 상대적으로 우월한 표적 브랜드 B가 경쟁 브랜드 A에 대해 가진 품질 속성의 열등함을 덜 심각하게 만드는 역할을 함으로써 상대적인 속성 비교를 가능케 해 표적 브랜드 B가 더욱 매력적으로 보이게 해 준다(Huber & Puto, 1983).

실제로 사이먼슨과 트버스키Simonson & Tversky (1992)는 여러 실험을 통해 유인 효과가 상당히 광범위하게 나타날 수 있다는 것을 입증했다. 그들은 실험 참가자들에게 실험에 참가한 답례로 크로스Cross 펜과 6달러의 현금 가운데 하나를 선택하도록 했는데 참가자의 64%는 6달러를, 36%는 크로스 펜을 선택했다. 그러나 다른 실험 참가자들에게 크로스 펜과 크로스 펜보다 열등한 것으로 인식되는 제브라Zebra 펜, 그리고 6달러의 현금 가운데 하나를 선택하도록 했을 때는 크로스 펜을 선택한 비율이 36%에서 10% 늘어난 46%였으며 현금 6달러를 선택한 비율은 64%에서 54%로 줄어들었다. 이렇듯 열등한 대안이 추가되었을 때 크로스 펜을 선택한 비율이 36%에서 46%로 증가한 것은 열등한 대안이 크로스 펜을 더 매력적으로 보이게 만들었기 때문으로 보인다.

유인 효과가 발생하는 심리적 메커니즘으로는 크게 두 가지를 들 수 있다. 첫째, 미끼 브랜드가 추가됨에 따라서 기존 브랜드들의 속성 수준 값이나 속성 중요도에 대한 인식이 변하면서 기존 브랜드에 대한 상대적인 선호가 변하기 때문으로 볼 수 있다(Parducci, 1965). 이는 마치 소개팅에 나가는 어떤 남자가 유머감각은 뛰어나지만 신장이 163cm밖에 안 되기 때문에 키가 자기보다 더 작은 남자와 같이 소개팅에 나감으로써 자신이 비교적 덜 작아 보이게 만드는 방법을 활용하는 것과 같은 경우라고 할 수 있다. 즉, 표적 브랜드가 경쟁 브랜드보다 품질 속성 측면에서 열등한 상황이었는데, 표적 브랜드보다 품질이 더 떨어지는 새로운 미끼 브랜드가 등장하면 소비자들은 표적 브랜드의 품질이 그렇게 나쁘지는 않은 것으로 느끼게 되는 일종의 '지각적 편향perceptual bias'이 나타나기 때문이다(Huber, Payne & Puto, 1982).

이 같은 지각적 편향은 특정 속성의 범위가 넓어진 데서 비롯된 '범위 효과range effect'와 특정 속성의 빈도가 증가함에 따른 '빈도

〈그림 7-5〉 유인 효과 설명 메커니즘으로서의 대안들의 범위와 빈도

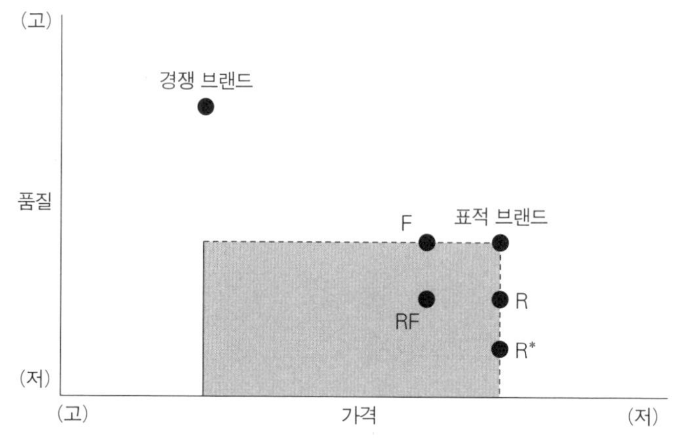

효과frequency effect'의 두 가지 측면에서 나타날 수 있다. 범위 효과는 기존 선택 집합에서 표적 브랜드에 비대칭적으로 지배되는 미끼 브랜드(〈그림 7-5〉에서 R: 표적 브랜드가 우위에 있는 속성에서는 표적 브랜드와 차이가 없는데, 경쟁 브랜드가 우위에 있는 속성에서는 기존의 표적 브랜드보다 더 떨어지는 신규 브랜드)를 추가하면 경쟁 브랜드가 상대적으로 우위에 있는 속성 차원(품질)의 범위가 증가하게 된다. 이러한 현상은 품질에서 경쟁 브랜드와 표적 브랜드 간의 차이에 대한 중요성을 감소시키며 품질에 대한 기존 표적 브랜드와 경쟁 브랜드 간 심리적 차이는 감소하게 된다. 그만큼 기존 표적 브랜드에 대한 소비자의 선택 가능성은 높아지며, 경쟁 브랜드가 갖는 점유율의 잠식을 통해 표적 브랜드의 매출 증대로 연결될 수 있다.

반면 빈도 효과는 표적 브랜드가 상대적으로 우위에 있는 가격 속성에 새로운 미끼 브랜드(〈그림 7-5〉에서 F)가 추가되면 해당 속성에 대한 브랜드의 빈도가 증가해 속성의 중요도를 증가시킨다. 이것은 소비자에게 해당 속성에 더욱 많은 주의를 기울이게 해서 이 속성에서의 기존 표적 브랜드와 경쟁 브랜드 간 심리적 거리를 더욱 넓히게 된다. 이에 따라 소비자가 표적 브랜드를 선택할 가능성은 증가한다.

둘째, 소비자들의 평가가 속성 내에서 대안 간 비교로 이루어지면 미끼 브랜드와 표적 브랜드 간의 비교(예컨대, R의 경우 품질 비교)가 가장 쉽게 느껴지므로 가장 먼저 이루어지고, 따라서 표적 브랜드와 미끼 브랜드 간의 지배 관계가 명확하게 보이므로 표적 브랜드가 우월해 보인다. 그에 반해 평가 과정에서 경쟁 브랜드를 포함하는 비교는 속성 간의 상쇄를 요구하므로 많은 생각을 해야 하고 따라서 높은 인지적 비용을 요구한다. 이처럼 지배 관계에 있는 표적 브랜드와 미끼 브랜드를 평가하는 인지적 비용이 경쟁 브랜드를 포함하는 비교(즉, 경쟁 브랜드 vs. 표적 브랜드 또는 경쟁 브랜드 vs. 미끼 브랜드)에 드는 인지적 비용보다 훨씬 적기 때문에 의사결정자는 다른 비교보다는 표적 브랜드와 미끼 브랜드 사이의 비교를 수행할 가능성이 더 높다. 따라서 표적 브랜드가 경쟁 브랜드보다 더 돋보일 것이라 생각해 볼 수 있다.

지금까지의 연구 결과에 의하면, 유인 효과는 인지적인 요인보다는 지각적인 요인에 의해 일어난다고 보는 주장이 더 우세하다(Dhar & Simonson, 2003). 특히 사이먼슨과 트버스키(1992)는 유인 효과에 대해 매우 설득력 있는 설명 메커니즘을 제안했다. 그것은 경쟁 대안과 표적 대안의 비교에서 일어나는 상쇄가 다른 비교들(즉, 경쟁 대안과 미끼 대안 간의 비교 및 표적 대안과 미끼 대안 간의 비교)에서 일어나는 상쇄들과 지각적인 대조perceptual contrast를 이루는데, 그 대조를 통해 경쟁 대안보다 표적 대안이 더 유리해진다는 설명이다. 이를 '상쇄 대조trade-off contrast에 의한 설명'이라고 부른다.[7]

위에서 설명한 범위와 빈도 효과를 통해 미끼 브랜드를 어떻게 위치시킬 수 있는가에 대한 다양한 포지셔닝 전략이 도출될 수 있다. 〈그림 7-5〉를 통해 유인 효과를 이용한 가능한 전략을 설명해 보면 다음과 같다.

첫째, 표적 브랜드의 입장에서 미끼 브랜드를 통해 자신의 열등한 속성의 범위를 증가시키는 것(R)이다. 둘째, 표적 브랜드의 열등한 속성의 범위를 더 크게 벌리는 것(R*)이다. 셋째, 표적 브랜드가 우위에 있는 속성의 빈도를 높이는 것(F)이다. 마지막으로 범위와 빈도 전략을 동시에 사용하는 방법(RF)이다(하영원·채정호, 1993).

만약 시장 상황이 〈그림 7-4〉와 같이 표적 브랜드와 경쟁 브랜드로 구성되었을 때 미끼 브랜드를 새로이 출시함으로써 표적 브랜드의 시장점유율을 높일 수 있을 것이다. 과거 미국 세제 시장 등에서 '투사 브랜드fighter brand'와 같은 미끼 브랜드를 출시한 때도 있었으나 그러한 전략은 기업에게 엄청난 수준의 미끼 제품 개발 및 마케팅 비용을 지출하게 한다. 이런 때 오히려 경쟁 브랜드와 미끼 브랜드의 위치에 경쟁사의 제품이 존재한다고 가정하고 미끼 브랜드의 위치에 있는 제품과 가격은 같으면서 기술 혁신 등을 통해 품질이 개선된 제품을 출시하거나, 기존 브랜드와 품질은 같지만 그보다 더

저가로 인식되는 신제품을 출시하는 것이 더 효과적일 수 있다(예컨대, A와 C 혹은 A와 D가 기존 브랜드로 존재할 때 B의 위치에 신제품을 출시함).

실제로 1990년대에 우리나라의 소주 시장에서 '진로'같이 가격이 저렴한 일반 소주에 대항해 '김삿갓'이라는 고가의 프리미엄 소주가 출시돼 인기를 끌었던 적이 있다. 그러나 얼마 되지 않아 진로에서 출시한 '참나무통 맑은 소주'라는 제품이 품질 면에서 '김삿갓'보다 뛰어나고 가격은 '김삿갓'과 동일한 수준에서 출시되어 프리미엄 시장을 완전히 장악했던 사례가 있다. 이 경우 '김삿갓'이 미리 출시되지 않았다면 아마도 '참나무통 맑은 소주'는 실제로 거두었던 만큼의 성공을 거두기는 어려웠을 것이다. 즉, '참나무통 맑은 소주'는 '김삿갓'이라는 브랜드를 비대칭적으로 지배되는 미끼 브랜드로 만들면서 시장에 후발주자로 출시됐기 때문에 일반 소주에 대비한 '참나무통 맑은 소주'의 상대적인 매력도가 '김삿갓'에 의해 더욱더 제고되었다고 볼 수 있다(하영원·서찬주, 1999).

그러나 유인 효과를 이용한 포지셔닝 전략에도 한계점이 있다. 예컨대, 소비자들이 실제 시장 상황에서 의사결정을 할 때에는 2~3개의 대안이 아닌 더 많은 고려 대상 브랜드 중에서 선택하는 것이 일반적이다. 또한 소비자들이 선택 시에 단 두 가지 속성만을 고려한다는 것은 상당히 비현실적인 가정으로, 시장 상황을 지나치게 단순화시켰다고 비판할 수 있다. 만일 선택 대상이 되는 브랜드의 수가 늘어나고, 고려하는 속성도 더 많아진다면 브랜드 간의 비교는 쉽지 않고, 따라서 유인 효과가 나타날 가능성은 줄어든다. 그러므로 표적 브랜드를 가진 기업의 입장에서는 유인 효과를 활용하는 포지셔닝 전략을 구사하려면 광고 및 마케팅 의사소통 노력을 통해 소비자들이 시장 상황을 자사에 유리한 방향으로 단순화해서 받아들이게 할 필요가 있다.

타협 효과

유인 효과에서 가정된 대안 간의 지배 관계가 없는 경우에도 선택 맥락 효과가 나타날 수 있다. 〈그림 7-6〉에서와 같이 새로운 대안 Z가 기존 대안 X와 Y로 이루어진 선택 집합에 추가되는 경우, 대안 Z는 지배 관계나 열등한 관계가 아니라 대안 X나 대안 Y와 경쟁하는 관계로 볼 수 있다. 이때 의사결정자들은 경쟁 관계에 있는 세 브랜드 중 극단적 대안인 X와 Z 대신 타협 대안이라고 할 수 있는 중간 대안 Y를 선택하는 경향을 보이는데 이것을 '타협 효과compromise effect'라고 한다. 이렇게 되면 대안 Y는 가격과 품질 속성 각각에서 중간 수준에 있기 때문에 선택에 대한 정당화가 쉽다(Simonson, 1989). 또한 대안 Y는 대안 X와 대안 Z가 각각 가격과 품질 속성에서 가지는 극단적인 열위를 피할 수 있는 타협안이 되기 때문에 선택 확률이 높아지는 것으로 나타났다(Simonson & Tversky, 1992).

사이먼슨과 트버스키(1992)는 품질이 좋아질수록 가격도 올라가는 3종류의 미놀타 카메라로 타협 효과에 대해 실험을 했다. 세 개의 카메라는 모두 같은 브랜드인 미놀타의 제품이었는데, 카메라 Z는 품질은 나쁘지만 가격이 상대적으로 저렴하고(169.99달러), 카메라 Y는 품질과 가격이 중간 수준이며(239.99달러), 카메라 X는 품질이 우수하지만 가격이 비싼 것으로(469.99달러) 제시됐다(그림 〈7-6〉

〈그림 7-6〉 타협 효과가 나타나는 상황

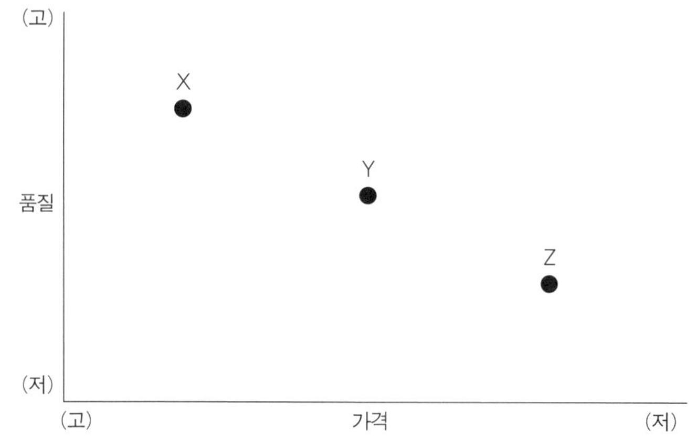

참조). 먼저 106명의 실험 참가자에게 카메라 X와 Y 가운데 어떤 것을 선택할지 질문했는데, 카메라 X와 Y의 선택 비율은 각각 50%였다. 다음 실험에서는 카메라 Z를 추가한 다음 세 가지 카메라 대안 가운데 하나를 선택하도록 했다. 그 결과 카메라 X, Y, Z를 선택한 비율은 각각 22%, 57%, 21%로 나타났다. 즉, 많은 실험 참가자가 X와 Z 같은 양 극단의 카메라보다는 중간 수준의 카메라 Y를 선택한 것이다. 그렇다면 많은 소비자가 중간에 있는 '타협 대안'을 선택하는 이유는 무엇일까?

타협 효과가 나타나는 이유로 제시된 이론은 '극단 회피extremeness aversion'를 들 수 있는데 이는 의사결정자들이 제품 카테고리에 대해 지식이 많지 않을 때 극단적인 대안 선택을 꺼리는 경향이 있다는 것이다. 이는 '이유에 근거한 선택'과도 연결되어 있는데, 사이먼슨Simonson (1989)은 어떤 대안이 가장 높은 효용을 제공하는지 판단하기 어려운 경우 소비자는 자신의 결정을 정당화할 수 있는 가장 타당한 이유를 제시하는 대안을 선택한다고 주장했다. 이유에 근거한 선택 이론에 의하면 소비자는 타협 대안을 자신의 결정을 정당화하기 쉬운 대안으로 지각한다. 극단적 대안인 브랜드 X나 브랜드 Z를 선택하는 것은 가격이나 품질 중 적어도 하나를 포기한다는 것을 의미한다. 따라서 소비자가 가격과 품질 두 가지를 모두 중요한 속성이라고 생각하는 경우, 고려하는 제품 속성 모두를 적당히 갖추고 있는 타협 브랜드 Y를 선택하는 것이 자신의 결정을 합리화할 수 있는 타당한 이유가 된다고 생각한다.

범주적 속성과 선택 맥락 효과

대부분의 선택 맥락 효과에 관한 기존 연구는 가격과 품질 같은 두 가지의 수량적 속성만을 다루며, 고려하는 대안도 둘 또는 세 개만을 활용한다. 그러나 사람들의 선택 행동은 수량적 속성 이외에도 범주적 속성(예컨대 브랜드명, 원산지 등)에 많은 영향을 받는다.

하영원, 박세훈, 안희경Ha, Park & Ahn (2009)은 범주적 속성이 맥락 효과에 어떤 영향을 미치는지 연구했다. 그들은 1189명의 서강대학교와 성균관대학교에 재학하는 대학생을 대상으로 휴가 여행 패키지와 노트북 컴퓨터에서 나타나는 선택 맥락 효과에 관한 실험을 했다. 연구자들은 기존의 선택 맥락 효과 연구들과는 달리 수량적 속성 정보(예컨대 호텔의 서비스 수준, 호텔의 입지 점수)뿐만 아니라 범주적 속성 정보(예컨대, 여행 목적지: 프랑스 또는 이탈리아)를 같이 제공했다.

실험 결과 범주적 속성 정보가 제공된 조건에서 유인 효과는 사라졌으나, 새로운 극단적 대안 진입 시에 중간 대안을 선택하는 경향은 사라지지 않았다. 이 연구 결과는 사람들의 실제 의사결정 상황에서 흔히 접하는 범주적 속성 정보(예컨대 브랜드명, 원산지 등)가 제공되는 경우에는 유인 효과가 사라지거나 줄어들 수 있다는 것을 보여줌으로써 선택 맥락 효과가 나타나는 경계 조건을 밝혔다. 이는 사람들이 의사결정을 할 때 중요한 범주적 속성이 포함되는 경우에 수량적 속성에 의해 만들어지는 선택 맥락의 영향을 거의 받지 않을 수 있다는 것을 의미한다. 이에 더하여 최근 프레데릭과 그의 동료들Frederick et al. (2014)은 속성이 수량적으로 표현되지 않고 지각적으로 표현되는 경우(예컨대, 그림이나 사진을 사용하는 경우)에도 유인 효과가 감소하거나 사라질 수 있다는 것을 밝혔다.

새로운 선택 맥락 효과인 상향 효과

에반젤리디스와 그의 동료들Evangelidis et al. (2022)은 품질 면에서 열등하고 가격 면에서 우월한(값이 싼) 대안 A와 품질 면에서는 우월하지만 값이 비싼 대안 B의 두 대안이 시장에서 서로 경쟁하고 있을 때, 품질도 A보다 열등하고 가격 면에서는 B보다도 더 비싼 미끼 대안 D(A, B에 대칭적으로 지배되는 대안)가 시장에 진입하면 품질이 우월한 대안 B의 선택 점유율은 증가하는 반면, 가격 면에서 우월한(값이 싼) 대안 A의 점유율은 증가하지 않는다는 것을 밝혔다. 연구자들은 이 효과를 상향효과the upscaling effect라고 명명했는데, 이는 새로운 선택 맥락 효과로서 이론적으로도 흥미로운 발견이지만, 마케팅 전략상으로도 품질은 뛰어나지만 값이 비싼 제품(예컨대, 명품 브랜드)의 매출을 증가시킬 수 있는 효과적인 방법에 대한 시사점을 제공하고 있다.

이 장을 끝내며

이 장에서는 유사성 효과, 유인 효과, 그리고 타협 효과를 중심으로 선택 상황에서 나타나는 맥락 효과를 살펴봤다. 의사결정의 심리에 관한 연구에서 선택 맥락 효과가 중요한 이유는, 그 효과들이 사람들의 선호가 내재적이라기보다는 의사결정의 맥락과 같은 환경적인 요소에 의해 만들어진다는 것을 말해 주는 증거가 되기 때문이다. 실제로 사람들은 어떤 대상에 대해 확고한 효용이나 선호가 있는 일도 있지만, 많은 경우에 사람들의 대상에 대한 선호도는 선택 상황의 맥락에 의해서 좌우된다.

이 같은 맥락 변수들에는 어떤 것이 있으며, 그 맥락 변수들에 의해 사람들이 어떻게 영향을 받는지 정확하게 이해하는 것은 이론적인 면과 실천적인 면에서 대단히 중요하다. 이론적인 면에서 최근 유인 효과나 타협 효과의 경계조건들boundary conditions을 좀 더 세밀하게 밝혀내려는 노력이 증가하고 있는 것이 눈에 띈다(예컨대 Ahn, Kim, & Ha, 2015; Frederick, Lee, & Baskin, 2014; Ha, Park, & Ahn, 2009). 실천적인 면에서는, 의사결정자가 나에게 유리한 선택을 하도록 하기 위해서 내가 어떤 선택 맥락을 만들어내야 하는지를 알 수 있다면 그것은 경쟁자보다 엄청난 우위를 점하는 지름길이 될 것으로 보이는데, 이는 선택 아키텍처choice architecture의 주요 주제 중 하나다(McKenzie et al., 2018). 선택 아키텍처는 의사결정자에게 선택을 제시할 때, 의사결정자 본인이나 사회적으로 바람직한 결과를 가져올 수 있도록 제시 방법을 설계하는 것을 말하는데 구체적인 내용은 제8장에서 다루도록 한다.

7 더 상세한 내용은 Simonson & Tversky (1992)의 논문을 참조

CHAPTER 8

프로스펙트 이론과 프레이밍 효과

모든 것은 보기 나름이다?

기대expectation는
모든 가슴앓이의 근원이다.

윌리엄 셰익스피어William Shakespeare

우리는 컵에 물이 반쯤 담긴 것을 보고 사람마다 해석이 다르다는 것을 알고 있다. 어떤 사람들은 '물이 반이나 남아 있다'고 생각하지만, 다른 사람들은 '물이 반밖에 차지 않았다'고 생각한다. 컵에 있는 물의 양에는 차이가 없지만, 사람들이 물이 어느 정도 차 있는가를 인식하는 방식은 객관적인 부피나 질량이 아니라 컵 바닥을 기준으로 어느 정도 차 있는지, 혹은 컵의 맨 윗부분을 기준으로 어느 정도 비었는가를 통해 지각한다. 이러한 인식 방법은 사람들이 주어진 환경과 자극을 받아들이는 방식이 상당히 주관적이며 제한적이라는 것을 의미한다. 실제로 사람들은 세상의 모든 자극을 다 받아들이고, 해석하고, 저장하는 데 인지적 능력의 한계가 있기 때문에 특정한 관점에서 세상을 바라보는 '틀frame'을 통해서 본다.

〈그림 8-1〉을 보면 두 가지의 해석이 가능하다. 그중 하나는 '왼쪽을 바라보고 있는 오리'라고 할 수 있고, 다른 하나는 '오른쪽을 바라보고 있는 토끼'라 할 수 있다. 두 개의 가능한 해석 중에서 어

〈그림 8-1〉 해석상으로 역전이 가능한 그림의 예: 비트겐슈타인의 오리와 토끼

떤 쪽을 선택하느냐에 따라 오리로 볼 수도 있고, 토끼로 볼 수도 있다. 재미있는 것은 우리가 그림의 왼쪽을 응시하면 오리로 볼 가능성이 높아지고, 오른쪽에 주의를 기울이면 토끼로 볼 가능성이 높아진다는 사실이다. 그런데 이 그림을 일단 오리나 토끼 둘 중의 하나로 보기 시작하면 다른 해석 가능성은 머리에서 잠시 사라진다. 분명히 똑같은 자극이지만 우리가 어떤 틀을 가지고 바라보느냐에 따라 그 자극에 대한 해석은 달라진다.

이러한 현상을 경제학적인 측면에 적용해 본 대표적인 경우가 '프로스펙트Prospect 이론(Kahneman & Tversky, 1979)'이다. 이 이론은 어떤 사람이 가진 재산이 10억 원이라면 그 사람이 10억 원이라는 절대 수준에서 효용을 느끼는 것이 아니라 10억 원을 기준으로 재산의 변화가 있을 때 그 변화에 대해 반응할 것이라고 가정한다. 예를 들어 A라는 사람이 10억 원을 주고 주식을 사들여 보유하고 있었는데 최근 보유주식의 가치가 1억 원 하락했을 때 주식을 처분해

1억 원의 손해를 봤다고 생각해 보자. 이 경우 A는 9억 원에서 느끼는 효용을 누리고 있다고 보는 것이 옳을까? 아마도 그렇지는 않을 가능성이 높다. 왜냐하면 A가 자신의 현재 재무 상태를 파악하는 기준점은 0원이 아니라 10억 원일 가능성이 높기 때문이다. 따라서 A는 1억 원을 잃은 데 대한 부정적 감정을 경험할 가능성이 매우 높다. 그에 비해 1억 원 정도의 재산을 가지고 있다가 1000만 원의 수익을 올려서 1억 1000만 원으로 재산을 불린 B를 보자. A와 B 중 누가 더 행복할까를 생각하면 아마도 많은 사람이 A보다는 B가 더 행복하다고 판단할 것이다.

다시 말하면, 사람들이 느끼는 행복의 정도는 객관적이고 절대적인 부의 수준이라기보다는 개인이 지각하는 주관적 가치에 의해 결정되는 부분이 더 크다. 그런데 그 주관적인 가치를 결정적으로 좌우하는 것은 개인이 자신의 상태를 비교하는 준거점reference point이다. 이 같은 준거점은 대개 균형을 이루고 있는 현재 상태에 있는 경우가 대부분이다. 바로 이 같은 통찰이 프로스펙트 이론의 핵심이라고 할 수 있다.

이 장에서는 전통적인 경제학에서 의사결정 이론으로 많이 활용되는 기대효용 이론을 검토해 보고, 기대효용 이론을 대체하는 기술적descriptive 이론으로서의 프로스펙트 이론을 살펴본다. 그런 다음 프로스펙트 이론과 관련이 있는 '프레이밍 효과', '심적 회계mental accounting' 등의 개념과 그 시사점들을 생각해 본다.

기대효용 이론

인간의 선택 행동에 대한 효용 이론 연구는 폰 노이만과 모르겐슈테른von Neumann & Morgenstern (1944)이 개인의 효용이라는 주관적 개념을 바탕으로 눈에 보이는 선택 행동을 설명할 수 있는 토대를 마련하면서 본격적으로 시작됐다. 그들이 제안한 기대효용 이론에 의하면 행동의 결과가 불확실한 의사결정 상황에서 의사결정자의 판단은 각 선택 대안을 취했을 때 나타날 결과에 대한 기대효용 값에 근거해 이루어지며, 한 대안의 기대효용은 그 대안의 선택으로 초래될 결과의 효용에 그러한 결과가 발생할 확률을 곱한 값을 모두 더한 값으로 결정된다.

예컨대 100원짜리 동전을 던져 앞면(세종대왕의 초상화가 있는 면)이 나오면 10만 원을 얻고, 뒷면(100이라는 숫자가 있는 면)이 나오면 아무것도 얻을 수 없는 도박이 있다고 가정해 보자. 이 같은 도박에서 얻을 수 있는 기대효용은 [(0.5 × 10만 원에서 느끼는 효용) + (0.5 × 0원에서 느끼는 효용)]이 된다. 일반적으로 위험 상황에서 어떤 대안이 갖는 기대효용expected utility: EU은 다음과 같이 표현할 수 있다.

$$EU = \Sigma p_i \cdot U(x_i) \quad (p = 확률;\ x = 사건의\ 결과;\ U(x) = 결과에\ 대한\ 효용)$$

기대효용 이론은 경제학에서 불확실성 하에서 인간의 의사결정에 관한 대표적인 규범적 이론normative theory(합리적인 의사결정자가 따라야 하는 원칙)으로 자리를 잡았는데, 의사결정자가 이 이론이 제시하는 방식으로(즉, 기대효용을 극대화하는 방향으로) 행동하면 그것은 합리적인 행동으로 간주한다. 기대효용 이론과 같은 규범적 선택 행동 이론은 개인의 선택 행동이 이성적이고 합리적인지 아닌지를 판단하는 기준이 됐다. 즉, 기대효용 이론에서 사람들은 합리적이고 따라서 선택 과정에서 고려되는 모든 대안이 어느 정도의 기대효용이 있는지 계산해서 기대효용이 가장 큰 대안을 선택한다고 가정한다.

기대효용 이론은 불확실성 아래에서 인간의 선택 행동에 대해 몇 가지 공리axiom를 제안하고, 그 공리들이 지켜진다면 개인이 갖는 어떤 대안의 기대효용은 앞의 공식에서 보듯이 확률과 효용의 곱을 모두 더한 형태로 나타낼 수 있다고 본다. 기대효용 이론의 공리 중에서 가장 대표적인 예로 선호이행성transitivity의 공리를 들 수 있다. 선호이행성은 의사결정자의 각 대안에 대한 선호는 논리적 일관성을 갖기 때문에 각 대안에 대한 선호가 서로 모순되지 않고 좋아하는 대안에서 덜 좋아하는 대안의 순으로 이행한다는 것이다.

만약 A, B, C라는 세 개의 대안이 있을 때 의사결정자가 A를 B보다 좋아하고, B를 C보다 좋아한다면 A를 C보다 더 좋아할 것이다. 즉, 어떤 사람이 가수 알리(A)를 가수 거미(B)보다 더 좋아하고, 가수 거미(B)를 가수 적우(C)보다 더 좋아한다면, 그 사람은 가수 알리(A)를 가수 적우(C)보다 더 좋아하는 것이다.

이처럼 기대효용 이론에서는 우리가 보기에 당연한 선호와 관련된 몇 가지 원칙을 공리로 제시했으며, 이 같은 공리들이 지켜진다면 불확실성 하에서 대안에 대한 평가는 위의 기대효용으로 표현할 수 있다는 것이 기대효용 이론의 핵심이다. 따라서 기대효용 이론에 의하면, 몇 개의 대안 중에서 기대효용이 가장 큰 대안을 고르는 것이 합리적인 선택 행동이라고 할 수 있다.

기대효용 이론과 프로스펙트 이론

기대효용 이론은 많은 경제학자에 의해 규범적 및 기술적descriptive 모형(사람들의 실제 의사결정 행동을 기술하는 모형)으로 사람들의 선택과 효용을 설명하고 예측하는 데 사용됐다. 그러나 많은 심리학자는 실험을 통해 사람들의 실제 행동이 기대효용 이론이 예측하는 것과는 다르게 나타난다는 것을 입증했다. 이에 따라 기대효용 이론의 대안으로 사람들의 실제 행동을 설명할 수 있는 심리학적 모형이 제시됐다. 카너먼과 트버스키(1979)는 위험 상황의 의사결정에 관한 기술적 모형으로서 기대효용 이론을 대체할 수 있는 프로스펙트 이론을 발표했다.

프로스펙트 이론과 기대효용 이론의 차이점은 프로스펙트 이론의 '가치 함수'와 '의사결정 가중치decision weights'가 가지는 특성에서 출발한다. 프로스펙트 이론에서 제안한 어떤 대상의 주관적 가치와 의사결정 가중치는 기대효용 이론에서 제안하는 효용과 확률에 상응하는 것이지만, 프로스펙트 이론은 사람들의 판단이나 의사결정 시에 실제로 작용하는 지각적 요소를 모형에 포함했다는 점이 기대효용 이론과 다르다.

기대효용은 어떤 결과가 가져다주는 효용과 그 결과가 일어날 확률의 곱을 일어날 수 있는 사건에 모두 더한 값으로 나타낸다. 예를 들어 1000원을 얻을 수 있는 확률이 0.7이라면 기대효용은 [0.7 ×

〈그림 8-2〉 기대효용 이론에서의 효용 함수

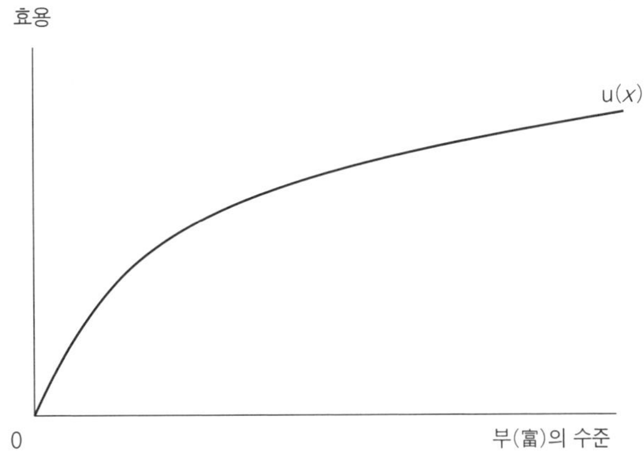

u(1000) + 0.3 × u(0)]이다. 그런데 여기서 중요한 것은 효용 함수인 u(x)의 성격이다. 〈그림 8-2〉에서 볼 수 있듯이 어떤 사람이 누리는 효용은 그 사람이 가지고 있는 최종 부의 수준final wealth position에 의해 결정된다. 그리고 효용 이론의 필수적인 부분은 아니지만, 기대효용 이론에서는 사람들이 대부분 위험을 회피하고자 하는 경향을 보이고 있기 때문에 효용 함수 u(x)는 〈그림 8-2〉에서 보듯이 부富의 한계 효용이 체감하는 오목 함수의 형태를 나타낸다고 가정한다. 그에 반해 프로스펙트 이론에서는 사람들이 어떤 대안을 선택할 때 그 대안의 선택 때문에 얻게 되는 결과(예컨대, 300만 원을 따는 것)는 최종 부의 수준에 의해 평가되는 것이 아니라 그 결과가 의사결정자의 준거점에서 따져 이득인가 손실인가에 따라 다르게 평가된다고 가정한다.

이를 좀 더 구체적으로 설명하기 위해 다음에 제시된 두 가지 대안 중 선호하는 대안 하나를 고르는 문제를 생각해 보자. ①번 문제는 400만 원을 딸 수 있는 확률이 0.8이고 아무것도 딸 수 없는 확률이 0.2인 A라는 대안과 300만 원을 확실히 딸 수 있는 B라는 대안 사이에서 하나를 선택하는 문제다. 그에 반해 ②번 문제에서는 400만 원을 잃을 확률이 0.8이고 아무것도 잃지 않을 확률이 0.2인 A'라는 대안과 300만 원을 확실히 잃는 B'라는 대안 중에서 하나를 고르는 문제다.

① 다음 A와 B 두 대안 중 어느 것을 택하시겠습니까?

A. 400만 원(확률은 0.8) 또는 0원(확률은 0.2)
B. 300만 원(확률은 1.0)

② 다음 A' 과 B' 두 대안 중 어느 것을 택하시겠습니까?

A'. -400만 원(확률은 0.8) 또는 0원(확률은 0.2)
B'. -300만 원(확률은 1.0)

이 문제를 사람들에게 제시하면 대개 ①의 경우 A보다는 B를 고르며, 이는 사람들의 위험 회피적risk averse 경향을 나타낸다고 할 수 있다. 그러나 ②의 경우에는 B'보다 A'를 선호하는 위험 추구적risk seeking 경향을 보이는 것이 일반적이다. 이는 기대효용 이론을 거스르는 사례라고 할 수 있다. 왜냐하면 기대효용 이론에 의하면 부의 모든 영역에서 사람들은 위험에 대해 위험 회피 또는 위험 추구의 일관성 있는 태도를 보여야 하기 때문이다. 카너먼과 트버스키는 이 같은 실험 결과를 근거로 다음과 같이 주장했다. 사람들은 어떤 대상의 가치를 평가할 때 최종 부의 위치로 평가하는 것이 아니라 대개 자신의 지금 현재 부의 수준이 준거점이 된다. 이를 기준으로 손실에 대해서는 위험 추구적인 경향을 보이며 이득에 대해서는 위험 회피적인 경향을 보이는 것이다.

카너먼과 트버스키는 사람들의 경제적 손실이나 이득에 대한 평가가 준거점 0을 중심으로 거울과 같은 형상을 하고 있다는 뜻에서 '반사 효과reflection effect'라고 불렀다. 즉 기대효용 이론에서 일반적으로 가정하는 것처럼 사람들이 모든 영역에서 위험 회피적으로 행동하지는 않는다. 다시 말해 이득 영역에서만 위험 회피적이고 손실 영역에서는 위험 추구적 경향을 보인다는 것이다.

반사 효과와 그 외의 몇 가지 실험들을 토대로 카너먼과 트버스키는 '가치 함수'를 제안했는데 가치 함수의 특성을 설명하면 다음과 같다. 우선 프로스펙트 이론에서는 기대효용 이론에서와 유사하게 의사결정자가 어떤 대안에 대해 느끼는 가치는 다음과 같이 계산한다.

$$V = \Sigma\pi(pi)\cdot v(xi)$$

(p = 확률; x = 사건의 결과; π(p) = 확률에 대한 주관적 인식; v(x) = 결과에 대한 주관적 가치)

여기서 의사결정에서 가중치decision weight π(pi)는 의사결정자의 확률에 대한 주관적인 인식을 말한다. 카너먼과 트버스키에 의하면 사람들은 일반적으로 아주 작은 확률(예컨대, 0.01)에 대해서는 실제 확률보다 더 큰 가중치를 부여하며, 비교적 큰 확률(예컨대, 0.7)에 대해서는 실제 확률보다 더 작은 가중치를 부여한다. 의사결정 가중치는 가능한 모든 경우의 가중치를 더했을 때 반드시 1.0이 될 필요가 없다는 점에서 주관적 확률과 차이가 있다.

그리고 〈그림 8-3〉은 프로스펙트 이론의 가치 함수를 보여 주고 있는데 그 특성은 다음과 같다. 첫째, 사람들이 어떤 경제적인 대상에 대해 느끼는 가치는 최종 부의 위치가 아닌 이득과 손실로 정의된다는 점이다. 즉, 사람들은 어떤 대상의 절대적인 크기보다는 변

〈그림 8-3〉 프로스펙트 이론에 따른 가치 함수

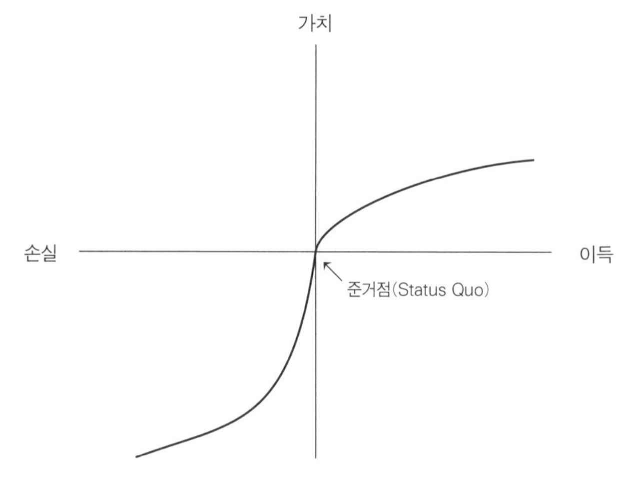

화나 차이에 관심을 둔다. 이는 준거점reference point이 달라짐에 따라 사람들의 가치 인식이 상대적으로 달라진다는 것을 의미한다. 가치 함수 상에서 준거점은 원점이며 x축에서 원점의 오른쪽은 이득의 크기를, 원점의 왼쪽은 손실의 크기를 나타낸다. 또한 y축에서는 원점으로부터 위쪽은 이득에 대해 지각하는 긍정적 가치의 수준을, 아래쪽은 손실에 대해 느끼는 부정적 가치의 수준을 나타낸다.

사람들은 의사결정의 기준이 되는 준거점을 정하고 각 대상을 준거점과 비교해서 이득이 되는지 손실이 되는지 분류하는데, 준거점을 결정하는 데도 주관성이 작용한다. 예컨대 어떤 사람이 카지노에서 2시간 동안 도박을 하면서 20만 원을 잃었다면, 대개 그 사람의 준거점은 돈을 하나도 잃지 않은 상태(즉, 도박을 시작할 때의 상태)일 가능성이 매우 높다. 같은 대상에 대해서도 의사결정문제 혹은 선택 대안에 대한 표현 방식을 달리함에 따라 준거점도 변화하며 그 결과로 대안들에 대한 선호와 선택이 달라질 수 있다.

둘째, 위에서 언급한 대로 이득 영역에서는 위험 회피적이며 손실 영역에서는 위험 추구적이다. 마지막으로 이득 영역에서보다 손실 영역 쪽에서의 기울기가 더 가파르게 변화한다. 이러한 가치 함수의 모양은 사람들의 손실 회피loss aversion 현상을 반영하는 것으로, 손실과 이익의 절댓값이 같을 경우(예컨대, 100만 원의 이득과 100만 원의 손실) 손실에 대해 느끼는 주관적 가치(심리적 고통)가 이득에 대해 느끼는 주관적 가치(심리적 만족)보다 그 절댓값이 더 크다.

프레이밍 효과

기대효용 이론은 선택을 예측하기 위한 도구로 오랫동안 사용되었지만, 위에서 살펴봤듯이 현실에서는 의사결정 시 사람들이 경험하는 인지적인 측면과 지각적인 측면을 고려하지 않는다. 프로스펙트 이론은 이러한 심리적인 요소 중에서 매우 중요한 부분들을 포착하고 있다.

프로스펙트 이론에서 프레임의 효과를 가장 많이 포착하고 있는 부분은 바로 준거점 개념이라고 할 수 있다. 예를 들면 어떤 고등학생이 부모님으로부터 생일 선물로 현금 5만 원을 받았다고 생각해보자. 만일 그 고등학생이 10만 원을 기대하고 있었다면 5만 원의 손실을 입었다고 인식할 것이고, 2만 원을 기대하고 있었다면 3만 원의 이득이 생겼다고 인식할 것이다. 이는 객관적으로는 5만 원의 이득이라고 생각할 수 있는 결과가 어떤 준거점을 갖는가에 따라 전혀 인식이 달라질 수 있다는 것을 말해 준다. 이 경우 10만 원과 2만 원이라는 기대가 바로 5만 원을 받아들이는 하나의 프레임이라고 볼 수 있을 것이다. 이처럼 같은 결과라도 프레임을 어떻게 하는가에 따라 대상에 대한 주관적 인식이 달라지는 것을 '프레이밍 효과'라고 부른다.

프레이밍 효과는 기업이 광고 메시지를 전달할 때 직접 활용할 수 있다. 예컨대 햄 제품이 살코기 80%, 지방 20%로 이루어져 있을 때 '지방이 20% 함유된 햄'보다는 '살코기가 80% 함유된 햄'으로 표현하는 것이 소비자에게 긍정적인 평가를 유도할 수 있을 것이다(Levin & Gaeth, 1988). 두 문구 모두 내용을 살펴보면 같은 정보를 전달하고 있음에도, 프레이밍 효과는 사람들의 주의를 '지방' 혹은 '살코기'와 같이 한쪽으로 제한시킨다는 측면에서 강력한 의사소통 방법이라고 할 수 있다.

그런 이유로 많은 기업에서 프레이밍을 활용한 포지셔닝 전략을 자주 활용한다. '150m 천연 암반수'라는 표현으로 술의 원료가 되는 물의 깨끗함을 강조한 과거 하이트 맥주의 사례를 예로 들어 보자. 이는 소비자들에게 깨끗한 원료를 기준으로 맥주를 선택하도록 슬쩍 강조해 새로운 시장 기회를 포착한 좋은 프레이밍 전략이라고 할 수 있다. 즉, 성공하기가 쉽지는 않지만 일단 소비자들의 프레임이 기업이 원하는 방향으로 한 번 형성되면 시장에서 지속적이고 강력한 경쟁우위를 확보할 수 있다.

심적 회계

위에서 도출된 가치 함수를 통해 세일러Thaler (1985)는 같은 결과라고 하더라도 사람들이 그 결과에 따르는 이득과 손실을 어떻게 머릿속에 입력하는가에 따라 그 결과에 대해 느끼는 가치가 달라질 수 있다는 것을 주장했다.

세일러에 의하면 첫째, 이득이 여러 개일 때는 합쳐서 제시하는 것보다 나누어 제시하는 것이 좋다. 〈그림 8-4〉에서 보듯이 x와 y라는 두 가지 이득이 있다면 $v(x) + v(y) > v(x+y)$이므로 분리해 제시하는 것이 합쳐서 제시하는 것보다 더 유리함을 알 수 있다. 예를 들어 어떤 사람이 크리스마스에 자신의 여자친구에게 향수와 손수건을 선물한다고 하자. 더 감동을 주고 싶다면 하나의 포장에

〈그림 8-4〉 복수 이득과 복수 손실

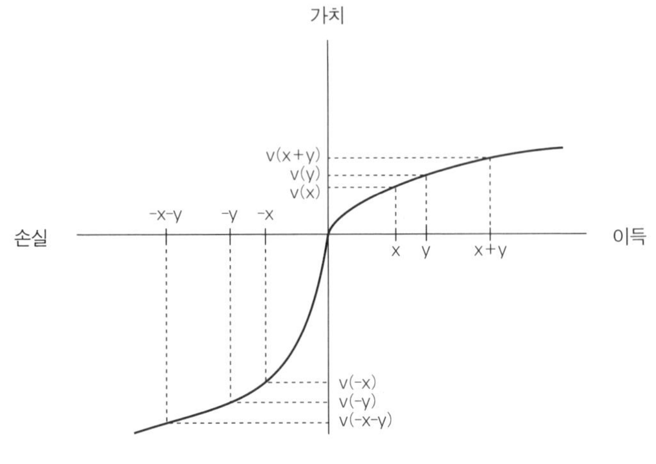

두 개의 아이템을 함께 포장하는 것보다는 두 개의 포장으로 나누어 선물하는 것이 더 유리하다. 광고 메시지 전략에서도 소비자의 관점에서 얻을 수 있는 여러 개의 편익이 있다면 그것을 나누어 제시하는 것이 더 좋다.

둘째, 손실이 여럿이면 그 손실들을 합쳐서 제시하는 것이 나누어 제시하는 것보다 더 유리하다. 예컨대 어떤 식당에서 식사를 마치고 계산을 할 때 식사 가격이 3만 원이고 후식 가격이 5000원일 경우, 3만 원과 5000원을 따로 요구하는 것보다는 3만 5000원을 한꺼번에 요구하는 것이 더 유리할 것이다. 이를 가치 함수를 이용해 표현하면 〈그림 8-4〉에서 $v(-x) + v(-y) < v(-x-y)$임을 알 수 있다. 신용카드 회사에서는 이 같은 원칙을 활용해 한 달분의 사용 내용

〈그림 8-5〉 혼합 이득

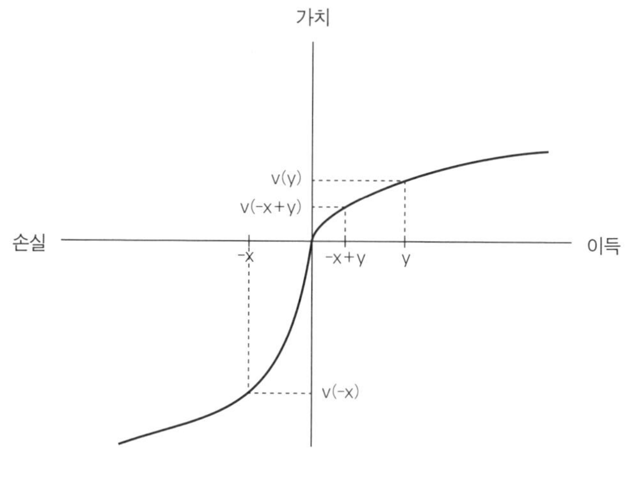

을 통합한 금액을 청구서로 발송한다. 소비자로서는 하나하나의 비용을 따로 지급하는 것보다는 한 달 치 카드 비용을 한꺼번에 통합해서 지급하는 것이 덜 고통스러울 것이다. 놀이공원에서 놀이기구를 탈 때마다 표를 사도록 하지 않고 처음 입장할 때 자유이용권을 사게 하는 방식도 소비자가 총 손실을 덜 느끼게 하는 가격 결정 방법이다.

셋째, 이득과 손실이 같이 존재하지만 이득이 손실보다 큰 혼합 이득의 경우에는 이득과 손실을 나누어 제시하는 것보다 합쳐서 제시하는 것이 좋다. 〈그림 8-5〉에서 볼 수 있듯이 -x, y가 있고 x ＜y이면, v(-x) + v(y) ＜v(-x+y)이다. 예를 들어 월급 300만 원을 받고 세금을 30만 원 내야 하는 사람의 경우, 그 사람이 300만 원을

〈그림 8-6〉 혼합 손실

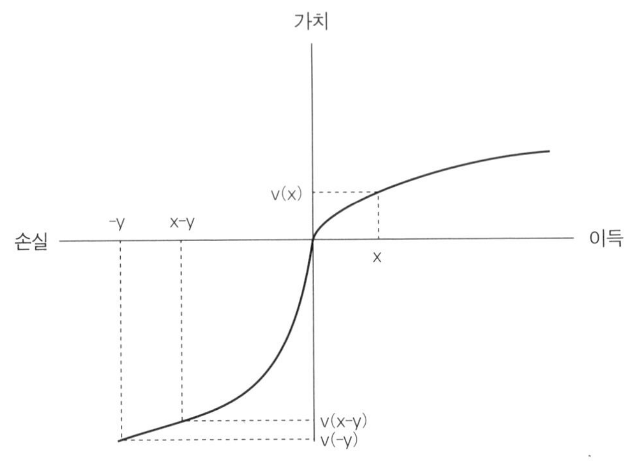

받고 30만 원을 세금으로 내는 것보다는 원천징수 후에 270만 원을 받는 편을 더 선호할 것이다.

넷째, 이득과 손실이 같이 존재하지만 손실이 이득보다 큰 혼합 손실은 순손실의 크기에 따라 전략이 다르다. x와 -y가 있을 때 x < y이면 합치는 것이 나누는 것보다 좋고, x보다 y가 매우 크면 분리하는 것이 좋다. 후자를 '반짝 효과silver lining effect'라고 한다. 〈그림 8-6〉은 v(x) + v(-y) > v(x-y)로 이러한 반짝 효과는 분리하는 것이 유리하다는 것을 보여 주고 있다. 예를 들어 4인분의 식사 가격이 80만 원인 일식을 먹었을 때 식사 가격을 80만 원으로 하고 2만 원 상당의 과일은 서비스로 프레이밍해서 과일 후식을 무료로 제공하는 것이 과일 후식을 제공하지 않고 식사비를 2만 원

할인해 78만 원을 청구하는 것보다 고객들을 더 기쁘게 하는 방법이 될 수 있다. 이처럼 가치 함수를 이용해 복합적인 효용을 극대화하는 방법으로 사용되는 정보 제시 및 입력의 원칙을 '쾌락적 편집hedonic editing'이라고 한다.

세일러가 제안한 심적 회계Mental Accounting 원칙은 주식시장에서 개인 투자자들의 주식매도 의사결정 과정을 통해서도 설명할 수 있다. 주식시장에서 세일러의 심적 회계 원칙에 따른 이득과 손실 실현의 분리 또는 통합은 시간적 차이temporal distance에 의한 매도를 통해 실현된다. 즉, 평가이익 주식들은 다른 거래일에 분리해 매도함으로써 이익을 분리 실현하는 반면, 평가손실 주식들은 같은 거래일에 통합 매도함으로써 손실을 통합해 실현한다. 이러한 매도 원칙은 가치 함수가 이득 영역과 손실 영역에서 서로 다른 모양을 갖는 것으로 설명할 수 있다.

개인 투자자들이 보유주식을 매도하는 경우 가치 함수의 형태 때문에 이익주와 손실주를 분리 또는 통합해 매도하는 것에 따라 투자자가 느끼는 주관적 가치가 달라질 것이다. 취득 가격보다 현재 가격이 상승한 이익주들의 경우, 이득 영역에서 판단 기준점에 대해 오목한 모양을 갖는 가치 함수에 따라 분리해서 매도하는 것이 매도로 실현된 이익에 대한 심리적 가치가 최대화될 수 있다. 이에 반해 취득 가격보다 현재 가격이 하락한 손실주들의 경우 이들을 통합해서 일시에 모두 매도해 손실을 실현하는 것이 분리 매도하는 것보다 덜 고통스럽게 느껴진다. 그것은 손실 영역에서 판단 기준점에 대해 볼록한 모양을 가진 가치 함수의 모양으로 설명할 수 있다. 즉, 매도의 의해 실현된 손실 때문에 느끼는 심리적 고통은 나누는 것보다 합칠 때 적어진다.

손실주와 이익주를 동시에 매도할 때도 같은 거래일에 작은 규모의 손실을 상대적으로 큰 규모의 이익과 통합해 실현함으로써 거래 결과는 순이익으로 나타나게 할 수 있다. 그러나 작은 규모의 평가이익과 상대적으로 큰 규모의 평가손실 주식들을 보유하고 있으면 작은 규모의 이익을 손실로부터 분리해 실현함으로써 이익 실현에 따르는 주관적 가치를 최대화할 수 있게 된다. 만약 소비자의 자산을 운용하는 투자 전문가가 이런 쾌락적 편집을 잘 활용한다면 고객 만족도는 높이고 불만은 줄일 수 있을 것이다. 예를 들어 A 주식에서 25만 원의 이익이 나고 B 주식에서 20만 원의 손실이 발생한 경우, 고객에게 분리해서 보고하기보다 오늘 하루 5만 원의 이익이 발생했다고 알리는 것이 고객에게 좀 더 큰 만족을 줄 수 있을 것이다. 반대로 A 주식에서 25만 원 손실이 나고 B 주식에서 20만 원의 이익이 발생하면 위와 달리 A 주식에서 25만 원의 손실이 났지만, B 주식에서 20만 원의 이익이 발생했다고 하는 것이 고객이 느끼는 심리적 고통을 조금이나마 줄이는 방법이 될 것이다.

손실 회피와 보유 효과

위에서 살펴본 손실 회피 현상은 가치 함수의 형태가 이득 영역보다 손실 영역에서 더 가파르기 때문에 나타나는 현상이다. 용산 전자상가의 한 소매점에서 컴퓨터를 신용카드로 사는 경우 40만 원이고, 현금으로 사는 경우 38만 원이라고 하자. 소비자가 컴퓨터의 가격을 신용카드 대신 현금으로 지급할 때 가격의 5%(2만 원)를 할인해 준다고 하자. 그때 이를 '현금 할인cash discount'으로 부르는 것이 신용카드 사용자들에 대해 '신용카드 할증credit card surcharge'이라고 부르는 것보다 마케팅 상 더 효과적일 수 있다.

다시 말하면, 어떻게 부를 것인가는 소비자에게 두 가지 지급 방법에서 발생하는 가격 차이를 '현금 결제 시의 가격 할인' 혹은 '신용카드 결제 시의 할증 수수료' 때문으로 지각하게 할 수 있다. 만일 가격 차이가 현금 결제 시의 가격 할인 때문으로 생각한다면, 그 소비자의 준거점은 신용카드로 지급하는 가격이 되어 현금 결제에 따른 가격 할인은 이득이 된다. 반면 가격 차이가 할증 수수료 때문에 발생하는 것으로 지각한다면, 그 소비자의 준거점은 현금 결제로 지급된 가격이 되고 신용카드 결제에 따른 할증 수수료는 손실이 된다. 즉 현금 할인은 현금을 지급하는 사람으로서 5%의 이득을 봤다고 생각하게 하지만, 신용카드 사용자는 현상 유지status quo를 했다고 생각하게 한다. 또한 신용카드 할증은 신용카드 사용자로서는 5% 만큼의 손실을 봤다고 생각하게 하지만, 현금 사용자로서는 현상 유지 상태라 생각하게 한다. 따라서 같은 가격 체계라고 하더라도 '현금 할인'이라고 부르는 것이 '카드 할증'이라고 부르는 것보다 유리하다. 이처럼 결제 방식의 표현을 달리하는 것만으로도 준거점을 변화시켜서 소비자들에게 이득의 관점 혹은 손실의 관점에서 생각하게 할 수 있다.

카르몬과 애리얼리Carmon & Ariely(2000)는 옥션과 같은 온라인 경매 사이트에서 나타나는 판매자가 받고자 하는 가격willing-to-accept

과 구매자가 지급하고자 하는 가격willing-to-pay 간의 차이가 바로 이 손실 회피 현상으로부터 비롯된 것임을 실험을 통해 밝혀냈다. 이들은 학생들 사이에 매우 인기가 높은 전미 대학 농구선수권대회NCAA의 경기를 앞두고 입장권 구매를 희망하는 학생들 93명에게 전화조사를 했다. 대회 4강전 입장권을 가지고 어떤 사람들에게는 그 입장권을 살 의향이 있다는 것을 전제로 얼마나 높은 가격을 지급할 용의가 있는지 물었고, 다른 사람들에게는 그 입장권을 가지고 있지만 사정상 갈 수가 없어 다른 사람에게 팔고자 할 때 받아들일 수 있는 가장 낮은 가격을 물었다.

실험 결과 최저 판매용 가격minimum willing-to-sell price의 평균이 최대 지급용 가격maximum willing-to-pay price의 평균보다 높았다. 그리고 판매자는 자신이 게임을 관람하지 못한다는 측면에 집중하는 반면 구매자는 경기 입장권을 사는 데 지급해야 하는 비용으로 다른 더 좋은 곳에 쓸 수 없는지에 대해 높은 관심을 뒀다. 이러한 결과는 심지어 같은 사람에게 판매 가격과 지급 가격을 모두 물어본 피험자 내 실험 설계within-subject design에서도 똑같이 나타났다.

결국 판매 가격과 구매 가격의 차이는 손실 회피의 심리에 따른 것이다. 대안의 평가에서 구매자의 입장인가 아니면 판매자의 입장인가에 따라 각자 자신이 포기하는 것에 더 큰 관심을 둔다. 특히 판매자와 구매자는 각각 그들이 포기해야 할 것과 연관 지어 거래를 하게 되고, 포기해야 할 대상(판매자는 농구 입장권)이 얻게 될 이득(입장권 판매로 얻는 금액)과 비교해 작다고 느껴질 때에만 거래 의사결정을 하게 된다. 이처럼 사람들이 어떤 대상을 보유하고 있으면 그것을 갖고 있지 않은 경우보다 더 가치 있다고 평가하는 현상을 '보유 효과endowment effect'라고 부른다.[8]

카너먼과 트버스키(2000)의 실험에서 실험 참가자들은 실험에 참여한 대가로 커피잔이나 볼펜을 받았다. 이 두 선물은 같은 가치를 가지고 있다고 참가자들에게 알려 주면서 무작위로 절반의 사람들에게는 커피잔을, 나머지 절반의 사람들에게는 볼펜을 나누어 줬다. 그런 다음 실험 참가자들에게 자기가 받은 선물을 다른 사람들과 서로 교환할 수 있는 기회를 줬다. 무작위로 선물이 배부되었기 때문에 절반 정도의 사람들은 자신이 받은 선물에 만족할 것이고 나머지 절반의 사람들은 교환을 통해 선물을 맞바꿀 것으로 예상할 수 있다. 그러나 실험 결과 그 같은 거래는 거의 일어나지 않았다. 이 결과는 보유 효과 때문으로 생각한다. 만약 어떤 물건을 선물로 받게 되면, 그 순간부터 선물은 당신의 것이 된다. 따라서 선물을 포기하는 것을 손실이라고 생각한다. 손실과 이득의 객관적인 가치가 같다고 하더라도 손실의 아픔은 이득의 기쁨보다 크기 마련이다. 그래서 선물로 받은 커피잔이나 볼펜은 상대방이 생각하는 것보다 그것을 가지고 있는 사람에게는 더 큰 가치가 있다. 예를 들어 볼펜을 가지고 있는 사람은 볼펜을 잃는 데서 오는 상실감이 커피잔을 얻었을 때 느끼는 기쁨보다 더 크기 때문에 교환하기를 꺼리는 것이다.

또한 카너먼, 넷취와 세일러Kahneman, Knetsch & Thaler(1990)는 사람들에게 같은 머그잔을 나눠 주고 자신의 머그잔을 팔 때 최소 판매 가격과 타인의 머그잔을 살 때 최대 구매 가격을 적으라고 했다. 같은 물건이기 때문에 최소 판매 가격과 최대 구매 가격의 차이가 거의 없어야 함에도, 최소 판매 가격이 최대 구매 가격보다 더 높게 나타난 것은 바로 보유 효과 때문이라 할 수 있다.

또한, 보유 효과는 완전히 자신이 소유한 것이 아니라 단지 점유하고 있는 상황에서도 같이 나타난다. 예를 들어 누군가가 자신에게 잠시 빌려 준 제품이라도 막상 돌려주려고 할 때 상실감을 느끼는 것도 보유 효과 때문이다. 보유 효과는 기업의 마케팅 프로그램에서 자주 활용되고 있다. 과거 웅진코웨이에서 시작했던 렌털 프로그램은 소비자들이 값비싼 정수기를 사용할 엄두를 내지 못하자 무료로 1개월간 대여해 준 후 마음에 들지 않으면 환불해도 좋다는 방식으로 소비자에게 다가갔다. 시험기간 동안 제품 사용에 익숙해지면 그 제품을 본인이 가진 것의 일부로 느끼고 환불로 느끼게 될 손실이 크게 느껴져 결국 상당수는 그 정수기를 그대로 구매하는 의사결정을 내리게 된다.

베나르치와 세일러Benartzi & Thaler (1995)는 주식시장에서도 손실 회피 현상이 나타남을 보였다. 논문에서 자료로 사용된 1926년부터 2005년에 걸친 기간 동안 주식은 매년 평균 7%의 수익을 내는 데 비해 채권은 매년 평균 1%의 수익밖에 내지 못했다. 실제로 1925년부터 2005년까지 80년간의 'S&P 500 인덱스 펀드' 평균과 미 재무성에서 발행하는 '무위험 채권' 값을 비교한 결과 주식 가치는 80년 사이에 1달러가 2658달러로 상승했으며, 채권 가치는 1달러에서 71달러로밖에 상승하지 못했다. 그러나 실제로 많은 사람은 주식보다 채권을 선호한다. 왜 이러한 현상이 나타날까?

베나르치와 세일러는 이에 대한 원인으로 다음 두 가지를 밝혔다. 첫째, 투자자들에게 손실 회피 성향이 있기 때문이며, 둘째, 투자에 대한 평가 기간이 너무 짧다는 점을 들었다. 즉 확률은 낮지만 기대 수익이 높은 주식보다 낮은 수익을 올리지만 확률이 1에 가까운 채권을 선호하는 것은 사람들이 예상 손실을 예상 이득보다 과장되게 인식하기 때문이며 손실을 회피하고자 하기 때문이다. 더구나 이러한 성향은 채권이나 주식의 평가 기간이 짧은 상황에서 가격의 단기 변동으로 차이가 두드러지게 나타나면서 더욱 채권에 집착하는 극단적인 성향을 보이게 된다. 이들은 두 원인을 합쳐 '근시안적 손실 회피myopic loss aversion'라고 명명했다.

근시안적 손실 회피 현상을 개선해 보고자 때로는 투자자들의 주식 대 채권 투자 비율을 무조건 50% 대 50%로 하는 강제적인 분산투자가 이루어지기도 한다. 그러나 이 같은 비율은 '적당히 정해진 자의적인 규칙rules of thumb'에 의해 정해진 것이다. 채권대비 주식의 수익률을 고려해 봤을 때 주식 대 채권의 비율은 50% 대 50%보다는 70% 대 30%가 되도록 분산투자하는 것이 아마도 더 적절할 것이다.

세일러와 베나르치Thaler & Benartzi (2004)의 연구에서는 이러한 미래 계획에 대한 시간적인 지평을 넓힘으로써 사람들의 인식을 손실 경험에 지나친 가중치를 두는 방식이 아닌 새로운 준거점을 기준으로 평가 방식을 바꿀 수 있음을 보였다. 예를 들어 내년부터 연금저축의 사원 개인 부담이 더 커질 경우, 회사가 같은 액수를 월급에서 추가로 빼더라도 "내년부터 당신의 월급을 깎아서 연금저축의 추가 개인 부담금으로 돌리겠다"라고 표현하는 것보다는 "당신의 월급 인상분에서 지금보다 더 많은 부분을 연금저축의 추가 개인 부담금으로 돌리겠다save more tomorrow"라는 표현을 사용하는 것이 사원에게 덜 고통스럽게 느껴진다.

Pennies-A-Day 전략

아프리카 난민을 위한 구호 자금을 모집하는 한 자선단체가 아래와 같은 종류의 공익 광고 메시지를 고려하고 있다고 가정해 보자.

A: 하루 1000원이면 아프리카 난민 한 가족의 생계를 책임질 수 있습니다.

B: 한 달 3만 원이면 아프리카 난민 한 가족의 생계를 책임질 수 있습니다.

이 두 광고 메시지의 차이는 같은 금액을 하루 단위로 분리해서 제시하느냐 아니면 월 단위로 통합해서 제시하느냐이다. 심적 회계에서 제시한 '손실은 합하라'는 쾌락적 편집의 원리에 따르면, 사람들은 손실을 나누어 제시하는 A 방식보다 손실을 합해서 제시하는 B 방식을 더 선호해야 한다. 그러나 구빌Gouville (1998)은 사람들이 B 방식보다 A 방식을 더 선호한다는 것을 실험을 통해 밝혔다. 실제로 마케팅 담당자들이 표적 고객들에게 제품과 서비스의 가격을 효과적으로 보여 주는 방법으로 사용하는데, 이처럼 매일 또는 지속해서 적은 비용을 지급하도록 표현하는 전략을 'PADPennies-A-

〈그림 8-7〉 가격 제시 방법에 따른 단일 제품에 관한 의사결정의 2단계 모형

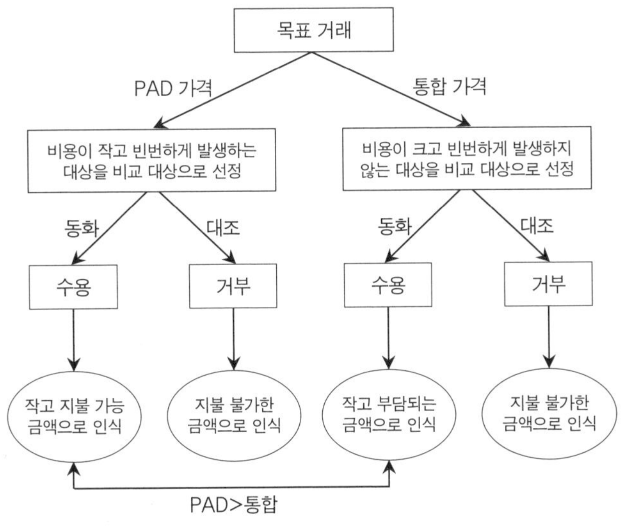

Day 전략'이라고 한다.

구빌의 설명에 따르면 사람들은 어떤 대안의 가격을 평가할 때 예산의 범주화(Mervis and Rosch, 1981)와 심적 회계(Thaler, 1985) 과정의 2단계의 정보 처리 과정을 거친다. 외부로부터 가격 정보를 줄 때 사람들은 먼저 그 가격과 비교할 만한 대상을 떠올리고(1단계), 대상과의 비교를 통해 수용할 것인지 거절할 것인지를 결정(2단계)한다. 위 문제는 A를 본 사람들은 우선 1000원으로 할 수 있는 일(예를 들어 버스 요금)을 떠올린 뒤 거래 대상과의 비교를 통해 이 금액이 상대적으로 많지 않다고 느끼면 수용하지만(동화 효과), 이 금액이 상대적으로 많다고 느끼면 거절한다(대조 효과). B를 본 사람들도 같은 과정을 거친다. A에서 1000원은 금액도 적고 일상생활에서 한 번에 1000원을 지급하는 일은 빈번하게 발생하는 것으로 인식한다. 하지만 B와 같이 3만 원의 경우 상대적으로 금액이 많고 이를 기부로 한 번에 지급하는 일은 빈번한 일이 아니므로 상대적으로 부담되는 비용이라는 느낌을 받는다. 이런 이유에서 A가 B보다 선호되는 것이다(〈그림 8-7〉).

PAD 전략에 따르면 지급 가격은 통합하는 것보다 분리가 더 효과적이며, 단위가 작고 빈번할수록 효과적이다(하영원·심지연, 2007; 하영원·한혜진, 2002). 쾌락적 편집의 손실 통합 전략과는 상반되는 PAD 전략은 계정별로 지급 용의 금액에 차이가 있으며, 전체 금액이 소비자가 수용할 수 있는 범위 내에 있기는 하지만 다소 부담스럽다고 느낄 때 유효하다. 예를 들어 어떤 사람이 자선단체에 편하게 기부할 수 있는 금액이 월 3만 원 정도일 때 손실을 통합하는 광고 메시지보다는 '매일 1000원'처럼 손실을 분리하는 광고 메시지가 효과적일 수 있다. 하지만 총비용이 수용하기에 매우 부담스러운 월 30만 원일 경우에는 하루 1만 원씩 지급해야 한다는 부담이 지각되므로 어떤 방식의 광고 메시지건 메시지 제시 방법에 따른 큰 차이는 발생하지 않는다.

실제로 구빌의 실험에서 실험 참가자를 세 집단으로 나누어 한 집단에는 하루 1달러씩 1년에 총 350달러를 기부하라는 메시지를, 두 번째 집단에는 하루 4달러씩 1년에 총 1400달러를 기부하라는 메시지를, 세 번째 집단에는 하루 7달러씩 1년에 총 2500달러를 기부하라는 메시지를 제시했다. 실험 결과 첫 번째 집단에서만 많은 사람이 PAD 전략에 대해 긍정적인 태도를 보였다. 따라서 PAD 전략의 유효성은 총액이 얼마나 나에게 적절한 금액인가에 의해서도 좌우된다.

매몰비용 효과

매몰비용sunk cost 효과도 손실 회피 성향에 의해 발생한다. 매몰비용은 과거에 이미 지급되고 되찾을 수 없게 된 비용을 말하며, 매몰비용 효과란 과거에 지급되어 회수할 수 없는 비용인 매몰비용이 미래의 의사결정에 영향을 미치는 현상이다. 전통적인 경제학에서는 합리적인 의사결정을 하기 위해서 과거에 쓴 비용은 잊어버리고 의사결정 시점 이후로 발생하게 될 비용과 이익을 비교해 의사결정을 내려야 한다고 가르친다. 그러나 사람들은 손실을 회피하려는 성향이 있기 때문에 손실로 간주하는 매몰비용에 대해 민감하게 반응한다. 즉 사람들은 이미 엎질러진 물인데도 이를 쓸어 담겠다고 비합리적인 의사결정을 내리는 경우가 흔하다.

아크스와 블루머Arkes & Blumer (1985)는 다양한 실험을 통해 의사결정에서 매몰비용 효과가 매우 광범위하게 나타나고 있다는 것을 보여 줬다.

> 당신은 미시간으로 가는 주말 스키 여행 표를 100달러에 샀습니다. 그리고 며칠 후 당신은 위스콘신으로 가는 주말 스키 여행 표를 50달러에 샀습니다. 당신은 미시간 여행보다는 위스콘신 여행이 더 재미있을 것으로 생각합니다. 그러나 두 개의 표를 모두 사고 난 후

한참이 지나서야 위스콘신과 미시간 스키 여행의 날짜가 겹친다는 것을 알게 됐습니다. 표를 팔거나 환불받기에는 너무 늦어서 당신은 둘 중의 하나만 선택해야 합니다.

위 시나리오에서 응답자가 합리적인 사람이라면 과거에 지급한 비용과 상관없이 자신이 선호하는 위스콘신으로 스키 여행을 간다고 결정해야 할 것이다. 그러나 실험 결과 54%는 자신들이 덜 좋아하는 미시간으로 스키 여행을 가기로 했다. 비용이 같을 때 실험 참가자들은 위스콘신을 더 선호하는 것으로 나타나 결국 매몰비용이 의사결정에 영향을 미친다는 것을 밝혀냈다.

매몰비용 효과는 위의 예처럼 두 개의 대안 중 하나를 선택하는 수용 과업adoption task뿐만 아니라, 하던 일을 그만둘지 계속할지를 결정하는 연속 과업continuous task에서도 나타난다.

당신은 비행기 제조회사의 사장으로 연구 프로젝트에 1000만 달러를 투자하기로 했습니다. 이 프로젝트의 목적은 레이더에는 포착되지 않는 비행기를 만드는 것입니다. 지금까지 900만 달러를 투자해 프로젝트가 90% 완성되었을 때, 다른 회사에서 레이더에 포착되지 않는 비행기를 시판하기 시작했습니다. 또한 그 회사의 비행기는 당신이 만들고 있는 비행기보다 더 빠르고 경제적입니다. 이런 상황에서 당신은 비행기를 완성하기 위해서 10%의 남은 연구 비용을 투자하시겠습니까?

이 실험 결과 역시 응답자의 82%가 성공 가능성이 희박한 상황임에도 남은 돈을 투자할 것이라고 대답했다.

매몰비용 효과는 국가의 공공사업이나 기업의 대형 투자사업에서도 흔히 발생한다. 정부는 공공사업을 수행하는 과정에서 장래 채산성이 나쁘거나 환경 파괴를 가져올 가능성이 높음을 알면서도 지금까지 투자한 비용을 헛되지 않게 하려고 그 사업을 강행하는 '콩코드 오류Concorde fallacy'를 범하는데 이런 사례는 흔히 목격할 수 있다. 영국과 프랑스는 초음속 여객기 콩코드를 공동 개발하기 위해 엄청난 비용을 들였는데, 개발 과정에서 프로젝트가 완성되더라도 채산성이 없다는 것을 알게 됐다. 그럼에도 이미 엄청난 개발 자금을 투입했기 때문에 도중에 이를 중지하는 것은 낭비라고 생각하고 개발 작업을 강행했고, 결국 더 큰 손실을 가져와 운항을 중단해야 했다.

거래 분리하기

세일러의 심적 회계에 따르면, 사람들은 거래를 시작하면 마음속에 간단한 회계 장부를 만들어 거래 관련 비용과 혜택을 추적하고 소비가 완료되는 시점에 마음의 회계 장부를 마감한다고 한다. 세일러는 사람들이 심적 회계장부를 적자로 마감하지 않으려는 성향이 있다고 주장했다. 일단 제품 구매가 이루어져 비용을 지급하면 혜택과의 심리적인 연결고리가 강하게 만들어지는데, 이를 '연결 짓기coupling'라고 부른다. 쉽게 말하면 본전 생각이 강하게 나타나는 상태를 의미한다. 그런데 구매 비용에 대한 결제를 한 시점과 소비를 하는 시간 간의 차이가 벌어질수록 비용과 혜택이 심리적으로 연결되지 않고 분리되는 현상이 나타나는데, 이를 '거래 분리하기 Transaction Decoupling'라고 부른다.

비용과 혜택의 분리가 강해질수록 매몰비용 효과는 줄어든다. 예컨대, 농구경기 입장권을 1년 전에 구매한 사람보다 하루 전에 구매한 사람이 경기 당일 눈보라를 헤치고 농구경기를 보러 갈 확률이 높다. 이는 입장권을 하루 전에 구매한 사람은 비용과 혜택 간의 심리적인 연결이 강한 상태지만, 입장권을 1년 전에 구매한 사람은 시간이 지남에 따라 과거에 지급한 입장권 비용에 대한 민감도가 떨어지는 '지급 비용에 대한 감가상각payment depreciation'이 발생해 비용과 혜택의 심리적 연결이 약해진 것이다. 따라서 1년 전에 지급한 비용을 매몰비용으로 취급한 것이다.

소만과 구빌Soman & Gourville (2001)의 연구에서는 농구 경기 및 스키 리프트권을 여러 번 이용할 수 있는 자유이용권을 구매한 집단과 한 번만 이용할 수 있는 낱장 단일권 묶음을 구매한 집단 간에 매몰비용 효과의 차이가 있음을 밝혔다. 자유이용권 구매 집단과 비교해 단일권의 묶음을 구매한 집단에서는 비용과 혜택에 대한 강한 연결고리가 생겨 스키 여행의 마지막 날이나 악천후에도 농구경기를 관람하고 스키 타는 것을 포기하지 않으려 하는 매몰비용의 효과가 크게 나타났다.

또한, 아크스와 블러머(1985)는 실험에서 학생들을 대상으로 캠퍼스 극장의 시즌 입장권을 판매했는데, 정상 가격인 15달러를 주고 구매한 집단과 할인을 받고 2달러 혹은 7달러를 주고 구매한 집단으로 나누어 극장을 얼마나 자주 이용하는지 그 횟수를 조사했다. 그 결과 시즌 초반에는 정상 가격을 주고 입장권을 산 집단의 극장 이용횟수가 많았다. 하지만 시즌 후반에는 정상 가격을 주고 산 집단과 할인을 받은 집단 간 극장 이용횟수에서 차이가 나지 않았다. 즉 결제 시점과 소비 시점이 멀어짐에 따라 매몰비용 효과가 줄어든 것이다. 이 같은 매몰비용 효과의 감소는 사람들이 헬스클럽이나 학원에 등록하면 초반에는 돈이 아까워서 열심히 출석하지만, 시간이 지날수록 출석률이 감소하는 이유 중 하나라고 할 수 있다.

선택 아키텍처와 프레이밍 효과

선택 아키텍처는 사람들이 의사결정을 수행하는 맥락을 바꾸어 줌으로써 그들의 선택에 영향을 미치는 것을 말한다(Thaler & Sunstein, 2008; Thaler, Sunstein, Balz, 2013). 예컨대 미국이나 독일 같은 나라에서는 사람들이 생존시에 명시적으로 '나의 장기를 기증하겠다'는 의사를 표시해야만 사망 시 뇌사 상태에서 장기를 기증할 수 있는 '옵트인opt-in' 시스템을 채택하고 있는 반면, 오스트리아 같은 나라에서는 사람들이 '나는 사망해도 장기를 기증하지 않겠다'는 의사를 생존 시에 표시하지 않으면 장기 기증을 허락하는 것으로 간주하는 '옵트아웃opt-out' 시스템을 채택하고 있다. 흥미로운 것은 미국이나 독일의 경우 장기 기증을 생존 시에 명시적으로 동의하는 사람의 비율은 전 국민의 15%를 넘지 못하는 반면, 오스트리아에서는 국민의 99%가 장기 기증에 동의한다는 사실이다(Thaler & Sunstein 2008).

이 같은 사례는 사람들이 의사결정을 내릴 때 아무것도 하지 않았을 때 저절로 선택하게 되는 기본대안default option이 얼마나 강력한 영향력을 발휘하는지를 보여준다. 이 같은 기본대안 효과는 프레이밍 효과의 한 형태라고 볼 수 있는데, 미국이나 독일의 경우 사망 시 장기를 기증하지 않는 것이 기본대안이므로 현상유지편향status quo bias에 의해 굳이 장기를 기증하겠다는 의사 표시를 하지 않는 경향을 보인다. 이에 반해 오스트리아에서는 사망 시 장기를 기증하는 것이 기본대안이므로 장기를 기증하지 않겠다는 명시적인 의사 표시를 하는 사람이 많지 않다. 따라서 미국처럼 장기이식을 원하는 환자들이 많아서 항상 장기의 부족에 시달리는 나라의 경우 장기 기증과 관련하여 채택하고 있는 옵트인 시스템을 옵트아웃 시스템으로 바꿈으로써 많은 인명을 구할 수 있을 것이다.

장기 기증 사례에서 볼 수 있듯이 의사결정자에게 직접적인 방법이 아닌 간접적인 방법을 통해 선택의 자유를 제한하지 않으면서도 의사결정을 본인이나 사회에 더 바람직한 방향으로 수행할 수 있도록 하는 것을 넛징nudging이라고 부르는데, 이는 선택 아키텍처를 구성하는 한 가지 요소다. 넛징은 현상유지편향처럼 사람들이 일반적으로 의사결정 시에 많이 사용하는 휴리스틱, 인지적 습관 또는 편향을 역이용하여 결과적으로 더 나은 의사결정을 수행하도록 만들어 준다. 넛징이 성공할 수 있으려면 사람들이 의사결정 시에 어떻게 행동하는지에 대한 정확한 이해가 필요하다. 넛징은 기업 경영과 정부의 정책 수립은 물론이고 보건, 기부금 모금 등 다양한 분야에 활발하게 응용되고 있다.

최근에는 'AI와 알고리드믹 넛징AI & algorithmic nudging'에 대한 관심이 높아지고 있는데, AI와 머신러닝 의 발전으로 기업들은 구성원들의 행동 패턴에 관한 빅데이터를 이용하여 구성원 개인의 의사결정이나 행동을 변화시킬 수 있는 개인화된 넛징을 대규모로 실행할 수 있는 길이 열리고 있다. 이때 사용되는 알고리즘은 실시간으로 수정되어 효과적인 넛징의 실행을 가능하게 해 준다(Möhlmann, 2021).

이 장을 끝내며

이 장에서는 기대효용 이론과 기술적인descriptive 면에서 그것을 대체하는 모형으로서의 프로스펙트 이론을 살펴봤다. 그리고 프로스펙트 이론의 가치 함수와 관련된 의사결정 현상 중에서 프레이밍 효과, 심적 회계, 손실 회피와 보유 효과 등을 알아봤다. 그리고 프로스펙트 이론의 가치 함수에 근거한 쾌락적 편집에 반하는 효과인 PAD효과를 소개했으며, 손실 회피에서 파생되는 매몰비용 효과와 그와 관련된 현상으로서의 거래 분리하기에 관해 기술했다. 마지막으로 선택 아키텍처와 프레이밍 효과에 관해 살펴봤다.

여기서 살펴본 이론과 현상들은 모두 대상을 어떤 틀을 가지고 바라보는가 하는 것과 관련되어 있다. 특히 경제학적인 의사결정에서는 틀 또는 프레임이 우리가 현상 유지를 한다고 생각하는 점status quo point과 밀접한 연관이 있으며 대개 그런 점들이 준거점의 역할을 한다. 그러나 현상 유지점이 항상 우리의 준거점이 되는 것은 아니다.

사람들은 미래에 대해 기대를 하고 있으며, 스티브 잡스가 스탠퍼드대학교의 졸업 연설에서 인용해 유명해진 "항상 배고프고 우직한 상태로 머물러 있어라Stay hungry! Stay foolish!"라는 말은 우리에게 준거점을 항상 현재보다 더 높은 곳에 두고 끊임없이 열정을 가지고 노력할 필요가 있다는 것을 일깨워 준다. 그러나 그렇다고 해서 우리가 자신의 현재 상태에 대해 항상 불만을 품고 있다면 행복해지기는 어려울지도 모른다. 가끔은 내가 가진 것, 또는 이룬 것을 바라보면서 뿌듯해하는 순간도 필요하다. 우리가 좀 더 행복해지는 데 필요한 비결knowhow인 '행복의 기술the art of happiness'을 터득하기 위해서는 우리가 자신의 준거점을 관리할 수 있는 능력을 기르는 것이 매우 중요하다.

8 선택하지 않은 대안에 대한 애착(option attachment)과 관련된 국내 연구는 하영원·서명희(2007) 등을 참조.

CHAPTER 9

목표와 의사결정

의사결정에서 목표는 어떤 역할을 할까?

날짜가 정해지지 않은 목표는
단지 꿈일 뿐이다.

밀턴 H. 에릭슨Milton H. Erickson

우리들의 행동은 대부분 목표 지향적이다. 예를 들어 어떤 중학생이 '나는 커서 의사가 되겠다'는 목표를 정했다고 가정하자. 그 중학생은 미래에 의사가 되기 위해 우선 의대에 입학해야 하므로 의대 입학이라는 하위 목표를 정할 것이다. 그리고 그 하위 목표를 달성하기 위해 공부하는 시간을 더 늘리고 노는 시간을 줄이는 등 자신의 목표에 맞춰 자기 행동에 대한 규제를 시행할 것이다. 이처럼 장기적인 목표에 우리 행동이 영향을 받는 것은 물론이고 단기적인 목표도 우리의 행동에 영향을 준다.

대개 우리는 현재 처해 있는 상황과 바람직하다고 생각하는 상황 사이에 괴리가 있을 때 그것을 문제로 인식하고, 그 문제를 해결하기 위해 목표를 설정한다. 예컨대 우리 집 냉장고가 고장이 나서 더는 작동하지 않는 상황을 생각해 보자. 아마도 우리는 A/S를 요청해 수리비 견적을 받아볼 것이다. 견적을 받아 보니 그냥 새것을 하나 사는 편이 낫겠다는 생각이 들었다. 이 경우에는 냉장고 고장 때문에 생활이 불편해진 것이 내가 경험하고 있는 현재 상태라면 정상적으로 작동하는 냉장고를 이용할 수 있는 상황이 바람직한 상태라고 할 수 있을 것이다. 그렇다면 우리는 새로운 냉장고 구매라는 목표를 설정하고 그 목표를 달성하기 위해 시중에 나와 있는 냉장고는 어떤 것들이 있으며, 각각 어떤 장단점을 가졌는지에 대한 정보를 수집할 것이다. 이러한 정보를 수집하기 위해 인터넷으로 조사를 하든지 친구에게 전화를 걸어 본다든지 하는 구체적인 행동을 하게 되는데, 이때 '친구에게 전화 걸기'는 '정보 수집'이라는 하위 목표를 달성하기 위한 한 단계 더 밑의 하위 목표가 된다. '친구에게 전화 걸기'라는 목표를 달성하기 위해 우리는 전화기가 있는 곳까지 움직여야 하고, 움직이기 위해서는 발을 옮겨 놓아야 한다. 이처럼 우리의 목표는 하위 목표에서 상위 목표에 이르는 위계적인 구조로 이루어져 있으며 그러한 목표의 위계 구조를 '목표 하이어라키goal hierarchy'라고 부른다.

우리는 생활하면서 수많은 목표 하이어라키를 가지는데 그 목표들은 우리의 판단이나 의사결정에 큰 영향을 미친다. 이 장에서는 의사결정에서 목표의 역할과 관련해 '자기규제 초점self-regulatory focus'과 목표 달성의 진행 상황이 의사결정에 미치는 영향을 중심으로 살펴보기로 한다.

자기규제 초점: 향상 초점과 예방 초점

사람들은 일반적으로 고통은 회피하고 즐거움은 추구하려는 기본적인 동기 혹은 목표가 있다는 것은 많은 학자가 제안한 바 있으며 우리의 상식과도 일치한다. 사람들은 이러한 목표를 달성하기 위해 자신이 취하는 행동을 스스로 규제하는데 학자들은 이를 '자기규제self-regulation'라고 부른다. 자기규제와 관련한 심리학자들의 견해를 간단히 살펴보자.

심리학자 히긴스Higgins (1997)는 '자기규제 초점 이론'을 통해 이러한 동기가 발생하고 작용하는 방식에 관해 좀 더 근본적인 기제를 설명하고자 했다. 그는 사람들이 쾌락적인 원칙 혹은 목표(즉, 고통은 피하고 즐거움을 추구하는 것)를 달성하는 데 있어 어떤 목표가 있느냐에 따라 자기 자신을 조절하는 초점이 달라지고 그 결과 의사결정의 내용이 달라진다고 주장했다. 그는 자기규제를 향상 초점promotion focus 혹은 향상 목표promotion goal와 관련된 자기규제와 예방 초점prevention focus 혹은 예방 목표prevention goal와 관련된 자기규제로 나눌 수 있다고 봤다.

두 초점 혹은 두 목표의 가장 큰 특징은 향상 초점은 '이상ideals'에 집중하며 예방 초점은 '의무oughts'에 집중한다는 것이다. 목표가 이상과 관련되어 있으면 향상 초점이 되어 발전, 달성, 열망과 같은 긍정적인 결과를 얻기 위한 방향으로 자신의 행동을 규제한다. 반면 목표가 의무와 관련되어 있으면 예방 초점이 되어 책임, 의무, 안전과 같은 부정적인 결과를 피하기 위한 방향으로 자신의 행동을 규제한다. 또한 향상 초점의 자기규제는 이득을 달성하고 기회를 잡는 데 집중하고, 반면 예방 초점의 자기규제는 실수를 예방하고 손실을 피하는 데 집중한다. 따라서 〈그림 9-1〉에서와 같이 개인들의 초점에 따라 의사결정을 하는 데 사용하는 전략도 달라진다.

〈그림 9-1〉 초점에 따른 전략의 경향

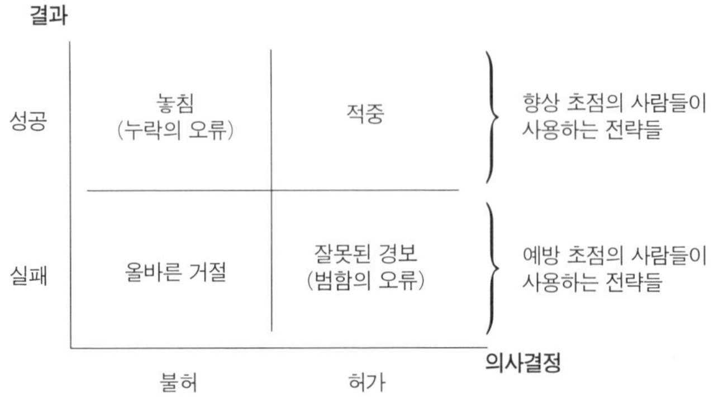

대학 신입생을 선발하는 의사결정을 예로 들어 보자. 가로축은 선발에 관한 의사결정(허가와 불허)을, 세로축은 의사결정의 결과(성공과 실패, 즉 선발된 학생들의 학업성적)를 의미한다. 1분면은 입학 허가를 받은 학생이 실제로 대학에 입학 후 성적이 좋은 것으로 성공적인 결과를 얻은 경우이다. 즉 판단이 '적중hits'한 것이다. 2분면은 입학을 허락받지 못한 학생이 알고 보니 성적이 좋은 것으로 실패의 결과를 얻은 경우이다. 즉 누락의 오류errors of omission, 혹은 '놓침misses'을 범한 것이다. 3분면은 입학을 허가하지 않았는데 실제로 그 학생의 성적이 좋지 않은 것으로, 성공적인 결과를 얻은 경우이다. 즉 '올바른 거절correct rejection'을 한 것이다. 4분면은 입학 허가를 받은 학생이 입학 후 성적이 좋지 않은 것으로 실패의 결과를 얻은 경우이다. 즉 '범함의 오류errors of commission', 혹은 '잘못된 경보false alarms'를 의미한다.

향상 초점을 가진 사람들은 자신들의 의사결정으로 긍정적인 결과(즉, 성공)를 얻는 것에 중점을 두기 때문에 진취적인 전략을 사용한다. 즉 적중은 좀 더 많이 달성하려 하고 놓침 혹은 누락의 오류(성공할 학생에게 입학을 불허하는 것)는 피하려고 노력한다. 반대로 예방 초점의 사람들은 부정적인 결과(즉, 실패)를 피하는 것에 중점을 두기 때문에 경계하는 전략을 사용한다. 즉 올바른 거절을 극대화하고 범함의 오류 혹은 잘못된 경보(실패할 학생에게 입학을 허가하는 것)는 피하려고 노력한다.

〈그림 9-2〉 향상 초점과 예방 초점과 관련된 심리적 변수

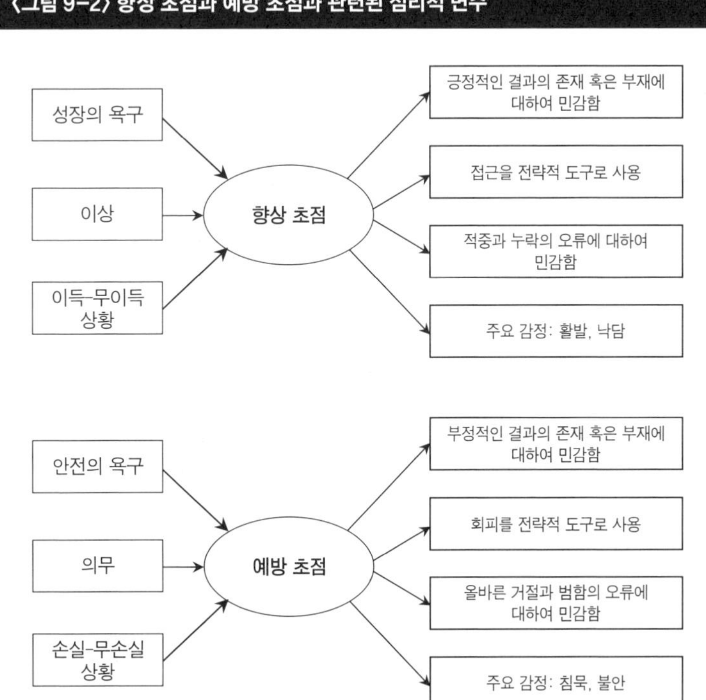

앞서 소개한 자기규제 초점에 관한 내용을 〈그림 9-2〉로 간단히 나타낼 수 있다. 그런데 한 가지 흥미로운 사실은 비록 사람들의 일반적인 평소 성향이 향상적이거나 예방적일 수 있으나 상황에 따라서 이러한 규제 초점이 바뀔 수도 있다는 것이다. 즉 어떤 사람이 평소에 향상 초점 규제가 강한 사람인데도 의무나 책임이 매우 강조되는 상황이라면 임시로 예방 초점 중심적인 생각이나 태도를 보일 수 있고, 반대로 평소에 예방 초점 규제가 강한 사람도 한때 향상 초점의 양상을 보일 수 있다.

연구자들은 자기규제 초점 이론이 어떻게 개인의 의사결정에 영향을 미치는지에 대해 많은 연구를 수행했다.[9] 이 장에서는 그중 몇 가지를 소개하고자 하는데, 먼저 7장에서 설명한 선택 맥락 효과와 관련해 조절 초점이 다른 사람들이 어떻게 서로 다르게 반응하는지에 대해 알아본다.

선택 맥락 효과와 자기규제 초점

7장에서 살펴봤듯이, 선택 맥락 효과의 대표적인 형태로 유인 효과attraction effect와 타협 효과compromise effect를 들 수 있다. 무랄리, 보켄홀트와 라로슈Mourali, Bockenholt & Laroche (2007)는 향상 초점의 소비자들과 예방 초점의 소비자들은 같은 선택 맥락에 대해 서로 다르게 반응한다는 것을 보여 줬다. 그들 연구의 핵심적인 내용은 예방 초점의 소비자들에서는 타협 효과가 더 크게 나타나며(류강석, 박종철, 권성우, 2006), 향상 초점의 소비자들에서는 유인 효과가 더 크게 나타난다는 것이다. 그 이유에 관해 간단히 살펴보자.

앞서 설명했듯이, 예방 초점의 소비자들은 주로 경계 전략을 선호하기 때문에 가능한 한 올바른 거절의 의사결정을 하고, 실수를 범하지 않기 위해 노력한다. 따라서 이들은 극단적 대안(즉, 한 속성에서는 매우 우위에 있지만 다른 속성에서는 매우 열위에 있는 대안)을 회피한다. 왜냐하면 이러한 극단적 대안을 선택하는 것은 잘못된 선택을 할 위험을 높이기 때문이다. 따라서 이러한 경계 성향이 강한 소비자들은 모든 속성에서 실수를 범할 위험을 줄여 주는 중간 위치의 '안전한' 타협 대안을 선호한다.

유인 효과에 관해서는 이야기가 다르다. 일반적으로 선택 집합에서 비대칭적인 지배 관계가 존재한다는 것은 의사결정자에게 지배하는 대안을 선택하게 하는 강한 선택의 이유가 될 수 있다(Simonson, 1989). 향상 초점의 소비자들은 의사결정의 '적중'을 달성하고 성취를 얻어내기 위해 진취적인 전략을 사용하기 때문에 대안 간의 지배 관계에 더욱 민감해진다. 즉 그들은 지배적인 브랜드의 존재를 자신이 포착해야 할, 절대로 놓치지 말아야 할 기회로 인식한다.

무랄리와 그의 동료들은 이 같은 효과가 사람들에게 자신의 선택을 정당화하는 이유를 써 보라고 했을 때 더욱 강하게 나타나는 것을 발견했다. 7장의 선택 맥락 효과에서 설명한 것처럼, 지배하는 대안과 타협적인 대안은 의사결정자의 선택에 강한 이유가 될 수 있다. 결과적으로 사람들에게 자신의 선택에 대한 이유를 자세히 설명하게 하는 것은 타협적인 대안과 지배하는 대안에 대한 선호를 증가시킨다(Simonson, 1989). 이 같은 현상을 보완하는 연구에서 무랄리와 그의 동료들은 소비자들의 동기적 성향(즉, 예방 목표 vs. 향상 목표)이 정당화와 선택 맥락 효과의 크기를 결정하는 데 결정적인 역할을 한다는 것을 보여 줬다.

향상 또는 예방 초점이 선택 맥락 효과에서 중요한 역할을 하는 이유는 다음과 같다. 첫째, 사람들에게 선택에 대한 이유를 제시하게 한다는 것은 그들에게 자신의 목표를 깊이 생각하게 하는 것과 유사하다. 이러한 물음은 향상 또는 예방이라는 규제 초점을 더욱 두드러지게 해서 사람들에게 자기규제를 더욱 활발히 수행하게 만든다(Zhou & Pham, 2004). 향상 초점과 예방 초점의 효과는 자기 규제가 활발히 수행될 때 더욱 강해진다. 따라서 향상 초점의 소비자들은 자신들의 선택에 대해 이유를 제시하라고 하면 그렇지 않을 때보다 지배적인 대안을 더욱 선호하고 타협 대안을 선호하지 않는 경향이 있다. 이와는 대조적으로 예방 초점의 소비자들은 자신들의 선택에 대해 이유를 제시하라고 했을 때 타협 대안을 선택할 가능성은 더욱 높아지지만, 지배적인 대안을 선택할 가능성은 더욱 낮아진다.

둘째, 향상 초점일 때는 이득·무이득의 상황에 민감하므로 이득과 관련된 이유가 손실과 관련된 이유보다 더 잘 떠오르고 더 중요하다고 생각한다. 반면, 예방 초점일 때는 손실·무손실의 상황에 민감하므로 향상 초점일 때와는 반대의 현상이 나타난다. 즉 사람들에게 선택에 대한 이유를 제시하게 하면 그들의 관심은 대안 선택에서 이유 선택으로 이동하게 된다(Simonson & Nowlis, 2000). 따라서 향상 초점의 사람들에게 자신의 선택을 정당화하라고 하면 이득과 관련된 이유와 연관된 대안(즉, 극단적 대안과 지배하는 대안)을 더 선호하며, 반면 예방 초점의 사람들에게 자신의 선택을 정당화하라고 하면 손실과 관련된 이유와 연관된 대안(즉, 타협적 대안)을 더 선호하기 마련이다.

마지막으로 연구자들은 선택해야 하는 제품이나 서비스의 성격에 따라 맥락 효과에 대한 민감도의 패턴이 달라짐을 발견했다. 기존의 연구를 따르면, 제품 자체도 어떤 제품은 향상의 초점을 더 불러일으키지만 어떤 제품은 예방의 초점을 더 불러일으킨다고 한다(Zhou & Pham, 2004). 예를 들어 자외선 차단제나 구강청결제는 예방과 관련된 제품이라고 할 수 있는데, 이러한 제품을 구매하거나 사용하는 것은 햇볕에 타는 것이나 입 냄새와 같은 부정적인 결과를 피하기 위함이다. 또한 와인이나 멋진 레스토랑은 향상과 관련된 제품이라고 할 수 있는데, 사람들이 이러한 제품을 구매할 때는 긍정적인 결과를 달성하는 데 관심을 두기 때문이다. 따라서 이렇게 서로 다른 초점을 가지고 있는 제품을 선택한다는 것은 맥락 효과에 서로 다르게 반응하리라는 것을 예측할 수 있다. 그 같은 예측대로 무랄리와 그의 동료들은 사람들이 향상 초점과 관련된 제품은 지배하는 대안으로 제시될 때 좀 더 매력적이라고 생각하며, 예방 초점과 관련된 제품은 타협적 대안으로 제시될 때 좀 더 매력적이라고 생각한다는 것을 발견했다.

자기해석과 자기규제 초점

규제의 초점은 사람들이 어떤 자아 개념을 가지고 있는가에 따라 효과가 다르다. 다음 사례를 생각해 보자. 전문직 여성인 희영과 성희는 서로 친구 관계인데 둘 다 최근에 자동차를 샀다. 희영은 안전하기로 유명한 볼보의 세단형 자동차를 샀고, 성희는 사브의 컨버터블 자동차를 샀다. 성희는 비교적 따뜻한 곳에 살고 있고 아직 미혼이기에 자녀도 없다. 성희는 컨버터블 자동차를 산 이유에 대해 다음과 같이 말했다. 인생은 한 번뿐이고 후회가 없어야 한다고 말하면서 자동차를 운전할 때의 즐거움이 자신의 자동차 구매 의사결정에 가장 결정적인 역할을 했다고 말했다. 희영은 12살 된 딸이 있는 싱글맘이기 때문에 자동차 구매에서 자동차를 타는 즐거움에 대해서는 별로 생각하지 않았다고 말했다. 희영의 의사결정에는 사고 가능성이라는 요인이 가장 큰 역할을 한 것이다. 희영은 사고가 났을 때 반드시 살아남아야 한다고 생각했다.

희영과 성희 두 사람 사이에 어떤 차이점이 서로 다른 선택을 하게 했을까? 두 사람의 중요한 차이점은 성희는 미혼에 자녀가 없다는 것이고, 희영은 자녀가 있는 어머니라는 것이다. 심리학자들의 말을 빌려 설명하자면, 성희는 독립적인 자기해석independent self-construal을 가지고 있고, 희영은 상호 의존적인 자기해석interdependent self-construal을 가지고 있다. 아마도 자동차 광고도 성희에게는 독립적인 자기해석과 잘 들어맞는 광고 메시지가 적절할 것이고, 희영에게는 상호 의존적인 자기해석과 잘 들어맞는 메시지가 더 효과적일 것이다. 아커와 리Aaker & Lee (2001)는 의사결정자의 자기해석과 잘 들어맞는 정보가 그 정보를 처리하는 개인에게 더 중요하게 인식되고 더 나아가 설득의 효과도 더 강하게 일어날 수 있음을 입증했다.

그렇다면 자기해석이란 무엇일까? 자기해석은 비교문화cross-cultural 심리학자들에 의해 많이 연구됐다. 대부분의 연구는 특정 문화가 구성원들로 하여금 특정한 자기해석을 갖도록 만드는 경향이 있다고 설명한다. 구체적으로 독립적인 자기해석은 서구문화에서와같이 자립의 가치를 높이 여기는 문화에서 형성될 가능성이 높으며, 반대로 상호 의존적인 자기해석은 동양문화에서와같이 개인의 소망과 욕구보다 의무와 책임을 다하는 것을 중히 여기는 문화에서 형성되는 경향이 있다(Ha, 2015). 여기서 독립적인 자기해석이란, 자기 자신own self을 타인으로부터 구별 짓는 독특한 개성과 자질에 의해 정의하는 것을 뜻한다. 그리고 상호 의존적인 자기해석이란, 자기 자신이 타인으로부터 구별되어 정의되는 것이 아니라 타인에 의해 정의된다는 것을 뜻한다(Singelis, 1994). 사회에 의해 특정한 자기해석이 형성되면 어떤 개인은 자신의 행동을 통해 그 같은 자기해석을 드러낸다. 그러나 최근에 많은 연구는 어떤 사람이 가지고 있는 특질로서 자기해석이 발휘될 수 있을 뿐만 아니라 상황적 환경이나 점화priming 등을 통해 자신의 고유한 특질과는 다른 자기해석이 활성화될 수 있음을 보여 줬다('점화'에 대한 자세한 내용은 이 책의 제3장을 참조).

최근 들어 수행된 자기해석에 관한 연구들은 이러한 독립적 혹은 상호 의존적인 자기해석과 연관된 목표의 유형에 관해 살폈다. 이 연구들에 따르면, 독립적인 자기해석의 목표는 자주성과 성취라고 볼 수 있으며 타인보다 성공하고자 하는 욕구를 강조한다. 반대로 상호 의존적인 자기해석의 목표는 소속의식을 공고히 하고 타인에 대한 책임과 의무를 다하는 것을 강조한다(Heine, et al, 1999). 따라서 독립적인 자기해석을 가진 사람들은 일반적으로 성공을 달성하고 자신이 긍정적으로 얼마나 독특한가를 증명함으로써 자아의 향상을 이루고자 한다. 이러한 성향은 향상 초점과 일치한다. 또한 상호 의존적인 자기해석을 가진 사람들은 타인과 동화하는 데 있어 방해될 만한 실수들을 스스로 인지함으로써 자아의 향상을 이루고자 한다. 이러한 성향은 예방 초점과 일치한다. 실제로 자기 규제와 조절 초점의 연구자들은 독립적인 자기해석을 가진 사람들은 향상 중심의 전략을 더 중요하게 생각하고, 상호 의존적인 자기해석을 가진 사람들은 예방 중심의 전략을 더 중요하게 생각한다는 것을 보여 줬다(Lee et al, 2000).

아커와 리의 연구는 여기서 한발 더 나아가, 제품에 관한 정보가 자기규제 초점과 잘 맞는 틀에서 제시될 때 설득의 효과가 더 강하게 일어난다는 것을 보여 줬다. 구체적으로 독립적인 자기해석을 가진 사람들은 향상 초점의 틀에서 정보를 제공받을 때 더 잘 설득되는 반면 상호 의존적인 자기해석을 가진 사람들은 예방 초점의 틀에서 정보를 제공받을 때 더 잘 설득된다는 것이 밝혀졌다. 이들의 실험 내용을 간단히 살펴보자.

실험의 전체적인 내용은 실험 참가자들이 웰치스Welch's 포도 주스의 웹사이트welchs.com에 대해 평가하는 과업이었다. 연구자들은 실험 참가자들에게 이 연구의 주요 목적은 현재 시장에 출시된 제품과 그 제품의 웹사이트에 대한 소비자들의 인식을 파악하기 위한 것이라고 설명했다.

위에서 설명했듯이, 사람들은 평소에 한 번 형성된 특정한 자기해석을 드러내는 것이 일반적이지만 점화나 상황적 요인에 의해 평소의 자기해석과 다른 자기해석을 갖게 되기도 한다. 이 실험에서는 점화를 통해 자기해석을 상황적으로 활성화시켰다. 즉 실험 참가자들을 반으로 나누어 절반의 참가자들에게는 독립적인 자기해석을, 나머지 절반의 참가자들에게는 상호 의존적인 자기해석을 활성화시켰다. 독립적인 자기해석을 불러일으키기 위한 웹사이트의 글은 다음과 같다.

당신 자신에게 맛있는 웰치스 포도 주스를 선물하세요! 웰치스 포도 주스는 6세대 동안 가장 사랑받는 주스였습니다. 오늘, 당신의 입맛을 더욱 만족시키기 위해 우리의 전통적인 보라색 포도 주스와 더불어 건강에 좋은 다양한 주스를 선보입니다. 이 새로운 주스의 품질은 기존 제품의 품질과 동일하게 우수합니다.

그리고 웹사이트에는 한 사람의 개인을 강조하는 그림이 실렸다.

한편 상호 의존적인 자기해석을 불러일으키기 위해서는 다음과 같은 웹사이트의 글을 사용하였다.

당신의 가족에게 맛있는 웰치스 포도 주스를 선물하세요! 웰치스 포드 주스는 6세대 동안 가족들에게 가장 사랑받는 주스였습니다. 오늘, 모두의 입맛을 더욱 만족시키기 위해 우리의 전통적인 보라색 포도 주스와 더불어 건강에 좋은 다양한 주스를 선보입니다. 이 새로운 주스의 품질은 기존 제품의 품질과 동일하게 우수합니다.

그리고 웹사이트의 그림은 가족을 강조하는 그림으로 대체됐다.

이 연구에 참여한 실험 참가자들은 캘리포니아대학교 버클리 캠퍼스 학부에 재학 중인 94명의 백인 학생들이었는데, 미국은 독립과 자주성을 중시하는 문화를 가지고 있기 때문에 대부분 독립적인 자기해석을 가지고 있음을 예상할 수 있다. 그러나 상호 의존적인 자기해석을 불러일으키는 웹사이트에 배정된 참가자들에게는 실제로 상호 의존적인 자기해석이 성공적으로 활성화되었음이 확인됐다. 물론, 독립적인 자기해석의 웹사이트에 배정된 참가자들에게는 독립적인 자기해석이 성공적으로 활성화되었음이 확인됐다.

그리고 이 웹사이트는 다시 향상을 강조하는 버전과 예방을 강조하는 버전의 메시지를 추가했다. 향상을 강조하는 웹사이트는 에너지 증진과 관련된 내용을 실었다.

더욱이 많은 의학 연구는 퍼플 포도 주스를 마시면 에너지 증진에 도움이 된다고 시사하고 있습니다. 비타민 C와 철분이 풍부한 음식이 더 많은 에너지를 만들 수 있다는 것을 점점 더 많은 연구가 증명하고 있습니다. 미 농무부의 연구에서 웰치스 보라색 100% 포도 주스에는 다른 주스보다 비타민 C와 철분이 세 배나 더 많이 들어 있음이 밝혀졌습니다. 우리의 콩코드Concord 주스와 나이아가라Niagara 주스는 맛이 가장 좋을 때 수확한 포도를 사용하기 때문에 웰치스 포도 주스는 에너지 증진에 도움이 될 뿐만 아니라 맛 또한 매우 좋습니다. 더구나 이 주스를 마시는 것은 매우 즐겁습니다!

웹사이트는 "웰치스의 레이블에 표기된 모든 성분은 훌륭한 맛과 즐거움, 에너지의 가장 높은 기준을 충족시킵니다"라는 문장으로 끝을 맺는다.

반대로 예방의 틀로 제시된 웹사이트에는 암과 심장병 예방을 강조했다.

더욱이 많은 의학 연구는 보라색 포도 주스를 마시면 심혈관 건강에 도움이 된다는 것을 발견했습니다. 노화방지 물질이 풍부한 음식은 몇몇 암과 심장병의 위험을 줄인다고 점점 더 많은 연구가 증명하고 있습니다. 미 농무부의 연구에서 웰치스 보라색 100% 포도 주스에는 다른 주스보다 노화방지 물질이 세 배나 더 많이 들어 있음이 밝혀졌습니다. 보라색 포도 주스의 노화방지 물질은 주스에 함유된 플라보노이드 성분에 들어 있는데, 이 물질은 동맥을 깨끗하게 유지해 혈액이 막힘없이 흐르는 데 도움을 줍니다. 따라서 마시면 건강에 좋습니다!

그리고 "웰치스의 레이블에 표기된 모든 성분은 훌륭한 맛과 영양, 건강의 가장 높은 기준을 충족시킵니다"라는 문장으로 끝을 맺는다.

마지막으로 실험 참가자들은 웹사이트를 모두 보고 난 후 설문 페이지로 이동하기 위한 링크를 클릭해서 웹사이트에 대한 전반적인 평가와 해당 브랜드에 대한 친밀감에 대해 평가했다. 실험의 결과는 앞서 설명했듯이, 독립적인 자기해석에 점화된 실험 참가자들은 예방을 강조하는 웹사이트보다 향상을 강조하는 웹사이트에 노출되었을 때 더 높은 평가를 했고 해당 브랜드에 대해서도 더 높은 친밀감을 보였다. 반대로 상호 의존적인 자기해석에 점화된 실험 참가자들은 향상을 강조하는 웹사이트보다 예방을 강조하는 웹사이트에 노출되었을 때 그 웹사이트를 더 높이 평가했고 해당 브랜드에 대해서도 더 높은 친밀감을 보였다.

앞서 소개한 자동차를 샀던 주인공들의 선택을 다시 한번 생각해 보자. 희영과 성희는 자동차를 산다는 같은 목표가 있었지만, 예방 목표와 향상 목표라는 별개의 목표를 달성하고자 했다. 이러한 서로 다른 목표 때문에 두 사람은 자동차 구매에서 서로 다른 점들을 고려하고 궁극적으로 서로 다른 자동차를 산 것이다. 그렇지만 이들의 선택에 규제적 목표만이 영향을 미친 것은 아니다. 이들의 자기해석과 적합한 설득 메시지 또한 의사결정에 영향을 미칠 수 있다. 아커와 리의 연구 결과에 비춰 본다면, 독립적인 자기해석을 가진 성희는 기업의 마케팅 활동이 자동차의 향상적인 측면을 강조했을 때 더 잘 설득될 것이며, 상호 의존적인 자기해석을 가진 희영은 예방적인 측면을 강조했을 때 더 잘 설득될 수 있을 것이다.

성공 혹은 실패 피드백

우리는 어떤 목표를 정하고 계속해서 그 목표를 달성하기 위해 노력한다. 그러나 노력을 하던 도중 목표 달성과 관련해 긍정적 또는 부정적인 피드백(즉, 칭찬 또는 나무람)을 얻었을 때 사람들은 다양한 반응을 보인다. 혹시 당신에게 자녀나 부하 직원이 있다면 다음 연구를 눈여겨볼 필요가 있다.

우리는 칭찬의 효과를 강조하는 서적들이 큰 인기를 누리기도 했고 방송에서 칭찬을 장려하는 프로그램을 내보내기도 했다는 것을 기억한다. 그런데 과연 칭찬은 누구에게나 같은 긍정적인 효과를 나타낼까? 또한 꾸중은 어떠할까? 이 질문에 대해 답하는 데 도움이 될 수 있는 푀르스터, 그랜트, 아이드슨과 히긴스Förster, Grant, Idson & Higgins(2001)의 연구를 소개하고자 한다. 이들 연구의 주요 내용은 사람들은 자신의 조절 초점에 따라 성공을 언급한 피드백 혹은 실패를 언급한 피드백에 다르게 반응한다는 것이다. 연구자들은 실험 참가자들을 향상 초점과 예방 초점으로 나눈 뒤 이들에게 애너그램anagram(단어의 철자 순서를 바꾸어 새로운 단어를 만드는 것을 말한다. 예를 들어 love의 애너그램은 vole 등이 될 수 있다)을 풀도록 했다. 애너그램 과업은 총 두 개의 세트로 구성되어 있으며 각 세트는 6개의 애너그램으로 구성되어 있었다. 첫 번째 세트의 애너그램을 완성한 후 실험 참가자들은 자신들의 실제 성과와는 상관없이 실험 조건에 따라 성공 피드백 혹은 실패 피드백을 받았다. 성공 피드백은 "당신의 점수는 상위 70% 안에 들었습니다"의 형태로 제시됐고, 실패 피드백은 "당신의 점수는 상위 70% 안에 들지 못했습니다"의 형태로 제시됐다. 피드백 제시 후, 실험 참가자들은 두 번째 세트에 대한 자신의 성과가 상위 70% 안에 들 수 있을지 없을지에 대해 예측하게 했다. 그리고 두 번째 세트의 애너그램 과업을 수행했다.

실험의 결과는 다음과 같았다. 향상 초점의 실험 참가자 중 성공 피드백을 받은 이들은 두 번째 세트 과업에 대한 자신의 성과에 대해 더 높게 예측했지만, 예방 초점의 참가자들에게는 성공 피드백이 아무런 영향을 주지 않았다. 또한 예방 초점의 실험 참가자 중 실패 피드백을 받은 이들은 두 번째 세트 과업에 대한 자신의 성과에 대해 더 낮게 예측했지만, 향상 초점의 참가자들에게는 실패 피드백이 아무런 영향을 주지 않았다.

앞서 설명했듯이, 향상 초점을 가진 사람들은 이득·무이득 상황에 민감해서 성공 피드백도 일종의 이득이므로 이에 반응한다. 이들은 칭찬을 받게 되면 고무되지만 칭찬을 받지 못하면 낙담한다. 그리고 이들에게는 꾸중이 크게 중요치 않다. 반대로 예방 초점을 가진 사람들은 손실·무손실 상황에 민감해서 실패 피드백도 일종의 손실이므로 이에 반응한다. 이들은 꾸중을 듣지 않으면 안심하지만 꾸중을 듣게 되면 좌절을 겪는다. 그리고 이들에게는 칭찬이 크게 중요치 않다. 당신의 자녀나 부하 직원은 향상 규제 초점을 가진 사람인가, 아니면 예방 규제 초점을 가진 사람인가를 눈여겨볼 필요가 있다. 김영두와 하영원Kim & Ha (2016)은 이 같은 규제 초점의 차이가 소비자들의 재무적 자산에 대한 투자에도 영향을 준다는 것을 보여 주었다. 일반적으로 투자자들은 이득을 본 주식과 손실을 본 주식을 모두 보유하고 있을 때 현금이 필요하여 주식을 처분해야 한다면, 손실을 본 주식보다는 이득을 본 주식을 처분하는 경향을 보이는데 이를 '처분 효과disposition effect'라고 한다. 김영두와 하영원은 실험을 통해 처분 효과가 향상 초점을 가진 투자자보다는 예방 초점을 가진 투자자들에게 더 두드러지게 나타난다는 것을 밝혔다. 예방 초점을 가진 투자자는 향상 초점을 가진 투자자에 비해 강력한 현상유지편향status quo bias을 보였으며, 자신의 준거점reference point이라고 할 수 있는 초기투자금액(또는 '본전')에 더 강하게 집착하게 되어 손실을 본 주식을 처분하는 것을 꺼리고 그 대신 이득을 본 주식을 처분하고자 하는 처분 효과의 증가를 보였다.

목표와 해방 효과: 열심히 일한 당신 떠나라

목표는 사람들에게 외부에서 들어오는 정보를 처리할 때 어떤 특정 측면에 주의를 기울이게 한다. 그에 더해서 목표의 달성을 위해 노력하는 사람은 자신이 그 목표를 달성하는 과정에서 현재 어디까지 와 있는가 하는 목표 진행 상황의 인식 차이에 의해서도 자신의 행동이 달라진다. 예를 들어 보자. "열심히 일한 당신 떠나라." 한때 유명했던 어떤 카드 회사의 광고 문구다. 지금까지 열심히 일했으니까 여행도 가고 좀 쉬라는 내용이다. 단, 카드를 사용하면서.

우리는 일상에서 이와 비슷한 상황을 자주 경험한다. 예컨대 시험기간 때 어느 정도 공부하면 TV를 보면서 잠깐 쉬기도 하고, 일할 때에도 어느 정도 진행이 많이 되면 잠시 다른 일을 하기도 한다. 즉 우리는 어떤 목표가 어느 정도 진행되었다고 생각하면 잠시의 해방을 누린다. 피시바흐와 다르Fishbach & Dhar(2005)는 목표 달성에 관한 진행과 해방 효과liberating effect에 대해 실험을 했다. 먼저 이러한 상황에 관해 좀 더 포괄적으로 설명한 후 이들의 실험을 자세히 소개하고자 한다.

목표는 추상적이고 바람직한 최종 상태를 향해 이동하는 진행 상황으로 해석하는 인지적 구조로 볼 수도 있고, 다른 한편으로는 고정된 바람직한 최종 상태에의 몰두commitment로 해석하는 인지적 구조로 볼 수도 있다. 다시 말해 목표는 진행과 몰두의 두 가지 측면을 모두 가지고 있다. 목표에 대한 몰두는 목표의 강도에 관해서 추론할 수 있는 하나의 징표로 정의할 수 있지만, 목표의 진행은 이미 정의된 목표를 추구하는 것으로 정의할 수 있다. 목표에 관한 대부분의 기존 연구들은 하나의 목표만 존재하는 상황에서 사람들이 목표에 몰두하는 데 영향을 주는 요소들을 찾는 데 주력했다. 하지만 피시바흐와 다르(2005)는 여러 개의 목표가 있는 상황에서 목표 진행에 대한 사람들의 인식이 그들의 행동에 어떤 영향을 주는지를 살펴봤다.

사람들은 어떤 한 시점에서 여러 개의 목표를 가지는 것이 보통인데, 이 목표들은 서로 충돌할 때가 있다. 예를 들어 사람들은 은퇴 후의 생활을 위해 저축을 해야 한다고 생각하면서도 동시에 호화로운 휴가를 떠나기도 한다. 또한 학교에서 좋은 성적을 받고 싶으면서도 친구들과 어울려 놀고 싶기도 하다. 이렇게 여러 개의 목표를 가지고 있을 때, 사람들은 이러한 목표들을 동시에 진행하면서 목표 간의 균형을 유지하려고 하는 것이 보통이다(Ariely & Levav, 2000; Drolet, 2002).

피시바흐와 다르는 사람들이 목표 간의 균형을 유지하는 과정에서 목표의 진행에 집중한다고 주장했다. 즉 목표 달성을 위해 어떠한 활동을 하면, 그 활동에서 진행 상황을 유추하고 더 나아가 목표 달성 수준이 어느 정도 만족스럽다고 생각한다. 그 결과 사람들은 다른 목표로 쉽게 이동하는데, 특히 목표의 진행 과정이 빠를 때 더욱 그러하다. 구체적으로 연구자들은 목표 달성을 위한 처음의 행동에서 목표의 진행 수준을 유추하게 되면 다른 목표를 추구하는 행동을 한다고 주장했다. 이제 이들의 실험을 살펴보자.

연구자들이 실험에서 구체적으로 보고자 했던 효과는 다음과 같다. 어떤 사람의 목표가 체중 감량인 상황에서 이 목표에 대한 자신의 진행 정도를 어떻게 인식하느냐에 따라 높은 열량의 음식 선택 여부를 결정한다는 것이다. 연구자들은 실험 참가자들을 두 집단으로 나누고 한 집단에는 목표의 진행이 빨라지고 있음을 인식시켰고 다른 집단에는 진행이 느리다는 인식을 심어 줬다. 이를 구체적으로 기술하면 다음과 같다.

우선 실험 참가자들에게 자신들의 현재 체중이 이상적인 체중에서 얼마나 멀리 떨어져 있는가를 표시하라고 했는데, 두 그룹에 각각 끝점이 각기 -5파운드와 -25파운드로 표시된 서로 다른 척도를 사용했다. 한 실험 참가자가 4파운드 감량을 목표로 하고 있다고 가정해 보자. 넓은 척도(-25파운드)에서는 자신의 이상적인 체중(-4파운드)과 현재의 체중(0파운드)의 차이가 작아 보이기 때문에 목표의 진행이 이미 충분히 이루어졌다고 생각한다. 즉 넓은 척도(-25파운드)에서 -4파운드는 16%를 차지하기 때문에 이제 조금만 더 노력하면 이상적인 목표 체중에 도달할 수 있다고 생각한다. 반면 좁은 척도(-5파운드)에서는 전체 척도로 보아 아직도 80%를 더 진행해야 이상적인 목표 체중(-4파운드)에 도달하기 때문에 다이어트의 고삐를 늦추면 안 되겠다고 느낄 것이다. 따라서 연구자들은 넓은 척도에 자신의 이상적인 체중을 표시한 참가자들은 좁은 척도에 표시한 참가자들보다 다이어트의 제약을 덜 지킬 것이라고 예상했다.

구체적인 실험 절차는 다음과 같다. 연구자들은 다이어트를 하는 45명의 여학생으로 실험 참가자를 구성했다. 참가자들에게 '당신의 현재 체중은 이상적인 체중에서 얼마나 멀리 떨어져 있습니까?'라는 제목의 설문지를 건넸다. 설문지에 아래 〈그림 9-3〉과 같은 화살표를 넣어 현재 체중과 이상적인 체중을 표시하게 했다. 화살표 가운데의 빈 상자에는 자신의 현재 체중을 써넣게 하고, 양쪽으로 뻗어 있는 화살표 위에 자신의 이상적인 체중을 나타내는 지점까지 펜으로 칠하도록 했다. 오른쪽의 화살표는 체중을 늘리는 것을 의미하며 왼쪽의 화살표는 체중을 줄이는 것을 의미한다고 설명했다.

실험 참가자들이 실험의 목적을 눈치채지 못하게 하려고 실험과

〈그림 9-3〉 실험에 이용된 척도 화살표

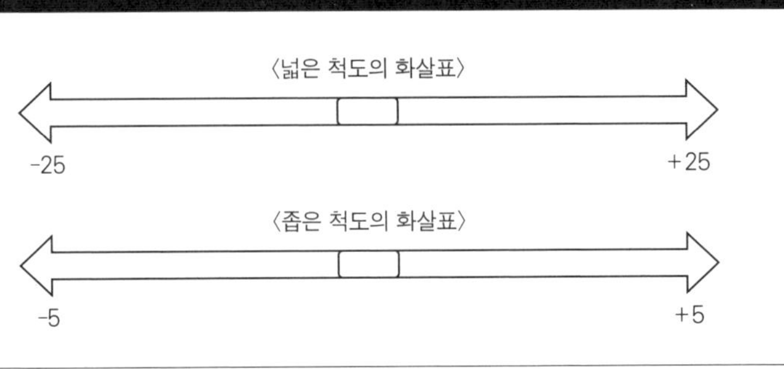

상관없는 몇 가지 질문을 추가했다. 질문에 모두 응답한 후 참가자들에게 감사 선물을 제공했는데, 초콜릿 바와 사과 중 하나를 선택하게 했다. 마지막으로 이 실험을 설명하면서 실험의 가설을 알고 있었던 참가자는 아무도 없었음을 확인했다. 실험의 결과는 연구자들의 예상대로 나타났다. 넓은 척도 상에 응답한 실험 참가자들의 84%가 감사 선물로 사과 대신 초콜릿 바를 선택했고, 좁은 척도 상에 응답한 실험 참가자들은 58%만이 초콜릿 바를 선택했다.

이 결과는 연구자들의 가설과 일치한다. 즉 감량해야 할 무게를 척도의 끝점에 가깝게 표시하게 할수록 목표의 진행이 느리다고 생각하기 때문에 결과적으로 체중 감량이라는 목표를 계속 달성하기 위해 목표와 일치하는 선물인 사과를 선택했다. 반대로 감량해야 할 무게를 척도의 중간 근처에 표시하게 되면 이미 이상적인 상태로의 진행이 빨라서 자신이 원하는 목표가 어느 정도 많이 달성되었다고 생각한다. 그래서 결과적으로 체중 감량이라는 목표와 일치하지 않는, 맛있지만 열량이 높은 초콜릿 바를 선택했다. 이 연구는 사람들의 목표 진행에 대한 인식이 선택 행동에 직접적인 영향을 미친 사례라고 할 수 있다. 사람들은 진행이 더 많이 되었다고 인식할수록 목표와 일치하지 않는 활동을 더 많이 선택하는 경향이 있는데 피시바흐와 다르는 이를 '해방 효과liberating effect'라 지칭했다.

이 장을 끝내며

이 장에서는 사람들이 가지고 있는 목표가 자신의 판단과 의사결정에 어떤 영향을 주는지 살펴봤다. 1960년대 이래로 심리학계를 휩쓸었던 '인지혁명cognitive revolution'의 영향으로 인간의 동기적인 측면에 대한 연구는 한동안 활발하게 이루어지지 않았다. 그러나 1990년대에 들어서면서 사람의 인지적인 측면과 아울러 동기적인 측면을 이해하지 않고서는 인간의 심리에 대한 올바른 이해가 불가능하다는 인식이 널리 퍼지면서 상당수 학자의 관심이 인간의 동기적인 측면으로 옮겨가게 됐다. 최근 들어 목표에 대한 연구가 활성화된 것도 바로 그 같은 움직임의 일환이라고 할 수 있다.

이 장에서는 주로 자아 규제와 관련된 목표들 그리고 목표의 진행에 대한 지각이 판단이나 의사결정에 미치는 영향을 살펴봤다. 지면의 제한 때문에 목표와 관련된 기존 연구의 극히 일부만을 소개했다. 그러나 사람들은 무수하게 많은 목표를 가지고 살아가고 있으며 그 목표들은 때로는 서로 충돌하기도 하고, 때로는 상위 목표와 하위 목표의 위계적인 관계를 맺기도 한다. 이 같은 목표 하이어라키의 역동성이 우리의 행동에 어떤 영향을 주는지는 아직 알려진 것보다는 알려지지 않은 부분이 훨씬 더 많다. 우리가 가진 목표가 어떻게 우리의 의사결정 행동에 영향을 주는가 하는 것이 바로 앞으로 우리가 더 열심히 생각하고 관찰할 필요가 있는 분야 중의 하나이다.

9 자기규제 초점이 개인의 투자 행동에 미치는 영향에 대한 국내 연구로는 하영원·김영두(2011)를 참조

CHAPTER 10

시간적 맥락에 따르는 선호의 변화

미래에 하고 싶다고 생각했던 일이
왜 막상 때가 되면 싫어질까?

과거, 현재 그리고 미래의 구분은
고집스럽게 지속되는 착각일 뿐이다.

알베르트 아인슈타인 Albert Einstein

A라는 사람이 생전 처음으로 2주간의 유럽 여행을 내일 당장 떠나는 경우와 6개월 뒤에 떠나는 경우를 생각해 보자. 같은 내용의 여행이지만 A의 입장에서 내일 당장 떠나는 여행과 6개월 뒤의 여행에 대한 생각이 같을 수는 없을 것이다. 내일 유럽 여행을 간다면 아마도 공항까지는 어떻게 가야 하는지, 유로화는 얼마나 바꿔야 할지, 비상약은 어떤 것을 챙겨야 하는지, 면세점에 가서 무엇을 사야 하는지 등의 생각으로 머리가 매우 복잡할 것이다. 그에 비해 6개월 후에 유럽 여행을 가기로 되어 있다면 아마도 A는 생전 처음 가 보는 유럽 여행으로 마음이 설레면서 파리의 미술관에서 미술책에서만 보던 그림을 감상하며 경험할 감동, 유럽 여러 나라의 음식을 맛보는 즐거움 등을 생각할 것이다. 이처럼 사람들은 같은 대상이라고 하더라도 그 대상과 시간상 가까운 경우와 멀리 떨어져 있는 경우 그들은 각각 전혀 다른 표상을 갖게 된다. 따라서 미래의 대안 중 하나를 고르는 상황에서 지금 당장 선택해야 하는가, 아니

면 해당하는 미래 시점에 선택하는가에 따라 사람들의 선택 내용은 전혀 달라질 수 있다.

해석 수준 이론: 시간에 따라 변화하는 대안에 대한 선호

시간에 따라 대안에 대한 사람들의 선호가 달라질 수 있다는 것은 소비자 의사결정에 대한 연구를 비롯한 많은 연구 분야에서 일관성 있게 밝혀지고 있다. 우리는 시간에 따라 사람들의 선호가 달라지는 불일치성을 자기통제와 관련한 문제를 통해 쉽게 이해할 수 있다. 예를 들면 아이스크림처럼 열량이 높은 디저트를 선택하거나, 음주나 흡연처럼 건강에 문제를 일으킬 수 있는 대안에 대한 사람들의 선호는 자기통제를 약화시키는 요인들에 의해 더 높아진다. 즉 장기적으로는 저열량의 건강한 음식을 선택하거나 금주, 금연을 하는 것이 자신의 건강을 위해 좋다는 것을 알고 있고 평상시에는 그런 대안을 선호하지만 일단 의사결정자의 의지력을 약화시키는 요인(예컨대, 음식의 냄새 등)에 의해 건강에 해로운 대안에 대한 선호가 증가하고 그 결과 근시안적인 선택을 하는 경향이 있다.

최근의 연구들은 이 같은 시간에 따른 대안의 선호 변화에 대해 좀 더 일반적인 시각에서 의사결정자의 인지적 과정에 초점을 맞추고 있다(Liberman & Trope, 2014; Malkoc & Zauberman, 2018; Trope & Liberman, 2003; Zauberman & Lynch, 2005; Zhao, Hoeffler & Zauberman, 2007). 특히 해석 수준 이론construal level theory: CLT에 의하면, 의사결정과 그 결과 사이의 시간적 거리는 미래의 대안에 대한 사람들의 반응을 변화시킨다고 한다(Liberman & Trope, 1998, 2014; Trope &

Liberman, 2000, 2003). 즉 사람들은 같은 정보라도 그 정보가 가까운 미래와 관련된 것인가, 아니면 먼 미래와 관련된 것인가에 따라 그것을 다르게 해석한다.

가까운 미래의 사건보다 먼 미래의 사건은 추상적이고 중심적인 정보로 이루어진 상위 수준의 해석들high-level construals로 머릿속에 표상된다. 그 결과 먼 미래의 사건은 상대적으로 맥락에 의해 영향을 덜 받는다는 특징을 가진다. 반면 가까운 미래의 사건에 대한 표상은 하위 수준의 해석들low-level construals로 이루어지는데 이들은 대체로 부수적이고 구체적이며, 상대적으로 맥락에 영향을 더 많이 받는다는 특징을 가진다. 예를 들면 어떤 사람이 1년 뒤에 새로운 아파트로 이사한다면 이는 '새로운 삶의 시작'처럼 상위 수준에서 해석될 가능성이 높고 비교적 추상적인 내용으로 머릿속에 표상될 가능성이 높다. 반면 일주일 뒤에 새로운 아파트로 이사한다면 그 사건은 하위 수준으로 해석될 가능성이 높으며, 그런 경우 대체로 이사는 짐을 싸고 옮기는 등 구체적인 하위 수준의 내용으로 표상된다(Liberman & Trope, 1998; Sagristano, Trope & Liberman, 2002).

시간에 따른 사람들의 해석 변화는 시간에 따라 사람들이 대안과 관련해 중요하게 고려하는 정보를 변화시킬 뿐만 아니라 의사결정의 결과를 바꾸기도 한다(Förster, Friedman & Liberman, 2004; Liberman & Trope, 1998). 먼 미래와 가까운 미래에 따라 사람들이 주로 활용하는 상위 수준 해석과 하위 수준 해석의 차이점은 〈표 10-1〉과 같이 요약할 수 있다.

어떤 대상이 사람들에게 상위 수준으로 해석되는가, 아니면 하위

〈표 10-1〉 상위 수준의 해석과 하위 수준의 해석 차이

상위 수준의 해석	하위 수준의 해석
추상적	구체적
단순한	복잡한
구조화된, 응집적	구조화되어 있지 않은, 비응집적
맥락을 초월한	맥락에 영향을 받는
우선적인, 핵심적인	부차적인, 표면적인
상위의	하위의
목적에 적합한	목적에 적합하지 않은

수준으로 해석되는가에 따라 대안에 대한 사람들의 선호가 달라질 수 있다(하영원, 윤은주, 2007). 예를 들면 어떤 실험에서 참가자들이 실험 목표를 달성하기 위해 수행해야 하는 과제가 '주된 과업(예컨대, 몇 개의 동영상에 대한 평가)'과 주된 과업들 사이의 쉬는 시간 동안 행해지는, 실험 목적과는 관련이 없어 보이는 '필러filler 과업(예컨대, 학생이 제출한 보고서의 맞춤법 점검)'으로 구성되어 있다고 가정해 보자. 이때 주된 과업은 과제의 우선적이고 일차적인 목표이기 때문에 행동이 상위 수준으로 해석되고 참가자들이 이해할 때 이를 중요하게 고려한다. 그러나 필러 과업은 행동의 부차적인 측면이기 때문에 행동이 하위 수준으로 해석될 때 상대적으로 중요하게 고려된다. 그러므로 해석 수준 이론에 의하면, 행동하는 시간적 거리가 증가하면 주된 과업이 필러 과업보다 그 중요성이 더 커질 것이다(Trope & Liberman, 2000).

트로페와 리버만Trope & Liberman(2000)은 '흥미로운 주된 과업과 지루한 필러 과업'으로 이루어진 과제, 그리고 '지루한 주된 과업과

흥미로운 필러 과업'으로 이루어진 과제를 참가자들에게 보여 주고 각 과제의 매력도를 판단하도록 했다. 각각의 과제는 3개의 주된 과업과 실험 참가자들을 쉬게 하거나 주된 과업들로부터의 주의를 분산시키는 필러 과업으로 구성됐다. '흥미로운 주된 과업과 지루한 필러 과업'으로 이루어진 과제의 타이틀은 '유머 판단하기'였다. 주된 과업은 3개 만화의 재미있는 정도를 판단하는 것이고, 필러 과업은 세 개의 주된 과업 사이에 숫자로 구성된 두 개의 리스트에서 서로 다른 숫자를 골라내도록 하는 데이터 검사 작업이었다. 한편 '지루한 주된 과업과 흥미로운 필러 과업'으로 이루어진 과제는 '데이터 검사하기'라고 타이틀을 붙인 다음, 위의 과제에서 주된 과업인 만화의 재미있는 정도를 판단하는 과업이 필러 과업이 되고, 데이터를 검사하는 필러 과업이 주된 과업이 된 경우다.

참가자들은 두 개 과제(즉, 흥미로운 주된 과업과 지루한 필러 과업으로 이루어진 과제 A와 지루한 주된 과업과 흥미로운 필러 과업으로 이루어진 과제 B)의 매력도를 평가했다. 실험 참가자 중의 반 정도는 4~6주 후에 자신이 더 매력적이라고 평가한 과제를 수행할 것이라는 지시를 받았으며, 나머지 반 정도는 지금 당장 두 개의 과제 중 더 매력적이라고 평가한 하나를 수행해야 한다는 지시를 받았다.

그 결과, 4~6주 후(즉, 먼 미래)에 과제를 수행해야 한다는 지시를 받은 참가자들은 주된 과업이 흥미로운 과제(A 과제)를 필러 과업이 흥미로운 과제(B 과제)보다 훨씬 더 매력적이라고 판단했다(A 과제 매력도 평균: 10점 중 8.53, B 과제 매력도 평균: 3.78). 그에 반해 가까운 미래인 지금 당장 A와 B 두 개의 과제 중에서 하나를 수행해야 한다는 지시를 받은 참가자들은 주된 과업이 흥미로운 과제(A 과제)를 필러 과업이 흥미로운 과제(B 과제)보다 선호하는 정도가 많이 약화됐다(A 과제 매력도 평균: 7.78, B 과제 매력도 평균: 4.69). 해석 수준 이론에서 예측하듯이 시간적 거리감이 증가할수록(즉, 해당 과제가 더 미래의 일일수록) 목적과 직접 관련된 행동에 대한 중요성이 강화되기 때문에 필러 과업은 지루하더라도 재미있는 주된 과업(A 과제)을 수행하는 것이 필러 과업은 재미있지만 주된 과업은 지루한 과제(B 과제)를 수행하는 것보다 훨씬 더 매력적이라고 생각하게 된다.

상위 수준의 표상과 하위 수준의 표상 사이의 가장 중요한 차이점은 바람직성desirability과 실행 가능성feasibility 사이의 상대적 중요성이라고 해석할 수도 있다(Liberman & Trope, 1998). 바람직성은 행동 최종 상태end state의 가치를 일컫지만, 실행 가능성은 최종 상태에 도달하는 방법상의 쉬움과 어려움을 말한다(Zhao, Hoeffler & Zauberman, 2007). 예컨대 트로페와 리버만(1998)에 의하면 학생들에게 제출 마감일이 먼 미래(4달 후)일 때 과제 2개 중 하나를 선택하라고 하면 주제는 재미있지만 과제 수행이 쉽지 않은 프로젝트(예컨대 19세기 화가 10명의 그림을 평가하는 논문 쓰기)를 선택하는 경향이 강하지만, 과제 제출 기한이 상대적으로 가까울 때(1달 후) 학생들은 재미는 없지만 끝내기 쉬운 과제(예컨대, 20세기에 활동했던 정치인 100명을 골라 그들의 생애를 간략하게 소개하기)를 더 많이 선택하는 경향을 보였다.

이처럼 해석 수준 이론에 의하면 시간적 거리가 커짐에 따라 바람직성에 관련된 정보가 중요해지는 반면, 실행 가능성에 관련된 정보의 중요성은 감소한다(Liberman & Trope, 1998, 2014; Trope & Liberman, 2000, 2003). 시간에 따라 바람직성과 실행 가능성 사이의 중요성이 변화하기 때문에 시간적 맥락에 따라 사람들의 선호도가 일치하지 않는다. 먼 미래를 위해서는 실행 가능성이 높은 대안보다는 바람직성이 높은 대안을 선호하고, 가까운 미래를 위해서는 반대로 실행 가능성이 높은 대안을 바람직한 대안보다 선호한다.

또 하나의 예로 자오, 호플러와 자우버만Zhao, Hoeffler & Zauberman (2007)의 실험을 들어 보자. 새로운 소프트웨어를 사용해야 완성할 수 있는 과제를 제출해야 할 때, 과제 제출 기한이 다음 학기 시작 전(3개월 후, 즉 먼 미래)까지인 학생들과 기한이 이틀 후(가까운 미래)까지인 학생들이 선호하는 소프트웨어가 서로 다르다는 것을 보여 줬다. 과제 제출 기한이 먼 미래인 학생들은 PC 전문 잡지에서 5점 만점에 4.5점을 받았으나 소프트웨어 용량이 크고 조작의 어려움이 중간 정도이며, 내려받기와 설치가 약 45분이나 걸리는 소프트웨어를 선호했다. 반면 과제 제출 기한이 짧은 학생들은 PC 전문 잡지에서 3점으로 낮은 점수를 받았으나, 소프트웨어 용량이 작고 조작은 비교적 쉬우며 내려받기부터 실행까지 약 10분 정도 걸리는 소프트웨어를 선호하는 것으로 나타났다. 즉 먼 미래를 위한 선택일 때는 추상적으로 바람직한 정도를 더 중시했지만, 가까운 미래를 위한 선택일 때는 상대적으로 실행 가능성을 더 중시한 것을 알 수 있다.

자오와 그녀의 동료들(2007)은 의사결정의 비일관성이 바람직하지 못하다는 전제 하에 시간적 맥락에 따라 선호의 일관성이 깨지는 현상을 어떻게 하면 극복할 수 있을까에 대해 생각했다. 즉, 위의 소프트웨어 실험에서처럼 먼 미래인지 가까운 미래인지에 따라 바람직한 정도와 실행 가능성에 부여하는 중요성을 차이를 어떻게 줄일 수 있을까 하는 문제다.

그들이 제시하는 방법은 먼 미래에 일어날 일에는 목적 달성을 위한 구체적인 프로세스를 일반적인 때보다 더 많이 생각하게 하고(프로세스 시뮬레이션), 가까운 미래에 일어날 일에는 프로세스보다 결과의 바람직성을 더 많이 생각하게 하면(결과 시뮬레이션) 시간에 따른 선호의 불일치가 감소할 것으로 생각했다.

위에서 말한 프로세스 시뮬레이션이란 어떤 목표에 도달하는 각 단계의 프로세스를 사람들에게 상상하게 하는 것이다. 대조적으로 결과 시뮬레이션은 목표를 달성함으로써 얻게 되는 바람직한 결과에 대해 생각하도록 부추기는 경우를 말한다(Taylor, Rivkin & Armor, 1998). 여러 연구에서 사람들이 프로세스에 초점을 맞춰 시뮬레이션한 경우, 결과에 초점을 맞춰 시뮬레이션하도록 한 사람들보다 일반적으로 성과가 더 우수한 것으로 나타났다(Oettingen & Mayer, 2002; Pham & Taylor, 1999; Rivkin & Taylor, 1999; Taylor et al, 1998). 예를 들면 팜과 테일러Pham & Taylor (1999)는 시험 공부를 할 때 시험에서 A 학점을 받는 것 자체를 상상해 시각화한 시뮬레이션을 했던 사람들보다 시험에서 A 학점 취득 방법을 시각화한 프로세스를 시뮬레이션했던 사람들이 중간고사를 위해 공부 시간을 더 많이 투자했을 뿐만 아니라 평균적으로 더 높은 학점을 받았음을 보였다.

이런 결과를 바탕으로 자오와 그녀의 동료들(2007)은 소프트웨어 실험에서 먼 미래에 과제를 제출하는 실험 참가자들에게 과제를 수행하기 위해 활용하는 소프트웨어의 사용 절차나 순서를 상상하도록 했다. 그리고 이 소프트웨어를 사용하는 동안 자신이 어떻게 느낄까를 상상하게 해서 프로세스 시뮬레이션을 하도록 조장했다. 한편 가까운 미래에 과제를 제출해야 하는 참가자들에게는 결과에 대한 정신적인 시뮬레이션을 하도록 했다. 즉 참가자들에게 마음속으로 소프트웨어를 사용해 수행한 과제의 품질에 집중하도록 하고, 소프트웨어를 사용해 과제가 끝난 후 자신이 어떻게 느낄까를 상상하도록 지시했다.

가까운 미래에 과제를 제출해야 하는 참가자들에게 결과 시뮬레이션을 실시한 결과, 참가자들은 바람직성이 높으나 이런 바람직성을 달성하기 위한 실행 가능성이 낮은 대안을 선호하는 경향이 늘어났다. 또한 먼 미래에 과제를 제출해야 하는 참가자들에게 프로세스 집중 시뮬레이션을 실시한 결과, 참가자들은 과제를 수행하는데 있어서 실행 가능성은 높으나 결과의 바람직성이 낮은 대안을 선호하는 경향이 증가했다. 다시 말하면 연구자들은 정신적 시뮬레이션을 통해 시간적 맥락에 따라 선호의 일관성이 깨지는 현상을 상당 부분 보완할 수 있음을 밝혔다.

결과의 시간적 순서에 따른 선호의 변화

전통적인 경제학에서 우리가 얻는 이득이나 손실은 시간에 따라 할인되는 것으로 본다. 즉 내가 1년 뒤에 얻게 될 100만 원은 지금 내 손에 쥔 100만 원보다 나에게는 가치가 작다. 마찬가지로 지금 당장 100만 원을 잃는 것은 1년 뒤에 100만 원을 잃는 것보다 더 고통스러운 일일 것이다. 이 같은 생각은 의사결정 시 단일한 결과만 제시될 때는 대체로 옳은 것으로 보인다. 그러나 우리에게 일련의 결과들이 시간적인 순서를 가지고 제시되는 경우에는 문제가 좀 더 복잡해진다. 예컨대 로웬스타인과 프렐렉Loewenstein & Prelec (1993)이 95명의 하버드대학교 학부생들을 상대로 시행했던 다음과 같은 실험을 생각해 보자.

연구자들은 참가자들에게 다음 질문을 했다. 괄호 안의 %는 그 대안을 선호한 참가자들의 비율이다.

① 다음 두 가지 대안이 모두 공짜라면 귀하는 어느 것을 선호하십니까? (n = 95)

A. 근사한 프랑스 식당에서의 저녁 식사 (86%)
B. 동네의 그리스 식당에서의 저녁 식사 (14%)

그러고 나서 프랑스 식당에서의 식사를 선호한 참가자들에게만 다음의 두 가지 질문을 했다.

② 다음 중 어느 것을 선호하십니까? (n = 82)

C. 한 달 후 금요일에 프랑스 식당에서의 식사 (80%)
D. 두 달 후 금요일에 프랑스 식당에서의 식사 (20%)

③ 다음 중 어느 것을 선호하십니까? (n = 82)

E. 한 달 후 금요일에 프랑스 식당에서 식사하고 두 달 후 금요일에는 그리스 식당에서 식사하는 것 (43%)
F. 한 달 후 금요일에 그리스 식당에서 식사하고 두 달 후 금요일에는 프랑스 식당에서 식사하는 것 (57%)

위의 결과를 보면 응답자 중 그리스 식당에서의 식사보다는 프랑스 식당에서의 식사를 선호하는 사람들이 훨씬 더 많다는 것을 알 수 있다(86% vs. 14%). 프랑스 식당에서의 식사를 선호하는 사람들에게만 물어본 두 번째 질문에서 한 달 후에 프랑스 식당에서 식사하는 것을 두 달 후에 하는 것보다 더 좋아한다는 것을 알 수 있다(80% vs. 20%). 두 번째 질문에 대한 응답은 같은 결과를 먼 미래에 얻는 것보다 가까운 미래에 얻는 것을 더 좋아한다는 의미에서 전통적인 경제학에서의 '할인 효용 이론discounted utility theory'에 맞는 결과라고 할 수 있다. 그러나 이 경우에도 20%나 되는 응답자들이 한 달 뒤보다는 두 달 뒤에 프랑스 식당에서 식사하는 것을 더 좋아한다는 것은 의외의 결과라고 할 수 있다.

사실 할인 효용 이론의 타당성에 결정적인 의문을 제기하게 하는 결과는 질문 ③에 대한 참가자들의 응답이다. 세 번째 질문에서는 프랑스 식당에서의 식사와 상대적으로 열등한 그리스 식당에서의 식사 순서를 이용해 새로운 시간적인 맥락 속에 집어넣었다. 첫 번째 질문에서 알 수 있듯이 일반적으로 사람들은 프랑스 식당에

〈그림 10-1〉 레델마이어와 카너먼(1996)의 연구에 보고된 두 명의 대장 내시경 시술을 받는 환자의 고통 강도

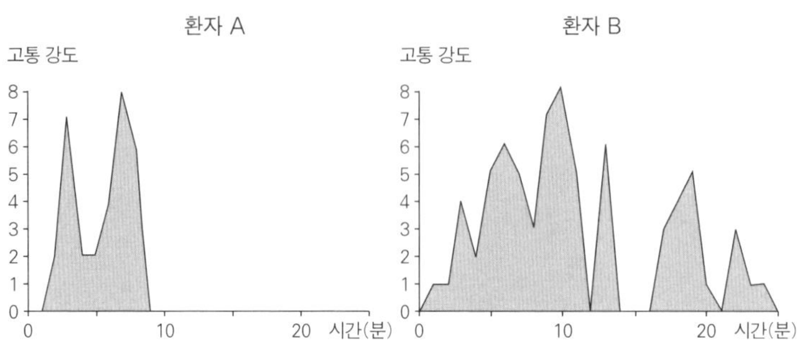

서의 식사를 그리스 식당에서의 식사보다 더 좋아한다. 할인 효용 이론에 의하면 두 대안이 순서대로 주어지는 경우, 더 좋은 대안이 먼 미래에 주어지는 것보다는 가까운 미래에 주어지는 것을 선호해야 한다. 따라서 할인 효용 이론에 의하면 당연히 대안 F(그리스 식당-프랑스 식당)보다는 대안 E(프랑스 식당-그리스 식당)를 선호하는 응답자가 더 많아야 할 것이다. 그러나 결과를 보면 대안 E보다는 대안 F를 선호하는 응답자가 더 많았다. 이 같은 결과는 사람들이 미래에 얻게 될 두 대안을 단순히 시간상 거리에 따라 할인해서 두 대안의 현재 입장에서 총 효용을 가지고 선호를 결정하는 것이 아니라 두 대안의 시간적 순서에 따라 나타나는 맥락에 의해 영향을 받는다는 것을 의미한다. 즉, 사람들은 같은 대안이지만 E 대안에서와 같이 '좋은 대안'에서 '나쁜 대안'으로 악화하는 것보다는 F 대안에서처럼 '나쁜 대안'에서 '좋은 대안'으로 개선되는 것을 더 좋아한다는 것을 의미한다. 이 책의 제4장에서 이미 언급한 바 있는 레델마이어와 카너먼(1996)의 연구는 사람들이 어떤 결과를 평가할 때 일련의 결과들이 하나의 순서를 이루는 경우, 그 결과들이 개선되는 추세에 있는지 아닌지가 결정적인 역할을 한다는 것을 또 다른 시각에서 보여 준다.

연구자들은 대장 내시경 시술을 받는 환자들에게 시술을 받는 순간의 고통 강도를 물어보고 시술이 모두 끝난 다음 전반적인 고통의 정도가 어느 정도인지를 질문했다. 〈그림 10-1〉에 나타나 있는 것은 대장 내시경 시술을 받는 두 명의 환자 A와 B가 실제 시술을 받으면서 느끼는 순간순간의 고통 강도를 시간에 따른 그래프로 나타낸 것이다. 두 환자가 받은 고통의 정도를 생각해 보면 일단 고통의 정점에서 느낀 주관적인 고통의 강도는 두 환자가 거의 비슷하다는 것을 알 수 있다. 한편 시간으로 따지면 환자 A보다는 환자 B가 두 배 이상의 시간 동안 고통을 받았다. 따라서 고통의 총량으로 보면 환자 B가 환자 A보다 더 많은 양의 고통을 받은 것으로 판단된다. 그러나 생각과는 달리 시술이 끝난 다음 대장 내시경 시술이 대부분에서 얼마나 고통스러웠는가를 묻는 말에 환자 A가 환자 B보다 더 고통스러운 경험이었다고 평가했다.

환자 A가 환자 B보다 자신의 경험을 더 고통스럽다고 평가하는 이유는 두 가지인 것으로 보인다. 첫째, 이미 제4장에서 살펴본 것처럼 사람들은 고통스럽거나 즐거운 경험을 평가할 때 그 경험의 지속 시간을 무시하는 경향duration neglect이 있다. 따라서 더 긴 시간 동안 고통을 당한 환자 B가 반드시 환자 A보다 더 고통스러웠다고 평가할 이유는 없다. 둘째, 정점과 마무리의 법칙peak-end rule(PE법칙)에 의하면 사람들이 과거의 경험을 평가하는 데 가장 큰 영향을 미치는 것은 그 경험의 정점과 마무리 시점에서 느끼는 고통이나 즐거움의 강도이다. 환자 A는 매우 극심한 고통을 경험한 뒤 갑자기 고통이 끝나 버렸지만, 환자 B는 마무리 시점에서 정점에서의 고통보다 훨씬 덜한 고통을 느끼면서 시술의 경험이 서서히 끝났다. 따라서 환자 B가 기억하는 전반적인 고통 수준은 환자 A가 기억하는 전반적인 고통 수준보다 상대적으로 낮은 고통으로 평가되었다고 볼 수 있다. 특히 환자 B는 마무리 시점에서 비교적 약한 고통을 경험했기 때문에 고통의 추세가 점차 개선되는 것을 느끼면서 시술이 끝났다는 사실이 중요하다.

마무리 시점에서 경험의 질이 개선되는 추세에 있는지 악화하는 추세인지, 아니면 안정화되어 있는지에 따라 전체적인 경험에 대한 평가는 달라진다. 즉, 우리가 경험하는 여러 결과의 순서는 우리가 그 경험들을 전체적으로 평가할 때 매우 큰 영향을 미친다고 할 수 있다.

시간 지각과 의사결정 스타일

아인슈타인은 상대성이라는 개념을 쉽게 설명하기 위해 "멋진 여성의 환심을 사려고 노력하면서 보내는 한 시간은 1초처럼 느껴지지만, 뜨거운 잿더미 위에 앉아있는 1초는 한 시간처럼 느껴진다. 그것이 상대성이다"라고 이야기한 바 있다. 이처럼 동일한 시간의 흐름이라고 하더라도 그것을 경험하는 사람의 입장이나 상황에 따라 짧게 느껴지기도 하고, 길게 느껴지기도 한다. 시간 흐름에 대한 지각을 연구한 학자들에 의하면 과거의 시점 A에서 시점 B까지의 시간에 대한 지각은 그 시간 동안 있었던 두드러진 사건들의 수에 의해 영향을 받는다(Ahn, Liu, & Soman, 2009; Zauberman et al, 2010). 예컨대, 내가 지난 한 달 동안 대학교 졸업식도 했고, 직장에 취업도 했으며, 일생 처음으로 승용차도 구입을 했다면, 별로 특기할 만한 일이 일어나지 않았던 다른 달에 비해 매우 긴 시간으로 느낄 수 있다. 사람들은 시간을 지각할 때 과거에 일어났던 사건에 대해 머릿속에 갖고 있는 표지event marker의 수가 많으면 긴 시간으로 지각하고, 표지의 수가 적으면 짧은 시간으로 인식하는 경향을 보이기 때문이다.

그러나 사건 표지의 수가 많을수록 항상 시간을 더 길게 느끼는 것은 아니다. 특히 특정 기간 동안 일어난 사건들이 우리의 주의를 시간 지각으로부터 빼앗아서 사건 그 자체에 더 많은 주의를 기울이게 만든다면 우리가 느끼는 주관적인 시간은 오히려 수축하여 짧게 느껴질 수 있다. 따라서, 특정 기간 동안 일어난 사건들은 ① 어떤 기간이 얼마나 길었는지를 판단하는 단서가 될 수도 있고(즉, 많은 사건들 = 긴 시간), ② 우리의 주의를 시간으로부터 다른 곳으로 향하게 만드는 촉매제가 될 수도 있다.

이 같은 사건 표지가 시간 지각에 대해 미치는 효과의 이중성에 착안하여 메이May (2017)는 과거뿐만 아니라 우리가 미래에 경험하리라고 예상하는 사건들의 경우에도 앞으로 다가올 시간이 얼마나 긴지를 판단하는 데 영향을 미칠 것으로 예측하였다. 특히 연구자는 의사결정 시 주로 추론reasoning에 의존하는 사람들은 현재와 미래의 특정 시점까지 사이에 예정된 두드러진 사건의 수가 많을수록 시간이 더 긴 것으로 판단할 것으로 예측하였다. 그러므로 그들은 '작지만 빨리 얻을 수 있는 보상smaller-sooner reward'과 '크지만 시간이 오래 걸리는 보상larger-later reward' 사이의 선택에서 전자를 선택할 가능성이 크다. 이에 반해 의사결정 시에 주로 감정에 의존하는 사람들은 사건의 수가 증가하면 주의가 분산되어 시간이 수축되므로 대기 시간이 짧게 느껴질 것이다. 그 결과로 그들은 작지만 빨리 얻을 수 있는 보상 대신 크지만 시간이 오래 걸리는 보상을 선택할 가능성이 크다.

메이는 이 같은 가설을 검증하기 위해 116명의 엠터크MTurk 참가자들에게 다음과 같은 실험을 실시하였다. 참가자들은 노트북 컴퓨터를 온라인에서 구매하는 상황에서 배달에 14일 걸리는 보통 배달(2.75달러)과 2일 걸리는 신속 배달(11.75달러) 중에서 하나를 선택해야 했다. 참가자들의 절반은 현재와 14일 후의 시점 사이에 일어날 개인적 사건(예컨대, 내 생일 파티)을 하나만 적어보도록 하였다. 나머지 절반은 4개의 개인적 사건을 적도록 하였다. 그런 다음 그들은 보통 배달과 신속 배달 중에서 하나를 선택하였다. 그 결과 의사결정 시 감정에 의존하는 참가자들은 사건의 수가 1개에서 4개로 많아지면 대기 시간을 더 짧게 느꼈으며, 대기 시간에 대한 참을성이 증가하여 신속 배달보다는 보통 배달을 선호하는 경향을 보였다. 반면 의사결정 시 추론에 의존하는 참가자들은 사건의 수가 증가하면 대기 시간을 더 길게 느꼈으며, 대기 시간에 대한 참을성이 감소하여 보통 배달보다 신속 배달을 선호하는 경향을 나타냈다.

이 장을 끝내며

이 장에서는 시간적 맥락에 따라 달라지는 사람들의 선호가 판단과 의사결정에 어떤 영향을 주는지 살펴봤다. 사람들은 먼 미래의 일에 대해서는 추상적이면서 핵심적인 속성 위주로 머릿속에 그린다. 그에 반해 가까운 미래의 일에 대해서는 같은 대상이라도 구체적이고 주변적인 속성들 위주로 표상되는 것이 보통이다. 그 결과 먼 미래에 속한 일에 대해서는 바람직한 정도가 높은 대안이 선택될 가능성이 크고, 가까운 미래에 속한 일에 대해서는 실행 가능성이 높은 대안이 선택될 가능성이 크다.

우리는 종종 "내가 이 일을 왜 시작했지?" 또는 "내가 이런 일을 왜 맡았지?"라고 한탄하면서 자신의 의사결정을 후회하는 때도 있다. 예를 들어 "다음 달부터는 저녁 시간에 집에서 TV만 볼 것이 아니라 요가 학원에 등록해서 요가를 배워야겠다"고 마음먹고 두 달짜리 수강증을 끊었다고 생각해 보자. 아마도 의사결정을 할 당시에는 그 일이 바람직하다고 판단해서 시작했을 것이다. 그러나 막상 요가 수강을 시작해 보니 수강을 계속하면서 느끼는 보람보다는 요가 학원까지 지하철을 타고 가면서 귀찮음을 느끼는 등의 구체적인 일 때문에 느끼는 번거로움이 드러난다. "내 마음을 나도 모른다"는 이야기도 현재 시점의 나 자신과 미래 시점에서 나 자신이 다른 시각과 다른 선호 체계로 세상을 바라보기 때문에, 자신이 의사결정 당시에 어떤 대상에 대해 느끼는 것과 그 의사결정의 결과

하게 되는 경험에서 느끼는 것이 다르다는 의미일 것이다. 사람들이 시간적인 맥락에 따라 자신의 선호가 바뀔 수 있다는 사실을 의사결정 시에 떠올릴 수 있다면 자신의 의사결정 때문에 후회하는 일들을 많이 줄일 수 있을 것이다.

이 장에서 다룬 또 하나의 이슈는 결과의 시간적인 순서가 일련의 사건에 대해 사람들이 내리는 전반적인 평가에 결정적인 영향을 줄 수 있다는 것이다. 이는 단순히 경제학에서 시간이 개입된 의사결정을 다룰 때 흔히 사용되는 할인 효용 모형의 타당성에 의문을 제기하는 차원을 넘어서, 의사결정자가 시간적 맥락에 따라 대안들을 평가하는 데 일정한 심리적인 법칙이 있다는 것을 시사한다. 아마도 지금 현재 참기 어려운 고통을 겪고 있는 사람도 앞으로 그 고통이 점차 완화되고 개선될 수 있다는 희망을 품은 사람은 현재의 고통을 참을 수 있다. 하지만 지금 경험하는 고통이 약하더라도 앞으로 고통 수준이 개선될 희망이 보이지 않는 사람은 현재의 약한 고통 수준도 참기 어렵다는 것은 이 장에서 다룬 여러 가지 현상에서 일반화한 원칙들로 설명할 수 있다.

사람들은 시간을 지각할 때, 특정 기간 동안에 일어난 두드러진 사건들에 관한 심리적 표지event marker에 많은 영향을 받는다. 즉 시점 A와 시점 B 사이의 사건 표지 수가 많아지는 경우, 이를 시간 길이 판단에 있어서의 단서로 사용하게 되면 시간을 더 길게 느끼지만, 사건 표지가 주의를 분산시키는 촉매제로 작용하면 시간을 더 짧게 느낀다. 우리는 백화점, 놀이공원, 식당 등에서 고객들이 서비스를 받기 위해 긴 대기 행렬을 이루고 있는 광경을 흔히 볼 수 있다. 자동차 같은 제품 구매할 때에도 소비자들은 상당히 긴 시간을 기다려야 구매한 차를 인도 받을 수 있는 경우가 흔하다. 기다리는 시간은 일반적으로 매우 지루하고 고통스럽다는 것을 감안하면, 유능한 소비자 경험 디자이너는 소비자들이 기다리는 시간이 짧게 느껴질 수 있도록 여러 가지 사건들로 감성을 불러일으켜 대기 시간의 흐름으로부터 소비자들의 주의를 분산시킬 수 있는 방법을 찾아낼 것이다.

··· PART 4 ···

의사결정과 행복

CHAPTER 11

부정성 편향

나쁜 것이 좋은 것보다 강하다

모든 행복한 가정은 서로 닮았지만,
모든 불행한 가정은 각기 다른 이유로 불행하다.

레오 톨스토이 Leo Tolstoy

어떤 일식집에서 식사하는 상황을 생각해 보자. 평소에 좋아하는 새우튀김이 가득 담긴 접시에 바퀴벌레가 한 마리 발견되었다면 아마도 그 새우튀김 요리는 못 먹는 음식이 되어 버릴 것이다. 그와는 반대로 접시에 바퀴벌레튀김이 하나 가득 있는데 그 위에 새우튀김 한 마리를 얹어 놓는다고 해서 그 요리가 맛있는 음식으로 변하지는 않는다. 이처럼 긍정적인 요소라고 할 수 있는 맛있는 요리 전체는 조그만 부정적 요소인 바퀴벌레 한 마리 때문에 전체가 부정적인 것으로 바뀐다. 그러나 부정적인 요소인 바퀴벌레튀김이 긍정적 요소인 새우튀김 한 마리 때문에 긍정적인 것으로 바뀌지는 않는다.

일반적으로 사람들은 어떤 대상이나 사건을 평가할 때 긍정적인 것보다는 부정적인 것에 더 많은 가중치를 두는 경향을 보인다. 부정성 편향은 보통 다음 네 가지 형태로 나타난다.

① 부정적인 요소는 동등한 가치를 갖는 긍정적인 요소보다 강

력하다(부정적 요소의 강력함negative potency).

② 사람들이 시간이나 공간적으로 부정적인 사건에 접근할 때 부정성이 증가하는 정도(또는 기울기)는 긍정적인 사건에 접근할 때 긍정성이 증가하는 정도(또는 기울기)보다 크다(부정적 요소의 가파른 기울기steeper negative gradients).

③ 긍정적인 요소와 부정적인 요소가 혼합되어 있을 때, 단순히 각각 요소의 개별적인 평가를 더한 절댓값보다 부정적인 쪽으로 평가가 치우치는 경향이 있다(부정적 요소의 우세negative dominance).

④ 부정적인 것은 긍정적인 것에 비해 더 다양한 양태로 나타나고 더 복잡한 개념적 표상을 하고 있으며, 사람들에게 더 다양한 반응을 불러일으킨다(부정적 차별화negative differentiation).

이 같은 현상을 통칭해 '부정성 편향negativity bias'이라고 부른다(Rozin & Royzman, 2001). 이 장에서는 부정성 편향이 일어나는 모습을 구체적으로 살펴보고 그러한 편향이 갖는 판단과 의사결정 상의 시사점을 생각해 보기로 한다.

부정성 편향과 사건에 대한 반응

일반적으로 부정적인 것이 긍정적인 것보다 강하기 때문에, 부정적인 사건은 긍정적인 사건보다 그 영향력이 더 오래가고 더 강한 결과를 낳는다. 헬슨Helson (1964)이 제시한 '적응 수준 이론adaptation level theory'은 삶의 사건들이 가져오는 영향력을 설명하는 이론으로서 폭넓게 인정받고 있다. 이 이론에 의하면, 삶에 상당한 변화를 가져오는 사건들의 영향력은 일시적이라고 한다. 사람들은 안정적인 것보다 변화에 더 많이 반응하기 때문에 새로운 것에 가장 민감하다. 따라서 변화는 강력한 반응을 만들지만 이러한 변화로 발생한 환경에 점차 덜 반응하게 되고 결국에는 당연하다고 여긴다. 브릭만과 캠벨Brickman & Campbell (1971)은 이러한 이론을 사람들의 행복에 적용해 '쾌락의 쳇바퀴hedonic treadmill'라는 가설을 만들었다. 마치 다람쥐가 돌아가는 쳇바퀴 위에서 항상 일정한 자리를 지키듯이 긍정적인 사건과 부정적인 사건이 사람들에게 미치는 영향력은 둘 다 시간이 흐를수록 사라지기 때문에 장기적인 행복은 어떤 사건이 일어났는지에 상관없이 거의 일정하게 유지된다는 가설이다.

그렇지만 브릭만, 코츠와 자노프-불먼Brickman, Coates & Janoff-Bulman (1978)은 '쾌락의 쳇바퀴' 가설을 테스트하면서 부정적인 사건이 긍정적인 사건보다 더 천천히 사라진다는 것을 발견했다. 연구자들은 세 그룹의 응답자들을 인터뷰했다. 첫 번째 그룹은 복권에 당첨된 사람들이었고, 두 번째 그룹은 사고 때문에 신체가 마비된 사람들이었으며, 세 번째 그룹은 최근에 큰 사건을 겪지 않은 사람들이었다. 인터뷰는 복권 당첨이나 사고가 발생한 지 1년쯤 지난 시점에 시행됐다. 복권 당첨자들은 다른 두 그룹의 사람들보다 더 행복하다고 느끼지는 않았다. 즉 긍정적인 사건은 '쾌락의 쳇바퀴' 가설을 지지한 것이다. 브릭만과 그의 동료들은 이러한 결과가 습관화 때문일 것으로 생각했다. 즉 적응 수준 이론에서 예측하는 것처럼 복권 당첨에 기인하는 행복감은 오래가지 않으며, 당첨자의 행복 수준은 복권 당첨 이전의 수준으로 재빨리 돌아가게 되는 것이다. 오히려 복권 당첨의 지속적인 효과는 원래 복권 당첨자가 당첨 이전에 느낄 수 있었던 즐거움이 감소하는 것과 같은 부정적인 효과만 남아 있는 경우가 많았다.

브릭만과 그의 동료들은 행운에 기인하는 행복감이 일시적인 데 반해 교통사고 같은 사고에 의한 물질적 또는 신체적 피해는 사람들이 그것에 적응하는 데 훨씬 더 많은 시간이 걸린다는 것을 발견했다. 피해자들은 최근에 큰 사건을 겪지 않은 사람들보다 자기 자신을 훨씬 더 불행하다고 생각했다. 그들은 자신의 현재 상황을 사고가 나기 전의 삶과 끊임없이 비교했는데, 이는 복권 당첨자들과 상당히 대조적이었다. 복권 당첨자들은 이전의 가난에서 자신의 삶이 얼마나 많이 개선되었는지에 대해 그다지 많이 생각하지 않는 것으로 밝혀졌다. 연구자들은 피해를 본 사람들이 과거를 많이 생각하는 현상을 '향수 효과nostalgia effect'라고 불렀다.

이 같은 발견은 이득과 손실에 대한 사람들의 적응이 비대칭적이라는 것을 보여 주며, 그것은 부정적인 것이 긍정적인 것보다 강하다는 관점과 일치한다. 적응 수준 이론은 전반적인 삶에서 일어나는 변화가 긍정적이건 부정적이건 그 영향력은 오래가지 않으며, 사람들이 보통 가지고 있는 기준점 혹은 원점으로 돌아가는 경향이 있음을 시사한다. 짧지만 강한 행복을 겪고 난 후, 사람들은 시간이 조금만 지나도 새로운 상황에 적응해 사건의 발생 전보다 더 행복하다고 느끼지 않는다. 그러나 적응 수준 이론의 예측과는 달리 심각한 불행을 겪으면, 사람들은 결국 그 불행으로부터 심리적으로 회복돼 새로운 상황에 적응하기는 하지만 회복되는 속도는 느리다 (Taylor, 1983).

부정성 편향과 인간관계

사람들의 목표 가운데 가장 중요한 목표 중 하나가 타인과 좋은 관계를 형성하고 유지하는 것이다. 그러나 많은 인간관계가 오래 유지되지 못하거나 불만족스럽다. 여기서는 장기적인 인간관계에 영향을 미치는 긍정적인 요소와 부정적인 요소를 살펴보고자 한다. 사실 인간관계는 대개 긍정적인 관계와 부정적인 관계의 측면을 모두 가지고 있다. 사람들은 아무리 친한 친구라도 그 친구에게 섭섭하거나 불만스러웠던 경험이 있으며, 싫어하는 사람이라도 대개는 약간의 호의적인 경험을 하기도 한다. 많은 연구에 의하면 인간관계의 부정적인 측면이 갖는 파괴적인 효과는 긍정적인 측면이 갖는 이로운 효과보다 훨씬 더 많은 영향을 미친다.

일반적으로 사람들은 부정적 의사소통과는 반대로 긍정적인 의사소통은 인간관계에서 높은 만족감(예를 들어 깊은 우정에서 느끼는 만족감)을 가져다준다고 믿는다. 많은 연구 결과가 이러한 일반적인 생각을 지지하고 있다. 관계에 만족하는 사람들은 좀 더 긍정적인 언어 행동(동의, 확인, 건설적인 문제 해결, 예의 바름)과 비언어 행동(미소, 고개를 끄덕임, 걱정하는 목소리, 배려)을 사용해 의사소통을 수행한다. 반면, 관계에 만족하지 못하는 사람들은 좀 더 부정적인 언어 행동(위협, 비난, 모욕)과 비언어 행동(눈살을 찌푸림, 차갑고 딱딱한 목소리로 말하기)을 사용해 의사소통을 수행한다.

그러나 더 중요한 것은 긍정적인 의사소통과 부정적인 의사소통은 인간관계에 관한 만족에 비대칭적인 영향을 준다는 점이다. 즉 부정적인 의사소통이 긍정적인 의사소통에 비해 훨씬 더 결정적인 영향을 미친다. 고트만Gottman (1979, 1994)은 이러한 사실을 보여 주기 위해 결혼한 부부들이 다양한 주제에 관해 이야기하는 모습을 실험실과 그들의 집에서 비디오로 촬영했다. 이야기의 주제는 그들이 하루 일상을 어떻게 보냈는지, 어떤 음식의 영양적인 가치, 일반적으로 발생할 수 있는 결혼 생활의 문제점들, 그들 사이의 관계에서 발생한 갈등에 대한 것 등이 포함됐다. 고트만은 부부의 행동을 언어적·비언어적·긍정적·부정적 범주로 나누어 코드화했다. 연구의 결과는 부정적 행동의 존재 여부가 긍정적 행동의 존재 여부보다 부부 관계의 질과 더욱 강하게 연관돼 있었다.

긍정성과 부정성은 서로 독립적이다. 왜냐하면 하나를 증가시킨다고 해서 다른 하나가 반드시 감소하는 것은 아니기 때문이다. 특히 중요한 것은 인간관계에서 긍정적인 행동을 증가시키는 것이 부정적인 행동을 감소시키는 것만큼의 영향을 미치지 못한다는 것이다. 고트만과 크로코프Gottman & Krokoff (1989)의 연구도 결혼생활에서 부부의 상호작용을 비디오로 촬영했는데, 부부간 부정적인 상호작용이 긍정적인 상호작용보다 결혼의 만족도에 대한 예측력이 더 크다는 것을 발견했다.

또한 고트만과 레벤슨Gottman & Levenson (1986)은 감정적인 상호작용이 관계 만족의 변화에 미치는 영향을 주제로 연구했는데, 그들은 부부가 상호작용하는 모습을 비디오로 촬영했다. 연구자들이 관심을 뒀던 부분은 부부간의 상호성reciprocity이었다. 즉, 부부 중 한 사람이 어떤 감정을 나타내면 다른 한 사람이 즉시 상대방의 감정과 유사한 감정이나 감정의 변화를 표현하는지에 주목했다. 관찰 결과 부정적인 감정의 상호성은 긍정적인 상호성보다 훨씬 더 영향력이 컸다. 부정적 감정의 상호성이 갖는 영향력은 행복한 결혼생활과 괴로운 결혼생활을 판가름한다. 연구자들은 그들의 초기 연구를 한 지 2년 후에 후속 연구를 했다. 연구 결과 처음에 높은 부정적 감정의 상호성을 보였던 부부들은 상호 간의 관계에 대한 만족이 많이 줄어들었지만, 긍정적 감정의 상호성은 관계 만족에 아무런 영향을 미치지 않는 것으로 나타났다. 요약하자면, 부부관계는 한 사람이 다른 사람의 부정적 행동이나 감정에 부정적으로 반응하는가 그렇지 않은가에 따라 큰 영향을 받는다고 할 수 있다.

이러한 연구 결과를 토대로 고트만(1994)은 부부간의 관계를 평가하기 위한 진단적 지표를 제안했는데, 그는 부부간 관계가 만족스럽게 유지되기 위해서는 긍정적인 상호작용의 수가 부정적 상호작용의 수보다 적어도 다섯 배는 더 많아야 한다고 주장했다. 만약 이 비율이 그 밑으로 떨어지면 그 부부의 관계는 실패하거나 깨지기 쉽다. 이 지표는 부정성에 대한 논의를 잘 요약하고 있다. 즉, 부정적인 사건은 긍정적인 사건보다 훨씬 강력해서 긍정적인 사건이 더 큰 영향을 주기 위해서는 긍정적인 사건의 수가 부정적인 사건의 수보다 훨씬 더 많아야 함을 의미한다. 고트만의 지표는 적어도 부부간의 관계에서는 부정적 사건의 영향력이 긍정적 사건보다 평균적으로 다섯 배 정도 더 강하다는 것을 말하고 있으므로 부부간의 관계를 호의적으로 유지하기 위해서는 당사자가 생각하기에 좀 과하다 싶을 정도로 상대방에 대한 애정 표현이나 칭찬을 자주 하는 것이 필요하다.

학습에서의 부정성 편향

학습은 다양하게 정의할 수 있지만, 상황적인 피드백 때문에 행동적 또는 인지적 변화로도 정의할 수 있다. 상과 벌은 학습을 유발하는 주요한 두 가지 종류의 상황적 피드백이다. 몇몇 연구자들은 상과 벌의 상대적인 영향력을 조사했다.

이러한 연구 중 초기의 연구에서는 실험 참가자들의 적극적인 응답을 요구하는 과업에서 학습에 대한 상과 벌의 효과성을 비교했다. 부정확한 응답에 대한 벌(실수에 대해 혐오할 만한 자극을 주는 것)은 정확한 응답에 대한 상보다 항상 효과적인 것으로 나타났다. 즉 페니와 럽튼Penney & Lupton (1961)의 연구와 스펜스Spence (1966)의 연구는 언어적인 상과 벌(답이 맞다, 또는 틀렸다고 알려주는 것)을 사용했는데 벌은 상보다 더 빠른 학습을 유발했다. 스펜스와 세그너Spence & Segner (1967)는 비언어적 벌(시끄러운 소음을 들려주는 것)과 언어적 벌(틀렸다고 알려주는 것)의 효과와 비언어적 상(사탕)과 언어적 상(맞았다고 알려주는 것)의 효과를 비교했는데, 두 가지 형태의 벌은 어떤 형태의 상보다도 학습의 성과를 증진하는 데 더 효과적인 것으로 나타났다. 다시 말하면, 사람들은 긍정적 사건인 상보다는 부정적 사건인 벌로 더 빨리 배운다는 것을 알 수 있다.

코스탄티니와 호빙Costantini & Hoving (1973)은 더 엄격한 방법론을 사용해 이러한 연구를 확장했다. 위에 소개한 연구에서 상으로 사용한 사탕과 벌로 사용한 시끄러운 소음의 비교는 절대적인 크기나 중요도의 측면에서 같지 않을 수 있다는 문제에 부딪혔다. 이 문제를 해결하기 위해 그들은 다음과 같은 실험을 했다. 연구자들은 우선 어린이들을 두 그룹으로 나누었다. 상을 받는 조건의 어린이들에게는 빈 통을 주면서 실험 과업(예컨대, 같은 그림의 짝을 찾는 일)을 잘 수행해서 가능한 한 많은 구슬을 받으면 이길 수 있다고 설명했다. 벌을 받는 조건의 어린이들에게는 구슬이 가득 찬 통을 주면서 과업을 잘 수행해서 가능한 한 구슬을 적게 잃으면 이길 수 있다고 설명했다. 이러한 실험 과정에서는 과업 성과에 따라 같은 수의 구슬을 주거나 빼앗기 때문에 실험 참가자가 부여하는 상과 벌의 중요도는 같다. 두 그룹의 차이점은 단지 한 조건의 어린이들은 성공하면 구슬을 얻고, 다른 조건의 어린이들은 실수하면 구슬을 잃는다는 것이다. 이 실험에서 연구자들은 상보다는 벌을 주는 조건에서 더 좋은 성과를 얻을 수 있다는 것을 발견했다.

코스탄티니와 호빙의 또 다른 실험에서는 바닥에 놓여 있는 판자에서 가능한 한 천천히 걷게 하는 과업과, 같은 그림을 찾은 후 실험자에게 말하기 전까지 가능한 한 오래 기다리게 하는 과업을 실시했다. 두 가지 과업 모두에서, 금지적인 행동을 학습하는 데 있어 벌을 받는 상황이 상을 받는 상황보다 그 효과가 더 오래가고 더 강력한 것으로 나타났다. 코스탄티니와 호빙은 어린아이들에게 무언가를 잃는 것을 회피하고자 하는 동기가 무언가를 얻고자 하는 동기보다 더 강하다는 것을 보여 줬다. 이러한 결과는 '나쁜 것'의 효과가 '좋은 것'의 효과보다 더 강력하다는 것을 말해 주는 또 다른 증거라고 할 수 있다.

어떤 연구자들은 상과 벌에 대한 민감성이 나이가 들면 달라지는지를 연구했다. 틴달과 래틀리프Tindall & Ratliff(1974)는 540명의 초등학교 1학년, 4학년, 중학교 2학년 학생들을 대상으로 학습에 미치는 벌의 효과성이 발달 단계에 따라 달라지는지에 관한 연구를 수행했다. 연구자들은 일단 어린이들을 세 그룹으로 나누었는데, '상' 조건의 어린이들은 정확한 응답(즉, 여러 그림 중에서 특정 그림을 올바르게 찾는 것)을 하면 선물권을 받았다. '벌' 조건의 어린이들은 부정확한 응답을 하면 시끄러운 소음에 노출됐다. 마지막으로 '상-벌' 조건의 어린이들은 정확한 응답을 하면 선물권을 받았고 부정확한 응답을 하면 시끄러운 소음에 노출됐다. 실험의 결과는 벌 조건 어린이들의 성과가 상 조건의 어린이들과 상-벌 조건 어린이들의 성과보다 더 좋은 것으로 나타났으며, 상 조건과 상-벌 조건 간에는 차이가 나타나지 않았다. 또한 중학교 2학년 학생들의 성과가 초등학교 1학년과 4학년 학생들의 성과보다 더 좋은 것으로 나타나 학습과 관련해 발달 단계에 따른 주 효과는 나타났지만, 발달 단계는 상-벌에 관한 실험 조건과 어떠한 상호작용도 없었다. 즉 벌이 상보다 더 효과적인 것은 나이에 따라 달라지지 않음을 보여 줬다.

부정적 감정과 긍정적 감정의 상대적 영향력

만약 좋은 것보다 나쁜 것이 더 강하다면, 부정적인 감정과 정신적인 고통이 긍정적이고 즐거운 감정보다 더 강한 영향을 미치리라 예측할 수 있다. 긍정적인 감정 상태와 부정적인 감정 상태는 중립적인 감정 상태와 대비해 서로 비교할 수 있다.

우리가 일상생활에서 사용하는 언어는 긍정적인 감정과 부정적인 감정의 상대적인 힘을 반영하는 하나의 지표를 제공한다. 즉 일반적으로 부정적인 감정이 긍정적인 감정보다 더 강하고 중요해서 우리가 사용하는 언어에서 더 풍부하게 나타나는 경향이 있다. 따라서 부정적인 감정을 표현하는 단어의 수가 긍정적인 감정을 표현하는 단어의 수보다 훨씬 더 많다. 애버릴Averill (1980)은 558개의 감정을 표현하는 단어들을 정리해 '감정적 개념들의 의미론적 지도'를 만들었다. 그는 감정을 표현하는 단어들을 실험 참가자들에게 보여 주고 평가하게 했는데, 부정적인 단어가 긍정적인 단어보다 약 1.5배 더 많은 것으로 나타났다(62%가 부정적 단어였으며 38%가 긍정적 단어였다). 또한 애버릴은 세 명의 동료에게 앤더슨Anderson (1965)이 고안한 555개의 성격 특성들로 이루어진 리스트를 감정적 특성들과 비감정적 특성들로 분류하게 했다. 비감정적 특성에서는 긍정적인 특성(예컨대, 정직함)이 부정적인 특성(예컨대, 무책임함)보다 약간 더 많았다(57%). 그러나 감정적인 특성에서는 긍정적인 특성(예컨대, 다정다감함)보다는 부정적인 특성(예컨대, 냉담함)이 대부분을 차지했다(74%). 분명히 우리가 사용하는 언어에는 부정적인 감정에 대한 단어가 긍정적인 감정에 대한 단어보다 더 많다는 것을 알 수 있다.

밴 구젠과 프리자Van Goozen & Frijda (1993)의 연구 또한 유사한 결론을 얻었다. 그들은 유럽의 6개국과 캐나다에 거주하는 실험 참가자들에게 생각할 수 있는 모든 감정에 대해 5분 안에 적어 보도록 했다. 그러고 나서 연구자들은 국가별로 가장 많이 언급된 12개의 단어를 선발했다. 기쁨joy, 슬픔sadness, 화anger, 공포fear의 네 단어가 모든 국가에서 12개 단어 중 상위를 차지했다(네 개의 단어 중 세 개가 부정적 단어이다). 사람들은 감정에 관련된 단어를 생각할 때 부정적인 감정에 대한 단어들을 더 많이 떠올리는 것을 알 수 있다.

부정적인 감정과 긍정적인 감정의 상대적 힘에 대한 또 다른 증거로 사람들의 감정 조절affect regulation에 대한 연구 결과를 살펴보자. 사람들은 자신의 기분을 바꾸려고 노력하고 또한 기분을 바꾸기 위해 다양한 전략을 구사한다. 이러한 두 가지 목표에서도 비대칭성이 존재한다. 즉 사람들은 일반적으로 좋은 감정을 얻기보다는 나쁜 감정을 피하는 것에 더 집중하는 경향이 있다. 바우마이스터, 헤더튼과 타이스Baumeister, Heatherton & Tice (1994)는 좋은 감정을 얻기 위한 전략보다 나쁜 감정을 피하기 위한 전략이 훨씬 더 많이 존재한다는 것을 밝혔다. 이들은 감정 조절 방법에 여섯 개의 카테고리가 있다고 주장했다. 좋은 감정으로 유도하기 위한 노력, 즐거운 감정을 연장하려는 노력, 즐거운 감정을 끝내려는 노력, 나쁜 감정으로 유도하기 위한 노력, 나쁜 감정을 연장하려는 노력, 나쁜 감정을 끝내려는 노력이 그것이다. 그러나 이 카테고리 중 나쁜 감정을 끝내려는 노력이 가장 많이 언급되는 감정 조절 방법이었다. 즉 사람들은 자기 자신을 좋은 감정으로 유도하거나 이를 지속하기 위해 자신의 에너지를 사용하는 것보다는 나쁜 감정에서 빠져나오기 위해 자신의 에너지를 훨씬 더 많이 사용한다. 이러한 사실은 부정적인 감정이 더 강하다는 주장과 맥락을 같이한다.

토머스와 디에너Thomas & Diener (1990)의 긍정적인 감정과 부정적인 감정에 대한 회상recall에 관한 연구에서도 비슷한 결론을 찾아볼 수 있다. 이들은 각 참가자에게 감정적 경험의 평가를 일기와 같은 형태로 적게 해서 그것에 나타난 긍정적 감정과 부정적 감정에 관한 평가를 비교했다. 연구자들은 사람들이 긍정적인 감정의 빈도에 대해서는 과소평가하지만, 부정적인 감정의 빈도에 대해서는 비교적 정확하게 평가한다는 것을 발견했다. 이런 결과는 사람들에게 긍정적인 감정 경험이 부정적 감정 경험보다 상대적으로 그 영향력이 약하기 때문에 사람들은 긍정적 감정을 비교적 쉽게 잊어버린다는 것을 시사한다.

정보 처리와 부정성의 영향

사람들은 외부에서 들어오는 정보를 처리할 때, 긍정적 정보와 부정적 정보, 그리고 중립적 정보를 접하게 된다. 사람들은 인지적인 한계 때문에 모든 정보를 같은 정도로 처리할 수 있는 능력이 없다. 따라서 사람들은 자신의 인지적 자원을 우선순위가 높고 중요한 것에 집중하는 경향을 보인다. 만약 '나쁜 것'이 '좋은 것'보다 더 강하다면, 나쁜 사건과 관련된 정보는 좋은 사건과 관련된 정보보다 더 정밀하게 처리될 것이다. 더 정밀한 정보 처리를 하기 위해 사람들은 부정적 정보에 대해 상대적으로 더 많은 주의를 기울이고, 정보를 더 세밀하게 정교화하거나 더 광범위한 인지적 해석(예를 들어, 귀인과 같은 추론)을 한다.

일반적으로 사람들은 자신에게 발생한 사건들을 이해하려고 노력하는데, 일어난 어떤 사건에 대한 원인을 찾는 과정인 귀인 과정은 이러한 의미를 찾는 노력의 한 부분이라고 할 수 있다(Baumeister, 1991). 귀인 과정에서 사람들은 왜 어떤 사건이 일어났는지에 대한 물음에 답을 주는 원인을 찾으려 할 수도 있고, 사건에 대해 다른 해석을 하거나 사건을 재구성할 수도 있다. 몇몇 연구 결과들은 사람들이 긍정적인 사건보다 부정적인 사건의 의미를 찾을 때 더 많은 탐색을 하며 이를 이해하려는 노력을 더 많이 기울인다는 증거를 제시했다. 바우마이스터는 다양한 연구의 검토를 통해서 사람들이 즐거운 사건보다 불유쾌한 사건의 의미를 더 많이 찾으려고 노력한다는 결론을 얻었다.

한편, 길로비치Gilovich (1983)는 중요한 결과에 대해 사람들이 떠올리는 자발적인 생각에 관한 연구에서 다음과 같은 실험을 했다. 연구자는 실험 참가자들에게 스포츠 경기의 승부에 돈을 걸도록 하고, 그 결과로 돈을 잃거나 따도록 했다. 연구자는 실험 일주일 후 참가자들에게 실험실에 다시 돌아와 일주일 전에 했던 자신의 내기에 관해 이야기하도록 했는데, 그들은 내기에서 돈을 딴 것 보다는 잃은 것을 설명하는 데 훨씬 더 많은 시간을 보냈다. 이 같은 결과는 사람들이 좋은 결과보다 나쁜 결과의 의미를 찾기 위해 더 많은 정보 탐색과 추론을 수행한다는 것을 말해 준다.

또 다른 실험에서는 사람들이 자기 자신에 대한 긍정적인 정보와 부정적인 정보 중에서 어떤 정보를 더 세밀하게 처리하는지 관찰했다. 즉 그라지아노, 브로덴과 버쉬드Graziano, Brothen & Berscheid (1980)의 실험에서 실험 참가자들은 다른 사람에게 자신에 대한 긍정적 또는 부정적 평가를 받았다. 그들은 다른 사람의 평가를 내용이 녹화된 비디오 테이프를 통해 봤는데 모든 실험 참가자는 비디오 중에서 긍정적인 평가가 실려 있는 부분(전체 시간의 44%)보다는 부정적인 평가가 실려 있는 부분(전체 시간의 56%)을 더 오랫동안 모니터했다. 이러한 차이는 참가자들이 자신을 평가한 사람과 교류가 없을 것이라고 예상할 때보다 교류가 있을 것이라고 예상할 때 더 현저하게 나타났다.

부정적인 것이 더 우세한 경우는 다른 사람들의 감정 표현에 대한 반응에서도 나타난다. 크럴과 딜Krull & Dill (1998)은 사람들이 타인의 감정 표현 중에서 기쁜 행동과 슬픈 행동에 대해 어떤 반응을 보이는지 연구했다. 그들은 실험 참가자들이 다른 참가자들의 슬픈 행동보다 행복한 행동에서 더 많은 성격적인 특성을 추론한다는 것을 발견했다. 그러나 연구자들은 이 같은 결과가 슬픈 행동이 기쁜 행동에 비해 나타나는 표현 양상이 더 다양해서 슬픈 행동은 그 행동을 보인 사람의 성격을 추론하는 데 명백한 증거가 되기 어려워 나타나는 것으로 추측했다. 크럴과 딜은 이 같은 그들의 추측을 뒷받침하는 증거로 실험 참가자들이 타인의 기뻐하는 행동보다 슬퍼하는 행동의 원인에 대해 추론할 때 훨씬 더 많은 시간이 걸렸다는 사실을 보고했다. 슬픈 행동에 대한 느린 반응 시간은 응답자들이 긍정적인 정보보다 부정적인 정보에 대해 더 많은 처리를 한다는 일반적인 주장과 일치한다.

이들의 연구는 행복하게 보이는 사람들에 관해서는 정보 처리를 깊게 하지 않고 신속한 판단을 내리지만, 슬퍼 보이는 사람들에 대해서는 그들의 성격에 관해 덜 단정적이면서 좀 더 복잡하고 신중한 판단을 한다는 사실을 보여 줬다. 이는 타인의 긍정적인 감정 표현보다는 부정적인 감정 표현에 더 많은 시간을 할애해 깊은 수준의 정보 처리를 한다는 것을 의미한다.

이 장을 끝내며

이 장에서는 일반적으로 사람들이 판단과 의사결정을 내릴 때 긍정적인 것보다는 부정적인 것에 더 많은 가중치를 두는 현상, 즉 부정성 편향에 대해 살펴봤다. 아마도 부정성 편향의 원인은 그러한 성향의 적응적인 가치adaptive value에서 찾을 수 있을 것이다. 사람들에게 자신의 삶을 유지하는 데 긍정적인 영향을 주는 정보와 자신의 삶을 위협하는 부정적인 정보를 동시에 준다면 아마도 부정적 정보에 더 빨리 반응하는 능력(예컨대, 맹수를 만나면 재빨리 알아채고 도망갈 수 있는 능력)을 갖추는 것이 자신의 생존에 결정적으로 중요한 역할을 할 것이다. 또한 부정적인 정보는 대개 긍정적인 정보보다 빠른 대처와 빠른 반응을 요구하기 때문에 부정적인 정보에 더 민감할 수밖에 없다. 더구나 부정적인 정보는 마치 세균처럼 조그만 양으로도 커다란 실체를 전염시킬 수 있다. 그러나 일반적으로 긍정적인 정보는 그 같은 성질을 가지고 있지 못하다. 따라서 긍정적인 것보다는 부정적인 것이 사람들의 심리에 훨씬 더 큰 영향력을 발휘할 수 있는 것으로 보인다.

우리가 이 장에서 살펴본 부정성 편향은 우리가 행복을 추구하는 데 비관적인 전망을 보여 준다. 왜냐하면 일반적으로 우리의 판단이나 의사결정에 부정적인 것이 긍정적인 것보다 필요 이상으로 강력한 영향을 발휘한다면 그 같은 경향은 사람들이 행복을 추구하는 데 장애가 될 가능성이 높기 때문이다. 그러나 한 가지 흥미로운 소식은 사람들의 나이가 많아지면 부정성 편향이 줄어드는 경향을 보인다는 결과들이 보고되고 있다는 점이다. 예컨대 찰스와 그의 동료들Charles et al. (2003)은 젊은 참가자들(18~29세), 중년의 참가자들(41~53세), 그리고 고령자들(65~80세)에게 동일한 32개의 이미지(8개의 긍정적 감정을 유발하는 이미지, 8개의 부정적 감정을 유발하는 이미지, 16개의 중립적 이미지)를 무순으로 보여 주고 15분이 지난 뒤 기억나는 모든 이미지를 간단하게 묘사해 보도록 하였다. 그 결과 젊은 참가자들에 비해 중년 참가자들은 긍정적 이미지를 부정적 이미지보다 더 잘 기억하였으며, 고령자들은 긍정적 이미지를 부정적 이미지보다 훨씬 더 잘 기억하였다. 이는 사람들이 나이를 먹어가면 자신이 갖고 있는 시간의 지평이 짧아지고 있다는 것을 의식하게 되고, 그 결과 외부로부터 입력되는 정보를 학습의 대상이라기보다는 즐거움이나 만족을 얻고 감성적 의미를 부여하는 대상으로 삼기 때문에 나타나는 효과인 것으로 보인다(Carstensen & DeLiema, 2018). 이 같은 연구 결과는 특정 형태의 부정성 편향이 나이가 들면서 약화된다는 것을 보여 주기는 하지만, 보다 많은 영역에서 또한 어떤 조건 하에서 긍정성 효과positivity effect가 부정성 편향을 압도할 수 있는지에 대한 연구가 이루어져야 할 것이다.

CHAPTER 12

판단과 의사결정, 그리고 행복

사람들은 왜 종종 자기 자신에게 더 많은 행복을 가져다줄 대안을 선택하지 않는 것일까?

행복은 당신이 경험하는 대상이 아니다.
행복은 당신이 기억하는 대상일 뿐이다.

오스카 레반트Oscar Levant

많은 경우 행복은 우리들의 판단과 의사결정에 따라 좌우된다. 우리는 학교에서 어느 과목을 수강할지 판단하기도 하고, 학교를 졸업하고 나서 일할 직장을 선택하기도 한다. 또한 많은 사람은 결혼할 나이가 되면 배우자를 선택하며, 노후를 위해 어떤 대비책을 마련해야 하는지 판단하기도 한다. 이처럼 굵직굵직한 판단이나 의사결정 이외에도 우리는 일상생활에서 무수하게 많은 판단과 의사결정을 수행하면서 살아간다. 그런데 이 모든 판단과 의사결정이 가지고 있는 공통점은 그 결과가 미래의 시점에 나타난다는 것이다.

예를 들어 비교적 사소한 의사결정이라고 할 수 있는 '점심을 먹기 위한 식당 선택'을 생각해 보자. 점심을 먹기 위한 선택 대안으로 내가 일하는 곳에서 멀지 않은 중국식당과 칼국숫집의 두 대안이 떠오른 경우, 둘 중 하나를 선택하는 시점은 내가 선택하는 식당에서 식사를 하기 이전이다. 따라서 우리는 주로 자신의 기억에 의존하겠지만, 자신에게 주어진 최선의 정보에 기초해 두 식당 중에서 나에게 더 큰 효용을 가져다줄 것으로 예측하는 대안을 선택한다. 그러고 나서 우리는 선택의 결과로 간 식당에서의 경험을 통해 효용 또는 비효용을 얻는다. 이 책의 앞부분에서 이미 판단이나 의사결정의 시점과 그 결과를 경험하는 시점의 괴리 때문에 생겨날 수 있는 여러 가지 의사결정의 오류와 편향에 관해 기술했다. 이 장에서는 이런 오류와 편향들이 갖는 사람들의 행복 추구에 관해 미치는 시사점과 함께 행복과 관련된 몇 가지 주제에 대해 살펴보고 앞으로 행복을 연구하는 데 유용하다고 생각되는 몇 가지 연구 방향에 대해서도 생각해 보기로 한다.

'경험하는 나'와 '기억하는 나': 기억의 편향

우리의 일생은 순간의 연속이라 할 수 있다. 심리학에서 인간이 주관적으로 '지금 이 순간'이라고 부를 수 있는 '심리학적 현재 psychological present'는 길어야 약 3초 정도인 것으로 추정하고 있다. 즉, 사람들은 24시간으로 구성된 하루 동안 적어도 2만 8000개 정도의 순간들을 경험하며, 어떤 사람이 80세를 산다면 최소한 약 8억 개의 순간들을 경험하는 셈이다. 그러나 이처럼 많은 순간 가운데 지극히 예외적인 몇몇 순간들을 제외하고는 대부분 우리의 뇌리에서 그저 사라져버리고 만다. 그런 의미에서 매 순간을 '경험하는 나'는 각 순간의 경험에 대해 어떤 느낌이 들 수는 있지만, 그에 대해 충분히 생각해 볼 여유조차 없다. 누군가 당신에게 다가와서 "당신은 당신의 인생에 대해 만족하십니까?"라고 물어본다면 아마도 그 물음에 대답하는 당신은 매 순간을 '경험하는 나'라기 보다는 당신이 경험한 여러 순간에 대한 기억을 가진 '기억하는 나'이거나, 자신의 기억에 의존해 그 순간들을 '평가하는 나'일 것이다.

물론 경험하는 자아가 느끼는 순간의 감정과 기억하는 자아가 자신의 경험에 대해 평가하는 내용은 상당히 상관관계가 높은 것이 보통이다. 그러나 두 자아 사이에는 중요한 차이점이 존재한다. '기억하는 나'는 '경험하는 나'에 비해 일반적으로 더 안정적이면서 다른 시각을 가지고 있는 경우를 볼 수 있다. 우리는 자신의 경험에서 기억을 얻는 것은 사실이지만 '나 자신의 삶에 대한 만족' 같은 우리의 삶에 대한 여러 가지 판단들은 경험하는 자아가 아닌 기억하는 자아의 시각에서 이루어진다.

예를 들어 보자. A는 주말을 맞아 놀이공원을 찾아 반나절을 보냈다. A는 오랜만에 놀이 기구도 마음껏 즐기고 파도도 타면서 즐거운 오후 시간을 보냈다. 그 후 저녁 식사를 하게 되었는데 불친절한 종업원의 서비스 때문에 불쾌한 경험을 했다고 가정해 보자. 이럴 때 우리는 종종 "불쾌한 저녁 식사가 하루를 망쳤다"라고 이야기한다. 사실 불쾌한 저녁 식사가 저녁 식사 이전에 A의 경험하는 자아가 얻은 즐거움을 없애 버릴 수는 없다. 다만 A의 반나절에 걸친 총체적인 경험에 대해 부정적인 평가를 하는 이유는, 아마도 A의 기억하는 자아가 그날 하루 전체의 경험을 되돌아 보면서 이를 평가할 때 마지막에 있었던 불쾌한 경험에 지나치게 가중치를 많이 두는 오류를 범하고 있기 때문일 것이다. 다시 말해 사람들은 자신의 경험을 총체적으로 평가할 때, 경험하는 자아가 획득한 순간순간의 긍정적 감정과 부정적 감정의 단순 합으로 평가하는 것이 아니라 이 책의 제4장에서 살펴본 것처럼 기억하는 자아의 시각에서 정점과 마무리의 법칙peak-end rule(PE 법칙)에 의해 전체 경험을 대표할 수 있을 만한 특정 순간들의 경험에 지나칠 정도로 높은 가중치를 주어 평가한다.

경험하는 자아와 기억하는 자아의 괴리는 의사결정에 관해 몇 가지 흥미로운 문제를 제기한다. 그중 가장 핵심적인 이슈는 의사결정자로서 자신의 경험하는 자아가 획득하는 효용을 극대화하는 선택을 할 것인가, 아니면 기억하는 자아의 효용을 극대화하는 선택을 할 것인가 하는 문제다. 앞에서 말한 것처럼 사람들의 의사결정은 대부분 미래의 결과를 예상하고 그것에 근거해서 이루어진다. 그런데 사람들이 어떤 대안을 선택했을 때 나타날 것으로 예상하는 결과는 의사결정자의 과거 경험을 토대로, 정신적 시뮬레이션을 통해 얻어낸다(Gilbert & Wilson, 2007).

예를 들면 우리가 토요일 오후 시간을 보내기 위해 놀이공원을 갈 것인가, 아니면 영화관에 가서 영화를 볼 것인가를 결정할 때 우리는 두 가지 대안이 우리에게 가져다줄 효용을 예상해 본다. 이처럼 의사결정 시에 사용되는 효용을 '의사결정 효용decision utility'이라고 한다(Kahneman, 1999). 그런데 미래의 경험을 정신적 시뮬레이션을 통해 완전하게 자신의 머릿속에서 재연해 보는 것은 불가능하다. 그래서 의사결정자는 우선 자신이 놀이공원에 갔을 때의 경험에 근거한 효용과 과거에 자신이 영화관에서 영화를 봤을 때의 경험에 근거한 효용을 비교해 볼 것이다. 각 선택 대안이 미래에 가져다줄 것으로 예상하는 효용(즉, 의사결정 효용)은 각 대안과 관련된

'기억된 효용remembered utility'에 근거해 예측한다. 그러나 막상 선택이 이루어진 다음에는 선택의 결과로 얻은 경험에 대해 의사결정자는 순간마다 효용을 경험하게 되는데 이를 '경험된 효용experienced utility'이라고 한다. 이때 기억된 효용과 경험된 효용이 일치하지 않는 경우, 의사결정자는 기억된 효용에 근거해 의사결정을 함으로써 실제로 선택 대안을 경험하는 미래 시점에서 더욱 많은 효용을 가져다줄 수 있는 대안을 제거해 버리는 오류를 범한다. 이 같은 오류는 우리의 기억이 가지고 있는 독특한 성격(예컨대 'PE 법칙'이나 '지속 시간에 대한 무시'), 즉 기억의 편향memory bias 때문에 발생하는 오류다.

그렇다면 기억의 편향 때문에 일어나는 의사결정 상의 오류는 항상 잘못된 것일까? 이 질문에 대한 대답은 명확하지 않다. 예를 들면 위의 놀이공원과 영화관 중 하나를 선택하는 예에서, 기억된 효용에서는 영화관이 놀이공원을 앞서지만 경험된 효용 면에서는 놀이공원이 영화관을 앞선다고 가정해 보자. 이때 두 대안 중 하나를 선택하는 의사결정이 오류인지 아닌지는 의사결정자가 어떤 목표를 가졌는지에 따라 달라진다. 즉 만일 의사결정자가 경험의 각 순간에 느끼는 효용의 합을 극대화하는 것이 목표라고 하자. 그렇다면 경험된 효용 면에서 우월한 놀이공원을 선택하지 않고 기억된 효용 면에서 우월한 영화관을 선택하는 것은 자기 자신이 더 행복해질 수 있는 대안을 선택하지 않았다는 점에서 의사결정 상의 명백한 오류다. 그렇지만 미래에 놀이공원이나 영화관에서의 경험을 모두 마친 뒤 갖게 될 그 대안에 대한 기억된 효용을 극대화하려는 것이 의사결정자의 목표라면 기억된 효용이 우월한 대안인 영화관을 선택하는 것을 반드시 오류라고 말할 수는 없다.

경험과 의사결정

기억의 편향 이외에도 사람들이 흔히 범하는 의사결정 상의 오류들이 자신의 행복에 부정적인 영향을 미칠 수 있는 경우를 많이 찾아볼 수 있다. 특히 시와 헤이스티Hsee & Hastie(2006)는 그들의 연구 논문에서 사람들은 종종 자신의 미래 경험을 정확하게 예측하는 데 실패하며, 그 결과 경험적으로 최적이 아닌 대안을 선택하는 일이 흔하다고 주장했다. 사람들은 미래 경험에 대한 예측을 수행하기 위해 여러 가지 전략들을 활용하는데, 지금까지 행동적 의사결정 연구자들이 밝힌 내용 중에서 미래 감성에 대한 예측에 영향을 주는 대표적인 편향들을 살펴보기로 한다.

영향력의 편향impact bias

사람들은 보통 감정적으로 강한 충격을 줄 수 있는 미래 사건의 영향력에 대해 그 강도와 지속 기간 모두를 과대평가하는 경향이 있다. 예컨대 대학 입시를 준비하는 학생은 '내가 원하는 대학교에 입학만 할 수 있다면 얼마나 좋을까?'라고 생각하지만, 막상 원하던 대학교에 입학하고 난 다음 느끼는 긍정적 감정은 기대했던 것만큼 강렬하지도 않을뿐더러 그리 오래가지도 않는 것이 보통이다. 아마도 대학입시를 치르기 전에 대학에 합격함으로써 경험하게 될 긍정적인 감정을 과대평가하는 가장 큰 이유는 원하는 대학에 합격하는 것이 그 이후 자신의 감정 상태를 좌우하는 수많은 요인 중 단지 하나에 지나지 않는다는 것을 간과하기 때문이다. 다시 말해 자신의 미래를 예측할 때 사람들은 중심적인 사건에는 주의를 많이 기울이지만 그 사건의 영향력을 감소시킬 수 있는 주변적이고 맥락적인 사건들은 별로 고려하지 않는다.

부정적인 경험에 대해서도 사람들은 감성적 영향력을 과대평가하는 경향이 있다. 이에 대해서는 이 책의 제5장에서 다룬 바 있지만, 자신이 이미 에이즈AIDS에 걸렸다는 것을 아는 사람들은 자신의 삶이 에이즈 검사를 마치고 결과를 기다리는 사람들이 생각하는 것만큼 비참하다고 생각하지 않는다. 사람들은 감성적인 영향력이 큰 사건이 벌어지면 그 사건에 대해 합리화하거나 의미를 찾으려는 노력을 통해서 감성적인 충격을 완화한다. 예를 들면 대학 입시에 실패한 때도 입시 준비생은 "대학이 인생의 전부는 아니다"라든지, "열심히 해서 내년에 다시 도전하면 되니까 괜찮다"라는 등의 자기 위안을 통해 부정적인 감정을 누그러뜨리려고 노력한다. 사람들은 자신의 미래 사건이 자신에게 미칠 감성적인 영향을 예측할 때 자신이 그 영향력에 대해 '면역'이 되는 심리 기제가 작동하게 되리라는 것을 간과하는 경향immune neglect이 있다.

투사의 편향projection bias

제5장에서 살펴본 것처럼 사람들은 예측할 때와 경험할 때 서로 다른 신체 내적 상태visceral state에 처해 있는 경우가 흔하다. 예측할 때는 잘 쉬고 나서 신체적으로 피곤하지 않거나 음식을 많이 먹어서 포만감을 느끼고 있거나 성적으로 흥분되지 않은 상태이지만,

막상 경험하는 순간에는 피곤하거나 배가 고프거나 성적으로 흥분된 상태에 처해 있다면 예측과 실제 경험은 전혀 다를 수 있다. 예를 들면 훌륭한 한정식집에서 저녁 식사를 마치고 난 직후 포만감을 느끼는 상태에서 다음 날 아침에 맛있는 아침 식사를 얼마나 즐길 수 있을까를 예측하는 경우에 사람들은 다음 날 아침 식사의 즐거움에 대해 과소평가한다. 이때 사람들은 지금 배가 부르니까 다음 날 아침에도 배가 부를 것으로 착각하는 경향이 있다. 이 같은 경향은 자신의 미래에 대한 예측에서만 나타나는 것이 아니라 다른 사람에 대한 예측에서도 나타난다. 자신이 배가 부른 상태에 처해 있는 경우 다른 사람들도 배가 부를 것이라고 착각하는 것이다. 이처럼 지금 자신이 처해 있는 상태를 미래의 상태에 투사하는 경향을 '투사의 편향'이라고 한다.

투사의 편향은 대개 의사결정자가 후회하는 선택을 하게 만드는 요인이다. 예컨대 사흘 동안의 휴가를 통해 피로를 말끔히 회복한 중년 남성이 직장 동료에게 다음 주말에 있을 사내 축구 경기에 선수로 참가할 것을 약속했다고 하자. 하지만 막상 경기 당일에 일주일 동안 업무에 시달려 피곤한 몸을 이끌고 축구 경기에 선수로 뛰면서 자신의 약속을 후회하게 되는 경우가 여기에 해당한다.

차별성의 편향distinction bias

투사의 편향이 예측하는 나와 경험하는 내가 다른 각성 상태arousal state에 있기 때문에 발생하는 편향이라면, 차별성의 편향은 예측하는 내가 경험하는 나와는 다른 평가 모드에 있기 때문에 생기는 편향이다. 제5장에서 살펴봤듯이 사람들이 자신의 미래에 일어날 일에 대한 감성적인 반응을 예측할 때, 여러 가지 대안을 함께 놓고 평가하는 공동 평가joint- evaluation: JE 모드에서 판단하는 경우가 흔하다. 그러나 미래에 의사결정의 결과가 나타날 때는 단독 평가single-evaluation: SE 모드에서 결과를 경험한다. 예를 들면 대통령 선거를 치를 때 유권자들은 A 후보와 B 후보의 TV 토론을 보면서 서로의 장단점을 비교하는 JE 모드에서 판단과 선택을 한다. 그러나 A 후보가 대통령에 당선된다면 유권자들은 당선된 A 후보의 대통령 수행 과정만을 SE 모드에서 경험한다.

의사결정 연구에 의하면 사람들이 JE 모드에서는 그다지 중요하지 않은 약간의 양적 차이에 지나치게 많은 주의를 기울이는 경향이 있다. 예컨대 대통령 선거에서 유권자들은 후보들의 도덕성 수준 같은 속성은 평가가 어려워서 주의를 덜 기울이고, 후보들 간에 뚜렷이 차이가 나는 연평균 경제성장률에 대한 공약(예를 들면 A 후보 3%, B 후보 5%)에 많은 의미를 부여하는 것을 볼 수 있다. 이는 마치 우리가 디지털 카메라를 살 때 카메라 A는 사용이 좀 불편하지만 1250만 화소megapixel의 사진을 찍을 수 있고 B는 사용이 매우 편리하지만 1200만 화소의 사진을 찍을 수 있다면, B 대신 A를 선택하는 오류를 범하는 것과 유사하다. 실제 카메라를 사용할 때 50만 화소 정도의 차이는 경험상으로 거의 차별화 되지 않기 때문에 우리에게 B가 훨씬 더 높은 효용을 가져다줌에도 카메라를 선택할 때 두 대안 사이에 숫자상으로 뚜렷한 차이를 보이는 화소 수에 연연하는 것이다.

믿음의 편향belief bias

사람들이 자신의 미래 감성을 예측할 때 의존하는 또 하나의 지침은 어떤 것이 나를 행복하게 또는 불행하게 만드는지에 대한 일반적인 믿음이다. 예컨대 사람들은 대안을 선택할 때 대안의 수가 많은 것이 적은 것보다 항상 더 좋다고 믿는다. 그러나 때로는 선택 대안이 많은 것이 적은 것보다 사람을 더 불행하게 만들 수도 있다. 예를 들면, 어떤 회사의 사원이 우수 사원으로 선정되어 포상으로 제주도에서 여름휴가를 즐길 수 있는 여행 상품권을 받았다면 그는 분명히 행복할 것이다. 그러나 그 사원이 경주와 제주도 중에서 하나를 선택할 수 있는 상품권을 받았다면 그는 어느 쪽을 선택하든 선택권이 없었을 때보다 덜 행복할 가능성이 높다. 왜냐하면 선택하는 과정에서 경주와 제주도의 각 대안이 가진 상대적인 단점이 두드러져 보이기 때문이다. 만일 경주를 선택한다면 "경주에는 바다가 없다"고 불평할 수 있을 것이고, 제주도를 선택한다면 "제주도에는 볼만한 역사 유적이 없다"고 불평하게 된다.

자신의 미래에 대한 예측을 따르지 않는 의사결정

이 장에서 지금까지 우리는 의사결정자들이 자신의 미래 경험에 대한 예측을 잘못해서 최적 대안을 선택하지 못하는 예측 상의 편향들에 대해 살펴봤다. 그러나 사람들은 자신의 미래 경험에 대해 정확한 예측을 할 수 있는 경우에도 대안 선택 시에 자신의 예측을 따르지 않기 때문에 자신을 가장 행복하게 하는 대안이 아닌 다른 대안을 선택하는 사례를 흔히 볼 수 있다. 여기서는 그 같은 경우를

'규칙에 따른 의사결정', '충동에 따른 의사결정', 그리고 의사결정의 결과가 아닌 '수단의 극대화'라는 세 가지 시각에서 살펴본다.

규칙에 따른 의사결정Rule-based decisions

우리는 어렸을 때부터 '좋은 행동'이란 어떤 것인가에 대해 많은 교육을 받고 자란다. 그 같은 가르침은 부모님이나 학교 선생님에게 들은 것들도 있지만, 독서나 추론을 통해서 우리가 스스로 깨우친 것들도 많다. 예를 들면 '돈이나 물건을 낭비해서는 안 된다', '다양성을 추구하는 것은 좋은 것이다', 또는 '시간이 지연되는 것에 돈을 내서는 안 된다' 등의 규칙이 그것이다. 이 같은 규칙들은 일반적으로 우리들의 의사결정 행동에 좋은 지침이 되는 것은 사실이지만, 때로는 의사결정자들에게 최선의 경험을 할 수 있는 대안 선택을 불가능하게 만든다.

시와 그의 동료들Hsee et al. (2003)은 실험 참가자들에게 50센트짜리 하트 모양의 작은 초콜릿과 2달러짜리 바퀴벌레 모양의 큰 초콜릿 중에서 하나를 무료로 선택하게 했다. 대부분 참가자는 바퀴벌레 모양의 큰 초콜릿을 선택했지만 두 초콜릿 중에서 어떤 것을 더 즐길 수 있을까를 물어본 결과 대부분이 하트 모양의 작은 초콜릿을 더 즐길 것 같다고 답했다. 이 같은 결과는 아마도 사람들이 어떤 선택이 즐거운 경험이 될 수 있는가에 근거해서 대안을 선택하지 않고, '공짜라면 비싼 것을 고르는 것이 좋다'는 자기 나름의 규칙에 따라 대안을 선택한 것이다. 다시 말해 사람들은 경험적인 측면을 무시한 채 경제적인 측면에만 의존해서 의사결정을 했다고 볼 수 있다. 시Hsee는 많은 경우 사람들이 나름대로 합리적인 의사결정을 하기 위해 겉으로 보기에 합리적인 규칙에 따르지만 사실은 그 의사결정에 따라 자신의 경험을 최적화하는 데 실패할 수 있다는 의미에서 이 같은 경향을 '풋내기 합리주의lay rationalism'라고 이름 붙였다.

사실 사람들은 의사결정 상황에서 어떤 대안을 선택할 때 각 대안과 관련된 비용과 이득을 꼼꼼히 따져서 결정하는 때도 있지만 때로는 비용과 이득을 별로 고려하지 않고 자신이 가진 규칙에 따라 대안을 선택하기도 한다. 예컨대 어떤 회사원 A가 승용차를 사는 경우를 생각해 보자. A는 부모님에게 물려받은 유산도 많고 개인적으로 주식투자를 통해 돈을 많이 벌어서 상당한 재산을 가지고 있다. A는 BMW 스포츠카를 오래전부터 타고 싶었고 실제로 살 경제적인 여유도 있었다. 그러나 막상 A가 BMW 스포츠카를 사려다 보니 '일반 임직원은 CEO가 타는 자동차보다 더 고급 차는 타지 않는다'는 회사 내의 암묵적인 규칙이 머릿속에 떠올랐다. A는 하는 수 없이 가장 무난하다고 생각되는 쏘나타를 사기로 마음먹었다.

이 같은 가상적인 예에서 볼 수 있듯이, 내가 선택하는 대안을 내가 어느 정도 즐길 수 있을지 정확하게 예측할 수 있어도 막상 의사결정은 주어진 규칙에 따라 하는 경우를 우리는 흔히 볼 수 있다. 물론 "모난 돌이 정 맞는다"는 우리 속담에서 알 수 있듯이, 튀는 대안 대신 무난한 대안을 선택하는 것이 집단의 지혜가 담겨 있는 규칙을 준수함으로써 자신의 장기적인 이득을 극대화하고 비용을 극소화하는 의사결정을 한 것이라 말할 수도 있을 것이다. 그러나 각 대안의 선택에 따르는 비용과 이득에 대한 고려 없이 규칙에 따른 의사결정이 맹목적으로 이루어진다면 개인의 미래 효용을 극대화할 수 있는 의사결정의 기회를 놓쳐 버리는 경우도 많이 있을 것으로 생각한다.

충동에 따른 의사결정

우리는 때때로 장기적인 행복을 희생하고 지금 당장 욕구를 충족할 수 있는 대안을 선택하기도 한다. 지나친 음주, 과식, 흡연, 분에 넘치게 사치스러운 상품 구매, 마약 복용, 도박에의 탐닉 등은 모두 즉각적인 즐거움을 가져다줄 수는 있지만 장기적으로는 매우 부정적인 결과를 가져올 가능성이 높다. 물론 술을 많이 마셔도 건강에 해롭지 않으리라고 생각하는 경우처럼 장기적인 결과를 잘못 예측해 충동적인 선택을 하기도 하지만, 좀 더 많은 경우 사람들은 결과를 정확하게 예측하면서도 자신의 예측에 따르지 않기 때문에 충동적인 행동을 보인다. 예컨대 담배를 피우면 건강을 해친다는 것을 뻔히 알면서도 애연가들은 현재의 즐거움을 위해 장기적인 행복을 희생한다.

충동적인 의사결정은 대개 사람들의 마음속에 일어나는 욕망과 의지력 간의 싸움에서 욕망이 의지력을 이기는 자기통제self-control의 실패 때문에 나타난다. 호크와 로웬스타인(1991)은 사람들이 심리적인 갈등 끝에 욕망이 의지력을 이기는 상황에 대처하기 위한 몇 가지 전략을 제안했다. 첫째는 욕망의 수준을 낮추는 방법인데

이에 속하는 전략들로는 원천 봉쇄에 해당하는 회피avoidance(술자리에 절대로 가지 않기), 의사결정의 연기postponement(중요한 상품 구매 시에는 무조건 남편과 상의한 후 결정하기), 주의의 분산distraction(치즈 케이크가 먹고 싶어지면 의도적으로 다른 것을 생각하기), 다른 대상으로의 대체substitution(담배가 생각날 때마다 사탕 하나씩 먹기) 등이 있다.

둘째는 의지력을 증가시키는 방법이다. 이에 속하는 전략들로는 미리 조처하기precommitment(쇼핑 갈 때 신용카드를 일부러 집에 두고 가거나 자기 전에 알람시계를 손에 닿지 않는 곳에 두기), 경제적 비용 계산해 보기economic cost assessment(상품 구매 시 무조건 신용카드로 결제하지 않고 상품 구매의 경제적인 결과를 머릿속에 떠올려 보기), 현재와 미래의 시간을 묶어 보기time binding(1년 뒤 대학에 입학하고 나서 즐길 수 있는 것들을 생각해 보는 것처럼 지금은 고통스럽지만 고통의 결과로 미래에 얻을 수 있는 즐거움을 생각해 봄으로써 마음의 위안을 얻는 것), 비용 합치기bundling of costs(내가 지금 당장 먹는 아이스크림 하나는 250칼로리이지만 매일 하나씩 먹는다면 한 달에 7500칼로리를 추가로 섭취하는 것이라는 식으로 부정적인 결과를 통합해서 생각해 보는 것), 권위에 의존하기higher authority(컴퓨터 게임을 하루에 1시간 이상 하지 않을 수 있도록 해달라고 하나님에게 기도하기), 후회와 죄의식regret and guilt(내가 이 가방을 사면 나중에 분명히 후회할 것이라고 자신의 충동적인 행동의 결과로 느낄 후회나 죄의식을 미리 머릿속에 떠올려 보는 것) 등이 있다. 위에 소개한 전략들의 예시는 실제로 사람들이 충동적인 행동을 하지 않기 위해 종종 사용하는 전략들이다. 이 같은 전략들을 종합적으로 살펴보고 자신의 성격과 자신이 처해 있는 상황에 가장 적합한 효과적인 조합을 찾아낸다면, 지금의 작은 즐거움을 위해 미래의 더 큰 보상을 포기하는 어리석음을 범하지 않을 수 있을 것이다.

수단의 극대화medium maximization

사람들은 대개 판단과 의사결정을 통해 자신이 얻을 수 있는 효용을 극대화하기 원한다. 예를 들면 이탈리아 식당에서 피자와 파스타 중에서 피자를 선택하는 사람은 의사결정 시에 피자의 효용이 파스타의 효용보다 더 크다고 생각하기 때문에 피자를 선택한다. 이런 의사결정은 대개 의사결정자에게 실제로도 더 큰 효용을 가져다주는 것이 사실이다. 그러나 의사결정과 그 결과 사이에 매개물medium이 존재할 때 사람들은 결과에서 느끼는 효용을 극대화하기보다 매개물 또는 수단 그 자체를 극대화하려는 근시안적 성향을 보이기도 한다. 시와 그의 동료들(2003)은 이 같은 현상을 '수단의 극대화medium maximization'라고 명명했다.

시와 그의 동료들은 96명의 시카고대학교 학생들을 대상으로 다음과 같은 실험을 했다. 일단 실험 참가자들을 통제 집단과 실험 집단 둘로 나누었다. 통제 집단에 속한 참가자들에게는 짧은 실험(6분)과 긴 실험(7분) 중에 하나를 선택하게 했는데 짧은 실험에 참가하면 바닐라 아이스크림 1갤런을, 긴 실험에 참가하면 피스타치오 아이스크림 1갤런을 실험 참가에 대한 사례로 주겠다고 했다. 한편 실험 집단에 속한 참가자들에게는 짧은 실험에 참가하는 경우 60점을 주고 긴 실험에 참가하면 100점을 주겠다고 약속했다. 그리고 점수가 50~99점인 경우 바닐라 아이스크림 1갤런을 사례로 주고, 100점 이상이면 피스타치오 아이스크림 1갤런을 주겠다고 했다. 실험 결과 통제 집단에서는 긴 실험에 참여한 사람의 비율(24%)과 피스타치오 아이스크림을 바닐라 아이스크림보다 더 좋아하는 사람의 비율(26%) 사이에 거의 차이가 없었다. 그러나 실험 집단에서는 7분짜리 긴 실험에 참여한 사람의 비율(52%)과 피스타치오 아이스크림을 더 좋아하는 사람의 비율(28%) 사이에 커다란 차이가 있었다. 통제 집단과 실험 집단 모두 피스타치오 아이스크림보다는 바닐라 아이스크림을 더 좋아하는 사람의 비율이 훨씬 더 높았다(각각 74%와 72%). 그러나 실험 집단에서 피스타치오 아이스크림을 주는 7분짜리 긴 실험에 참가하기로 한 사람의 비율이 50%를 넘는 것은 의사결정과 그 결과(아이스크림) 사이에 매개물 또는 수단(즉, 60점 또는 100점이라는 실험 참가 점수)이 존재할 때 그 매개물의 존재가 실험 참가자들에게 짧은 실험 대신 긴 실험을 선택하게 한 것이다. 그 결과 많은 참가자가 평소에 자기가 좋아하는 바닐라 아이스크림이 아니라 오히려 덜 좋아하는 피스타치오 아이스크림을 얻었다.

이 실험의 결과는 사람들의 행복 추구와 관련해 재미있는 시사점을 던져 준다. 사람들은 궁극적으로 행복해지기를 원하며 주어진 대안 중 자신이 선택한 대안이 가장 큰 행복을 가져다줄 것으로 믿는다. 그러나 의사결정과 그 결과 사이에 매개물 또는 수단이 존재하는 경우, 사람들은 결과에 의한 행복보다는 결과를 얻게 하는 매개물을 극대화하려는 근시안적인 시야를 갖는 경우를 흔히 발견할 수 있다. 사실 행복을 가져다주는 매개물 중에서 가장 대표적인 것이 돈이다. 우리는 돈 그 자체에서는 행복을 얻을 수 없고 다만 돈을 통해서 얻는 결과물에 의해 행복을 누릴 수 있다. 물론 돈을 많이 벌어서 미래의 효용을 극대화할 수 있다면 돈을 많이 벌 수 있는 대안을 선택하는 것은 합리적인 행동일 것이다. 그러나 행복으로 가기 위한 수단에 지나지 않는 돈에 지나치게 집착한 나머지 자신에게 더 많은 행복을 줄 수 있는 대안(예컨대, 가족이나 친구와 시간을 보내거나 취미 활동을 즐길 수 있는 직업) 대신 소득만을 극대화하는 대안(예컨대, 주말도 없이 하루에 15시간 동안 자신이 그다지 즐기지도 않는 일만 해야 하는 직업)을 선택한다면 그 의사결정에 따라 자신이 덜 행복해지는 결과를 얻는 것이 아닐까? 이 문제에 대해 행복을 주제로 연구하는 학자들은 몇 가지 흥미로운 연구 결과를 제시하고 있는데 다음 부분에서는 이 연구들을 살펴보기로 한다.

사람들은 돈을 더 많이 벌면 행복해지는가?

이스털린Easterlin (1995)이 조사한 바로는 1958년에서 1987년에 이르는 30년의 기간 동안 일본의 1인당 실질국민소득GDP은 다섯 배가 늘었지만, 설문조사를 통해 얻은 일본 국민의 주관적인 행복 수준은 같은 기간 동안 그다지 증가하지 않았다. 사정은 다른 나라도 마찬가지여서 일반적으로 1인당 국민소득이 1만 2000달러에 이르기까지는 소득과 삶에 대한 만족도 사이에 비교적 높은 상관관계가 존재하지만, 일단 1만 2000달러가 넘어가면 소득이 늘어나도 삶에 대한 만족 수준은 그다지 증가하지 않고 정체 상태를 보인다. 또한, 미국의 경우에 가계소득이 6만 달러가 될 때까지는 소득이 늘면 주관적인 행복 수준이 향상하는 패턴을 보이지만, 6만 달러 이상의 소득을 올리는 가계들만을 놓고 보면 상관관계는 거의 0에 가까웠다(Kahneman et al, 2006). 이 같은 발견은 아마도 사람들이 의식주에 관한 기본적인 수요와 자녀 양육과 같이 삶에서 필수적인 과제를 해결할 수 있는 수준에 도달할 때까지는 소득이 증가하면서 주관적 행복 수준도 향상하지만, 그 이상의 소득 증가는 반드시 주관적 행복 수준의 향상으로 이어지지는 않는다는 것을 말한다.

위의 연구들에서는 주관적인 행복 수준을 측정하기 위해 대개 사람들에게 "모든 것을 고려했을 때, 요즘 당신은 자신의 전반적인 삶에 얼마나 만족하십니까?" 같은 질문을 던진다. 이 같은 질문은 응답자에게 자신의 삶에 대한 전반적인 평가를 요구한다. 이때 응답자들은 질문에 답하면서 사회 전체 내에서 자신의 상대적인 물질적 행복 수준에 초점을 맞추는 경향이 있다. 이 같은 경향은 사람들이 사회 전체 내에서 자신의 물질적 행복 수준의 상대적인 위치를 과장되게 반영하는 '초점 맞추기의 착각focusing illusion'을 유발할 수 있다(Kahneman et al, 2006). 이러한 측정은 응답자가 실시간으로 경험하는 감성적 행복 수준과는 괴리가 있는 경우가 많다. 그러므로 사람들의 행복 수준을 좀 더 타당성이 높은 방법으로 측정하려면 실제로 사람들이 경험하는 순간순간에 느끼는 감정이나 행복을 실시간으로 보고하는 기법을 사용할 필요가 있다.

가장 대표적인 실시간 감성 측정 방법으로 카너먼과 그의 동료들(2004)이 개발한 '하루 재구성 방법Day Reconstruction Method: DRM'을 들 수 있다. 이 방법은 응답자에게 그들이 바로 전날 경험했던 모든 일을 기억하게 한 다음 ① 각 에피소드가 시작한 시간과 끝난 시간,

② 그때 무엇을 하고 있었는가, ③ 어디에 있었는가, ④ 같이 있었던 사람들은 누구인가, ⑤ 여러 가지 감정적 측면에서 어떻게 느끼고 있었는가를 물어보는 것이다. 카너먼과 그의 동료들이 응답자들의 감정적 측면을 측정한 예를 들어보면 "그 일은 얼마나 즐거웠는가?"라는 물음에 대해 응답자들이 친구들과 만나고 있을 때의 평균은 4.68(0: 전혀 즐겁지 않았다; 6: 매우 즐거웠다)로 매우 높은 편이었고, 혼자서 출퇴근하고 있을 때의 평균은 2.97로 상당히 낮은 편이었으며, 직장 상사와 대화할 때의 평균은 2.15로 가장 낮았다. 이 같은 방법으로 얻은 각 에피소드에서 느끼는 감정을 그 에피소드의 지속 시간을 가중치로 해서 하루 동안 전체적으로 느꼈던 감정의 측정치를 얻어낸다. 이처럼 최근에 일어난 구체적인 에피소드들에 대한 기억을 되살림으로써 응답자들이 순간순간 느끼는 행복을 비교적 정확하게 측정하는 것이 가능하다(Robinson & Clore, 2002). 흥미로운 것은 응답자들에게 '전반적인 삶에 대한 만족 수준'을 물어서 측정한 행복과 소득과의 상관관계 계수(r = 0.20)보다 '어제 일어났던 일에 대해 순간순간 느낀 감정'을 물어 측정한 행복과 소득의 상관관계 계수(r = 0.05)가 훨씬 더 낮았다.

순간순간의 행복감을 측정하는 또 다른 방법인 '생태학적 순간 측정Ecological Momentary Assessment: EMA'에 의해서도 객관적인 행복 수준을 재는 것이 가능하다. 슈날과 그의 동료들Schnall et al. (1998)은 생태학적 순간 측정EMA 방법을 통해 10개의 작업장에서 일하는 374명의 근로자에게 하루 동안 여러 가지의 감정을 25분마다 측정했다. 측정 결과 개인 소득과 평균 행복 수준의 상관관계는 매우 낮았다(r = 0.01). 그뿐만 아니라 가계소득이 높을수록 짜증·적대감이 통계학적으로 유의하게 증가하는 경향을 보였으며(r = 0.14), 근심·긴장의 수준도 증가했다(r = 0.14). 또한 소득이 올라감에 따라 일반적인 흥분excitement의 정도가 증가했다(r = 0.18). 이 결과는 개인의 소득이 증가하면 할수록 심리적으로는 좀 더 강렬한 부정적 감정이 유발하기 쉬우며 일반적으로 더 높은 흥분 상태에 있을 가능성은 커지지만, 더 큰 행복을 경험하지는 못한다는 것을 말해 준다.

이처럼 소득이 주관적 행복에 큰 영향을 주지 못하는 이유는 무엇일까? 이 문제에 대해 연구자들은 몇 가지 설명을 제안했다. 첫째, 이스털린(2003)은 절대적인 소득 수준보다는 상대적인 소득 수준이 행복에 영향을 미친다고 주장한다. 다시 말해 어떤 사람이 돈을 얼마를 버는가보다는 다른 사람에 비해 돈을 더 버는가 또는 덜 버는가가 그 사람의 행복 수준을 좌우한다는 논리다. 경제 성장을 통해 사회가 더 풍요로워지면 각 개인의 절대적인 경제 상황은 나아지지만, 경제적인 측면에서 평균 순위는 변함이 없다. 따라서 많은 나라에서 시간에 따라 국민소득이 증가해도 그 국가의 평균적인 주관적 행복 수준은 잘 변하지 않는 이유가 상대적인 소득이 행복 수준을 좌우한다는 상대 소득 가설 때문이라 할 수 있다. 타인의 소득과 비교한 상대적 소득의 변화가 자기 소득의 시간에 따른 절대적 변화보다 행복에 더 지속적이고 장기적인 영향을 미친다는 것을 실험적으로 보여준 리, 쉬, 왕Li, Hsee & Wang(2021)의 연구도 이 같은 상대 소득 가설을 지지하는 것으로 보인다.

그러나 상대 소득 가설은 같은 나라에서 일정한 소득 수준(예컨대, 가계소득 연 6만 달러)을 초과하면 상대적으로 소득 수준이 높은 사람들(예컨대, 가계소득 연 10만 달러)이 낮은 사람들(예컨대, 가계소득 연 7만 달러)보다 더 행복하지 않다는 점을 설명하기 어렵다. 그것은 아마도 한 사회 내에서 어떤 개인이 소득의 상대적인 위치가 상승하면 자신이 비교하는 준거집단이 바뀌기 때문으로 보인다. 예를 들면 사원 시절에는 동료 사원들이 비교 대상이 되지만, 임원이 되면 다른 임원들이 비교 대상이 된다. 따라서 어떤 직원이 임원으로 승진하는 경우 전체 사회 내에서 상대적인 소득상 위치는 상승하지만, 비교 대상이 다른 임원들이 되므로 자신이 느끼는 상대적 위치는 오히려 내려갈 수도 있다.

둘째, 이스털린(1995)은 사람들이 물질적인 재화에는 쉽게 적응한다는 점을 강조한다. 예를 들면 버스를 타고 출퇴근하던 사람이 승용차를 구매해서 출퇴근하게 되면 처음에는 기쁨을 느끼겠지만, 얼마 지나지 않아 당연시하게 되며 더는 그것이 기쁨의 원천이 되지 않는다. 따라서 소득의 증가는 실제 행복에 단기적인 효과는 있겠지만, 소득이 일정 수준을 넘게 되면 장기적인 효과를 기대하기는 어렵다. 그뿐만 아니라 사람들의 소득이 증가하면 그에 따라 물질적인 기대 수준도 향상하고 그 결과 사람들이 그냥 평범하게 살아가는 데 필요하다고 생각하는 소득의 수준도 향상하게 된다.

셋째, 카너먼과 그의 동료들(2006)은 위의 두 가지 설명 이외에 또 다른 설명 메커니즘을 제안했다. 그들은 사람들의 소득이 증가하면서 그들의 시간 배분이 주관적인 행복을 증진하는 방향으로 변화하지 않는다는 점을 지적했다. 예를 들면 미국 노동부에서

2005년에 조사한 바로는, 가계소득이 10만 달러가 넘는 사람들은 가계소득이 2만 달러에 미치지 못하는 사람들에 비해 자신의 직업과 관련된 업무, 출퇴근, 쇼핑, 육아, 운동 등에 더 많은 시간을 할애하며 TV 시청과 같이 수동적인 여가 활동에는 더 적은 시간을 사용한다. 그러나 평균적으로 부자들은 가난한 사람에 비해 더 많은 행복을 가져다주는 활동(예컨대, 친구나 가족과 시간 보내기)에 시간을 더 많이 할애하지는 않는다. 조사에 의하면 출퇴근 시간은 실시간으로 측정하는 행복에 부정적인 영향을 미치는 활동이며, 친구나 이웃과의 사교 활동은 가장 긍정적인 영향을 미치는 것으로 나타났다. 사실 부자들은 일반적으로 자신의 목표 달성을 위해 긴장과 스트레스가 많은 활동에 가난한 사람들보다 더 많은 시간을 할애한다. 부자들은 가난한 사람들에 비해 훨씬 더 목표 지향적이므로 자신의 경력상 목표를 달성하는 것에 커다란 의미를 부여한다. 따라서 부자들은 가난한 사람들보다 자신의 목표를 달성할 가능성이 높으므로 삶에 대한 전반적인 만족도는 높아질 수 있지만, 그에 따르는 긴장과 스트레스는 실시간으로 측정한 행복 수준에 오히려 부정적인 영향을 준다. 그러므로 조사 결과는 소득이 실시간으로 경험하는 행복보다는 삶에 대한 전반적인 만족과 더 큰 상관관계가 있다는 사실을 설명해 준다.

이 장을 끝내며

이 장에서 우리는 사람들의 주관적인 행복과 관련된 의사결정 상의 편향들을 검토하고 마지막으로 소득과 행복 간의 관계를 살펴봤다. 사람들의 의사결정은 결국 자신을 행복하게 하는 방향으로 이루어져야 한다. 그러나 사람들은 자신이 미래에 좀 더 많은 행복을 경험할 수 있는 대안을 선택하지 않는 경우가 흔하다. 이 같은 의사결정 상의 오류를 피하기 위해서는 일단 우리가 미래에 하게 될 경험에서 무엇을 느낄지 정확한 예측을 할 수 있어야 하며, 자신의 정확한 예측을 따르는 의사결정 방해 요소들을 파악해 그 같은 요소들의 영향을 극소화하는 방법을 찾아내야 할 것이다.

좀 더 거시적인 시야에서 살펴보면 사람들의 소득이 증가하면 더 행복해질 것이라는 신화를 다시 검토할 필요성을 절감하게 된다. 소득은 사람들에게 행복을 가져다줄 가능성을 열어주는 것은 사실이다. 특히 소득이 일정 수준에 미치지 못하면 절대적인 빈곤 때문에 경험하는 불행이 기다리고 있다는 것은 누구나 인정하는 일일 것이다. 그러나 소득이 일정 수준을 넘어서면 소득 수준에 따라 행복이 결정되지는 않는 것으로 보인다.

사람들은 종종 소득이 행복을 가져다줄 수 있는 수단이라는 것을 망각한 채 소득이 증가하면 더 많은 소득을 올리기 위해 자신의 시간 중 많은 부분을 할애한다. 여기서 우리가 잊지 말아야 할 것은 소득의 극대화를 위한 활동들이 주관적인 행복 수준을 향상시키지는 않는다는 점이다. 특히 기본적 수요가 이미 어느 정도 충족된 선진국의 경우, 소득 수준의 증가가 행복 수준의 증가로 이어질 수 있으려면, 자원을 학습된 선호(예컨대, 큰 다이어몬드를 작은 다이어몬드보다 더 좋아하는 것)보다는 내재적 선호(예컨대, 따뜻한 방을 차거운 방보다 더 좋아하는 것)를 만족시킬 수 있는 활동에 더 많이 배분하려는 노력이 필요하다. 따라서 풍요로운 사회에서 구성원들의 지속 가능한 행복을 증진시킬 수 있는 분야의 예로는 우울증이나 암 같은 각종 질병으로부터의 해방, 적당히 바쁘게 사는 삶(너무 한가하지도 않고, 극단적으로 바쁘지도 않은 삶)을 살 수 있도록 하는 것, 사회적 고립으로부터의 탈피, 인생에서 목표와 의미를 발견하는 것 등을 들 수 있다(Tu & Hsee, 2016). 또한 우리가 삶의 행복을 설계할 때 소득을 절대적인 기준으로 삼기보다는, 실제로 경험하고 있는 현재와 앞으로 경험하게 될 미래에 행복하기 위해서 지금 현재 어떤 활동들이 필요한지에 관한 성찰이 필요하다. 그리고 그 바탕 위에 생애 주기 전반에 걸쳐 어떤 활동에 얼마만큼의 시간을 할애할 것인지에 대한 균형 잡힌 시간배분 전략을 설계해 보는 노력이 절실하게 필요하다.

참고문헌

CHAPTER 1 제한된 합리성과 인간의 의사결정

하영원(2020), 〈소비자 의사결정 연구의 과거, 현재, 그리고 미래: 행동의사결정론적 접근을 중심으로〉, 《소비자학연구》, 31(5), 123-143.

Bettman, Jim. R., Mary. F. Luce & Payne, John. W. (1998), "Constructive Consumer Choice Processes," *Journal of Consumer Research*, 25(3), 187-217.

Camerer, Colin F. (1998), "Behavioral Economics and Nonrational Decision Making in Organizations," In J. Halpern and B. Sutton (eds.), Decision Making in Organizations, Ithaca, NY: Cornell University Press.

Camerer, Colin F. & Robin M. Hogarth (1999), "The Effects of Financial Incentives in Experiments: A Review and Capital-Labor-Production Framework," *Journal of Risk and Uncertainty*, 19(1), 7-42.

Damasio, A. R. (1994), *Descartes' Error: Emotion, Reason and the Human Brain*, New York: Grosset/Putnam.

Gigerenzer, Gerd. (2002),"The Adaptive Toolbox," In G. Gigerenzer & R. Selten (Eds.), *Bounded Rationality: The Adaptive Toolbox*, Ch. 3, MA: The MIT Press, 37-50.

Gigerenzer, Gerd (2021), "Axiomatic Rationality and Ecological Rationality," *Synthese*, 198, 3547-3564.

Gigerenzer, Gerd, Jochen Reb, & Shenghua Laun (2022), "Smart Heuristics for Individuals, Teams, and Organizations," *Annual Review of Organizatinal Psychology and Organizational Behavior*, 9, 171-198.

Hsee, Christopher K. (1998), "Less is Better: When Low-Value Options are Valued More Highly than High-Value Options," *Journal of Behavioral Decision Making*, 11(2), 107-121.

Huber, Joel, John W. Payne & Christopher Puto (1982), "Adding Asymmetrically Dominated Alternatives: Violations of Regularity and the Similarity Hypothesis," *Journal of Consumer Research*, 9(1), 90-98.

Luce, Robert D. (1959), *Individual Choice Behavior*, New York: Wiley.

Payne, John W. (1976), "Task Complexity and Contingent Processing in Decision Making: An Information Search and Protocol Analysis," *Organizational Behavior and Human Performance*, 16(2), 366-387.

Payne, John W., Jim. R. Bettman & Eric J. Johnson (1993), *The Adaptive Decision Maker*, New York: Cambridge University Press.

Shafir, Eldar, Itamar Simonson & Amos Tversky (1993), "Reason-Based Choice. Special Issue: Reasoning and Decision Making," *Cognition*, 49(1-2), 11-36.

Simon, Herbert A. (1955), "A Behavioral Model of Rational Choice," *Quarterly Journal of Economics*, 69(1), 99-118.

Slovic, Paul, Melissa L. Finucane, Ellen Peters & Donald G. MacGregor (2002), "The

Affect Heuristic," in T. Gilovich, D. Griffin, & D. Kahneman(ed.), *Heuristics and Biases: The Psychology of Intuitive Judgment*, New York: Cambridge University Press, 397-420.

Tversky, Amos & Daniel Kahneman (1981), "The Framing of Decisions and the Psychology of Choice," *Science*, 211(4481), 453-458.

Tversky, Amos & Eldar Shafir (1992), "Choice under Conflict: The Dynamics of Deferred Decision," *Psychological Science*, 3(6), 358-361.

CHAPTER 2 휴리스틱과 인지적 편향

나준희 (2006), 〈사용상황의 전형성이 브랜드 대응확장에 미치는 영향〉, 《마케팅연구》, 21(4), 233-256.

안희경·하영원 (2001), 〈기업 브랜드 스테레오타입에 일치하지 않는 정보가 스테레오타입의 변화에 미치는 영향〉, 《마케팅연구》, 16(1), 109-134.

하영원·김경미 (2011), 〈우연히 노출된 제품가격에 의한 정박 효과의 경계조건과 심리적 특성〉, 《마케팅연구》, 26(1), 47-71.

하영원·허정 (2006), 〈혁신적 컨버전스 제품의 범주화에 있어 비분석적 제품정보 제시의 역할,〉 《마케팅연구》, 21(3), 81-99.

Fischhoff, B. (1975), "Hindsight≠foresight: The effect of outcome knowledge on judgment under uncertainty," *Journal of Experimental Psychology: Human Perception and Performance*, 1(3), 288-299.

Kahneman, Daniel (2011), *Thinking Fast and Slow*, New York: Farrar, Straus and Giroux.

Kahneman, Daniel & Shane Frederick (2002), *Heuristics and biases - Representativeness revisited: Attribute substitution in intuitive judgment, Ch. 2.* New York: Cambridge University Press.

Kahneman, Daniel, & Amos Tversky (1973), "On the Psychology of Prediction," *Psychological Review*, 80(4), 237-251.

Langer, Ellen J. (1975), "The Illusion of Control," *Journal of Personality and Social Psychology*, 32(2), 311-328.

Stanovich, Keith. E. & Richard F. West (2000), "Individual Differences in Reasoning: Implications for the Rationality Debate?" *Behavioral and Brain Sciences, 2*(5), 645-665.

Tversky, Amos (1977), "Features of Similarity," *Psychological Review*, 84(4), 327-352.

Tversky, Amos & Daniel Kahneman (1971), "Belief in the Law of Small Numbers," *Psychological Bulletin*, 76(2), 105-110.

Tversky, Amos & Daniel Kahneman (1973), "Availability: A Heuristic for Judging Frequency and Probability," *Cognitive Psychology*, 5(2), 207-232.

Tversky, Amos & Daniel Kahneman (1974), "Judgement under Uncertainty: Heuristics and Biases," *Science*, 185(4157), 1124-1131.

Tversky, Amos & Daniel Kahneman (1982), Evidential Impact of Base Rates, in D. Kahneman, P. Slovic & A. Tversky(Eds.), *Judgment under Uncertainty: Heuristics and biases*(pp.153-160). New York: Cambridge University Press.

CHAPTER 3 비의식 과정의 영향

Atkinson, John W. & David Birch (1970), *A Dynamic Theory of Action*, New York: Wiley.

Bargh, John A., Mark Chen & Lara Burrows (1996), "Automaticity of Social Behavior: Direct Effects of Trait Construct and Stereotype Activation on Action," *Journal of Personality and Social Psychology*, 71(2), 230-244.

Camerer, Colin F. (1998), "Behavioral Economics and Nonrational Decision Making in Organizations," In J. Halpern and B. Sutton (eds.), *Decision Making in Organizations*, Ithaca, NY: Cornell University Press.

Camerer, Colin F. & Robin M. Hogarth (1999), "The Effects of Financial Incentives in Experiments: A Review and Capital-Labor-Production Framework," *Journal of Risk and Uncertainty*, 19(1), 7-42.

Chartrand, Tanya L., Joel Huber, Baba Shiv & Robin J. Tanner (2008), "Nonconscious Goals and Consumer Choice," *Journal of Consumer Research*, 35(2), 189-201.

Crowne, Douglas P. & David Marlowe (1960), "A New Scale of Social Desirability Independent of Psychopathology," *Journal of Consulting Psychology*, 24(4), 349-354.

Curlin, Richard (2021), "Nonconscious Cognitive Reasoning: A Neglected Ability Shaping Economic Behavior," *Journal of Behavioral Economics for Policy*, 5(3), 35-43.

Fitzsimons, Gráinne M., Tanya L. Chartrand & Gavan J. Fitzsimons (2008), "Automatic Effects of Brand Exposure on Motivated Behavior: How Apple Makes You "Think Different," *Journal of Consumer Research*, 35(1), 21-35.

Guilford, J. P., P. R. Merrifield & R. C. Wilson (1958), *Unusual Uses Test, Orange*, CA: Sheridan Psychological Services.

Nisbett, Richard & Timothy Wilson (1977), "Telling More than We Can Know: Verbal Reports on Mental Processes," *Psychological Review*, 84(3), 231-259.

Wright, William F. and Urton Anderson (1989), "Effects of Situation Familiarity and Financial Incentives on Use of the Anchoring and Adjustment Heuristic for Probability Assessment," *Organizational Behavior and Human Decision Processes*, 44, 68-82.

CHAPTER 4 과거의 경험에 관한 판단

하영원·정성희 (2010), 〈소비자의 과거 지출 패턴이 소비지출에 대한 판단에 미치는 영향〉, 《소비자학연구》, 21(1), 201-221.

Ariely, Dan (1998), "Combining Experiences over Time; The Effects of Duration, Intensity-Changes, and On-Line Measurements on Retrospective Pain Evaluations," *Journal of Behavioral Decision Making*, 11(1), 19-45.

Baumgartner, Hans, Mita Sujan & Dan Padgett (1997), "Patterns of Affective Reactions to Advertisements: The Integration of Moment-to-moment Responses into Overall Judgments," *Journal of Marketing Research*, 34(2), 219-232.

Fredrickson, Barbara L. & Daniel Kahneman (1993), "Duration Neglect in Retrospective Evaluations of Affective Episodes," *Journal of Personality and Social Psychology*, 65(1), 45-55.

Kahneman, Daniel (2000), *Choices, Values and Frames*, New York: Cambridge University Press and the Russell Sage Foundation.

Kahneman, Daniel, Barbara L. Fredrickson, Charles A. Schreiber & Donald A. Redelmeier (1993), "When More Pain Is Preferred to Less: Adding a Better End," *Psychological Science*, 4(6), 401-405.

Kahneman, Daniel, Peter P. Wakker & Rakesh Sarin (1997), "Back to Bentham? Explorations of Experienced Utility," *Quarterly Journal of Economics*, 112(2), 375-405.

Loewenstein, George F. & Drazen Prelec (1993), "Preferences for Sequences of Outcomes," *Psychological Review*, 100(1), 91-108.

Redelmeier, Donald A. & Daniel Kahneman (1996), "Patients' Memories of Painful Medical Treatments: Real-time and Retrospective Evaluations of Two Minimally Invasive Procedures." *Pain*, 66(1), 3-8.

Redelmeier Donald A., Joel Katz & Daniel Kahneman (2003), "Memories of Colonoscopy: A Randomized Trial," *Pain*, 104, 187-194.

Scheibehenne, Benjamin & Géraldine Coppin (2020), "How Does the Peak-End Heuristic Smell? Tracing Hedonic Experience with Odors," *Cognition and Emotion*, 34(4), 713-727.

Schreiber, Charles A. & Daniel Kahneman (2000), "Determinants of the Remembered Utility of Aversive Sounds," *Journal of Experimental Psychology: General*, 129(1), 27-42.

Soman, Dilip (2001), "Effects of Payment Mechanism on Spending Behavior: The Role of Rehearsal and Immediacy of Payments," *Journal of Consumer Research*, 27(1), 460-474.

CHAPTER 5 감성 예측의 오류와 편향

박세훈. 김문용 (2007), 〈보상물의 속성정보 제시와 평가방식이 보상물의 선호 역전에 미치는 영향.〉《마케팅연구》, 22(4), 197-215.

변진호. 김민수, 최인철 (2007), 〈개인투자자의 과도거래와 투자성과.〉《경영학연구》, 36(7), 1707-1730.

하영원. 안서원. 안희경. 이준호 (2003), 〈평가과업에 따른 선호역전: 속성 친숙도와 속성가치 범위정보의 조절적 역할을 중심으로.〉《소비자학연구》, 14(1), 159-177.

Ausubel, Lawrence M. (1991), "The Failure of Competition in the Credit Card Market," *American Economic Review*, 81(1), 50-81.

Brandt, Jason, Kimberly A. Quaid, Susan E. Folstein, Paul Garber, Nancy E. Maestri, Margaret H. Abbott, Phillip R. Slavney, Mary L. Franz, Laura Kasch & Haig H. Kazazian, Jr. (1989), "Presymptomatic Diagnosis of Delayed-onset Disease with Linked DNA Markers: The Experience in Huntington's Disease," *Journal of American Medical Association*, 261(21), 3108-3114.

Christensen-Szalanski, Jay J. (1984), "Discount Functions and the Measurement of Patient's Values: Women's Decisions during Childbirth." *Medical Decision Making*, 4(1), 47-58.

Clark, Andrew E., Paul Frijters & Michael A. Shields (2008), "Relative Income, Happiness, and Utility: An Explanation for the Easterlin Paradox and Other

Puzzles," *Journal of Economic Literature*, 46(1), 95-144.

Easterlin, Richard (1974), "Does Economic Growth Improve the Human Lot? Some Empirical Evidence," in Paul A. David & Melvin W. Reader(Eds.), *Nations and households in economic growth: Essays in honour of Moses Abramowitz*, New York & London: Academic Press.

Hsee, Christopher K., Reid Hastie & Jingqiu Chen (2008), "Hedonomics: Bridging Decision Research with Happiness Research," *Perspectives on Psychological Science*, 3(3), 224-243.

Hsee, Christopher K., George F. Loewenstein, Sally Blount & Max H. Bazerman (1999), "Preference-reversals between Joint and Separate Evaluations of Options: A Review and Theoretical Analysis," *Psychological Bulletin*, 125(5), 576-590.

Hsee, Christopher K., Jiao Zhang & Junsong Chen (2004), "Internal and Substantive Inconsistencies in Decision Making," in Derek J. Koehler & Nigel Harvey(eds.), *Blackwell Handbook of Judgment and Decision-making*, Oxford, England: Blackwell.

Hsee, Christopher K. & Jiao Zhang (2004), "Distinction Bias: Misprediction and Mischoice Due to Joint Evaluation," *Journal of Personality and Social Psychology*, 86(5), 680-695.

Kent, Gerry (1985), "Memory of Dental Pain," *Pain*, 21(2), 187-194.

Kolata, G. (1997), "Living wills aside, the dying cling to hope," *The New York Times*, January 15.

Leigh, Andrew & Justin Wolfers (2007), "Happiness and the Human Development Index: Australia is not a Paradox," *Australian Economic Review*, 39(2), 176-184.

Loewenstein, George F. (1996), "Out of control: Visceral Influences on Behavior," *Organizational Behavior and Human Decision Processes*, 65(3), 272-292.

Loewenstein, George F., Ted O'Donoghue & Matthew Rabin (2003), "Projection Bias in Predicting Future Utility," *Quarterly Journal of Economics*, 118(4), 1209-1248.

Loewenstein, George F. & David A. Schkade (1999), "Wouldn't It Be Nice? Predicting Future Feelings," in Daniel Kahneman, Ed Diener & Norbert Schwarz(Eds.), *Well-being: The foundations of hedonic psychology*, New York: Russell Sage Foundation.

Llewellyn-Thomas, Hilary A., Heather J. Sutherland & Elaine C. Thiel (1993), "Do Patients' Evaluations of a Future Health State Change When They Actually Enter That State?" *Medical Care*, 31(11), 1002-1012.

Lynch, B. S. & R. J. Bonnie (1994). "Toward a Youth-centered Prevention Policy," in B. S. Lynch & R. J. Bonnie(Eds.), *Growing Up Tobacco Free: Preventing Nicotine Addiction in Children and Youths*, Washington, D.C. National Academy Press.

Morewedge, Carey K., Daniel T. Gilbert, Kristian Ove R. Myrseth & Timothy D. Wilson (2007), *Consuming Experiences: Shifting Standards in Affective Forecasting*, Manuscript in preparation, Carnegie Mellon University, Pittsburgh, PA.

Nisbett, Richard E. & David E. Kanouse (1969), "Obesity, Food Deprivation, and Supermarket Shopping Behavior," *Journal of Personality and Social Psychology*, 12(4), 289-294.

Rachman, S. J. (1983), "Fear and Fearlessness among Trainee Parachutists," *Advances in Behaviour Research and Therapy*, 4, 153-160.

Read, Daniel & Barbara Van Leeuwen (1998), "Predicting Hunger: The Effects of Appetite and Delay on Choice," *Organizational Behavior and Human Decision Processes*, 76(2), 189-205.

Sieff, Elaine M., Robyn M. Dawes & George F. Loewenstein (1999), "Anticipated versus Actual Responses to HIV Test Results," *The American Journal of Psychology*, 112(2), 297-311.

Slevin, M. L., H. Plant, D. Lynch, J. Drinkwater & W. M. Gregory (1988), "Who Should Measure Quality of Life, the Doctor or Patient?" *British Journal of Cancer*, 57(1), 109-112.

Milgram, Stanley (1965), "Liberating Effects of Group Pressure," *Journal of Personality and Social Psychology*, 1(2), 127-134.

Ubel, Peter A. & George F. Loewenstein (1997), "The Role of Decision Analysis in Informed Consent: Choosing Between Intuition and Systematicity," *Social Science and Medicine*, 44(5), 647-656.

Van Boven, Leaf, David Dunning & George F. Loewenstein (2000), "Egocentric Empathy Gaps between Owners and Buyers: Misperceptions of the Endowment Effect." *Journal of Personality and Social Psychology*, 79(1), 66-76.

CHAPTER 6 확인의 편향

하영원 (2019), 〈비극을 부르는 잘못된 확신: 확인 편향〉, 《동아비즈니스리뷰》, 282(1), 68-78.

Bacon, Francis (1960), *The New Organon and Related Writings*, New York: Liberal Arts Press(Originally published, 1620).

Bem, Daryl J. (1972), "Self-perception Theory," in L. Berkowitz(Ed.), *Advances in experimental social psychology* (Vol. 6), New York: Academic Press.

Cinelli, Matteo, Gianmarco De Francisci Morales, Alessandro Galeazzi, Walter Quattrociocchi, and Michele Starnini (2021), "The Echo Chamber Effect on Social Media," *Proceedings of National Academy of Sciences (PNAS)*, 118(9), HYPERLINK "https//doi.org/10.1073/" https://doi.org/10.1073/pnas.2023301118.

Einhorn, Hillel J. & Robin M. Hogarth (1978), "Confidence in Judgment: Persistence of the Illusion of Validity," *Psychological Review*, 85(5), 395-416.

Festinger, Leon (1957), *A theory of cognitive dissonance*, Stanford, California: Stanford University Press.

Griggs, Richard A. & James R. Cox (1982), "The Elusive Thematic-materials Effect in Wason's Selection Task," *British Journal of Psychology*, 73(3), 407-420.

Ha, Young-Won, & Steve. J. Hoch (1989), "Ambiguity, Processing Strategy, and Advertising-evidence Interactions," *Journal of Consumer Research*, 16(3), 354-360.

Hoch, Steve J. & Young-Won Ha (1986), "Consumer Learning: Advertising and the Ambiguity of Product Experience," *Journal of Consumer Research*, 13(2), 221-233.

Janis, Irving J. (1982), *Groupthink*, 2nd ed., Boston: Houghyon Millilin.

Klayman, Joshua & Young-Won Ha (1987), "Confirmation, Disconfirmation, and

Information in Hypothesis Testing," *Psychological Review*, 94(2), 211-228.

Klayman, Joshua & Young-Won Ha (1989), "Hypothesis Testing in Rule Discovery: Strategy, Structure, and Content," Journal of Experimental *Psychology: Learning, Memory, and Cognition*, 15(4), 596-604.

Kunda, Ziva (1990), "The Case for Motivated Reasoning," *Psychological Review*, 108(3), 480-498.

Kunda, Ziva & Lisa Sinclair (1999), "Motivated Reasoning with Stereotypes: Activation, Application, and Inhibition," *Psychological Inquiry*, 10(1), 12-22.

Lord, Charles G., Lee Ross & Mark R. Lepper (1979), "Biased Assimilation and Attitude Polarization: The Effects of Prior Theories on Subsequently Considered Evidence," *Journal of Personality and Social Psychology*, 37(11), 2098-2109.

Nisbett, Richard E. & Lee Ross (1980), *Human Inference: Strategies and Shortcomings of Social Judgment*, Englewood Cliffs, NJ: Prentice-Hall.

Ross, Lee, Mark R. Lepper & Michael Hubbard (1975), "Perseverance in Self Perception and Social Perception: Biased Attributional Processes in the Debriefing Paradigm," *Journal of Personality and Social Psychology*, 32(5), 880-892.

Shiv, Baba, Ziv Carmon & Dan Ariely (2005), "Placebo Effects of Marketing Actions: Consumers May Get What They Pay For," *Journal of Marketing Research*, 42(4), 383-393.

Van Veen, Vincent, Marie K. Krug, Jonathan W. Schooler & Cameron S. Carter (2009), "Neural Activity Predicts Attitude Change in Cognitive Dissonance," *Nature Neuroscience*, 12(11), 1469-1474.

Waber, Rebecca L., Baba Shiv, Ziv Carmon & Dan Ariely (2008), "Commercial Features of Placebo and Therapeutic Efficacy," *Journal of American Medical Association*, 299(9), 1016-1017.

Wason, Peter C. (1960), "On the Failure to Eliminate Hypotheses in a Conceptual Task," *Quarterly Journal of Experimental Psychology*, 12(3), 129-140.

Wason, Peter C. (1968), "On the failure to eliminate hypotheses—A second look," in Peter C. Wason & P. N. Johnson-Laird(Eds.), *Thinking and Reasoning*, Harmondsworth, Middlesex, England: Penguin, 165-174.

Wason, Peter C. & P. N. Johnson-Laird (1972), *Psychology of Reasoning: Structure and Content*, London: Batsford.

CHAPTER 7 선택 맥락 효과

하영원·서찬주 (1999), 〈후발진입상표가 시장개척상표를 앞지르는 데 있어서 광고의 역할에 관한 탐색적 연구〉, 《광고학연구》, 10(2), 9-37.

하영원·채정호 (1993), 〈열등한 대안의 위치와 빈도가 유인 효과에 미치는 영향에 관한 연구〉, 《경영학연구》, 23(3), 201-231.

Ahn, Sowon, Juyoung Kim, & Young-Won Ha (2015), "Feedback Weakens the Attraction Effect," *Marketing Letters*, 26, 449-459.

Dhar, Ravi & Itamar Simonson (2003), "The Effect of Forced Choice on Choice," *Journal of Marketing Research*, 40(2), 146-160.

Frederick, Shane, Leonard Lee, & Ernest Baskin (2014), "The Limits of Attraction," *Journal of Marketing Research*, 51(4), 487-507.

Evangelidis, Ioannis, Jonathan Levav, & Itamar Simonson (2022), "The Upscaling Effect: How the Decision Context Influences Tradeoffs between Desirability and Feasibility," *Journal of Consumer Research*, ucac059, https://doi.org/10.1093/jcr/ucac059.

Ha, Young-Won, Sehoon Park & Hee-Kyung Ahn (2009), "The Influence of Categorical Attributes on Choice Context Effects," *Journal of Consumer Research*, 36(3), 463-477.

Huber, Joel, John W. Payne & Christopher Puto (1982), "Adding Asymmetrically Dominated Alternatives Violations of Regularity and the Similarity Hypothesis," *Journal of Consumer Research*, 9(1), 90-98.

Huber, Joel & Christopher Puto (1983), "Market Boundaries and Product Choice: Illustrating Attraction and Substitution Effects," *Journal of Consumer Research*, 10(1), 31-44.

Luce, Robert D. (1959), *Individual Choice Behavior*, New York: John Wiley & Sons, Inc.

McFadden, Daniel L. (1974), "Conditional Logit Analysis of Qualitative Choice Behavior," in Paul Zarembka(ed.), *Frontiers in Econometrics, Chapter 4*. New York: Academic Press, 105-142.

McKenzie, Craig, R. M., Shlomi Sher, Lim M. Leong, & Johannes MĐller-Trede (2018), "Constructed Preferences, Rationality, and Choice Architectrue," *Review of Behavioral Economics*, 5, 337-360.

Parducci, Allen (1965), "Category Judgment: A Range Frequency Model," *Psychological Review*, 72, 407-418.

Parducci, Allen & L. F. Perrett (1971), "Category Rating Scale: Effects of Relative Spacing and Frequency," *Journal of Experimental Psychology Monograph*, 89(2), 427-452.

Simonson, Itamar (1989), "Choice Based on Reasons: The Case of Attraction and Compromise Effects," *Journal of Consumer Research*, 16(2), 158-174.

Simonson, Itamar & Amos Tversky (1992), "Choice in Context: Tradeoff Contrast and Extremeness Aversion," *Journal of Marketing Research*, 29(3), 281-295.

Tversky, Amos (1972), "Elimination by Aspects: A Theory of Choice," *Psychological Review*, 79(4), 281-299.

Tversky, Amos (1977), "Features of Similarity," *Psychological Review*, 84(2), 327-352.

CHAPTER 8 프로스펙트 이론과 프레이밍 효과

하영원·서명희(2007), 〈구매 목적이 대안 애착에 미치는 영향〉, 《소비자학연구》, 18(2), 59-78.

하영원·심지연(2007), 〈'Pennies-a-Day' 전략의 경계조건: 일별 제시 금액 크기의 역할〉, 《소비자학연구》, 18(4), 23-45.

하영원·한혜진(2002), 〈가격 정보의 시간적 분리 프레이밍이 소비자의 구매 의도에 미치는 영향〉, 《소비자학연구》, 13(2), 145-163.

Arkes, Hal R. & Catherine Blumer (1985), "The Psychology of Sunk Cost," *Organizational Behavior and Human Decision Processes*, 35(1), 124-140.

Benartzi, Shlomo & Richard Thaler (1995), "Myopic Loss Aversion and the Equity

Premium Puzzle," *Quarterly Journal of Economics*, 110(1), 73-92.
Carmon, Ziv & Dan Ariely (2000), "Focusing on the Forgone: How Value Can Appear So Different to Buyers and Sellers," *Journal of Consumer Research*, 27(3), 360-370.
Gourville, John T. (1998), "Pennies-a-day: The Effect of Temporal Reframing on Transaction Evaluation," *Journal of Consumer Research*, 24(4), 395-408.
Kahneman, Daniel, Jack L. Knetsch & Richard Thaler (1990), "Experimental Tests of the Endowment Effect and the Coase Theorem," *Journal of Political Economy*, 98(6), 1325-1348.
Kahneman, Daniel & Amos Tversky (1979), "Prospect Theory: An Analysis of Decision under Risk," *Econometrica*, 47(2), 263-291.
Kahneman, Daniel & Amos Tversky (2000), *Choices, Values, and Frames*, New York: Cambridge University Press.
Levin, Irwin P. & Gary J. Gaeth (1988), "How Consumers Are Affected by the Framing of Attribute Information Before and After Consuming the Product," *Journal of Consumer Research*, 15(3), 374-378.
Mervis, Carolyn B. & Eleanor Rosch (1981), "Categorization of Natural Objects," *Annual Review of Psychology*, 32(1), 82-115.
Mőhlmann, Mareike (2021), "Algorithmic Nudges Don't Have to Be Unethical," *Harvard Business Review*, HYPERLINK "https//hbr.org/2021/04/" "https://hbr.org/2021/04/" algorithmic-nudges-dont-have-to-be-unethical.
Soman, Dillip & John T. Gourville (2001), "Transaction Decoupling: How Price Bundling Affects the Decision to Consume," *Journal of Consumer Research*, 38(1), 30-44.
Thaler, Richard H. (1985), "Mental Accounting and Consumer Choice," *Marketing Science*, 4(3), 199-214.
Thaler, Richard H. & Shlomo Benartzi (2004), "Save More Tomorrow: Using Behavioral Economics to Increase Employee Saving," *Journal of Political Economy*, 112(1), 164-186.
Thaler, Richard H. & Cass R. Sunstein (2008), *Nudge: Improving Decisions about Health, Wealth, and Happiness*, New Haven, CT: Yale University Press.
Thaler, Richard H., Cass R. Sunstein, & John P. Balz (2013), "Choice Architecture," in E. Shafir (Ed.), *The Behavioral Foundations of Public Policy*, 428-439, Princeton, NJ: Princeton University Press.
Von Neumann, John & Oskar Morgenstern (1944), *Theory of Games and Economic Behavior*, New Jersey: Princeton University Press.

CHAPTER 9 목표와 의사결정

류강석·박종철. 권성우(2006), 〈소비자의 조절초점이 타협 대안의 선택에 미치는 영향,〉 《마케팅연구》, 21(4), 49-65.
하영원·김영두(2011), 〈조절초점이 금융소비자의 투자 행동에 미치는 영향: 처분 효과와 처분 후 위험 대안 선택 행동에 대한 조절초점의 조절적 역할을 중심으로〉, 《경영학연구》, 40(3), 605-631.
Aaker, Jennifer L. & Angela Y. Lee (2001), "'I' Seek Pleasures and 'We' Avoid Pains: The Role of Self-regulatory Goals in Information Processing and Persuasion,"

Journal of Consumer Research, 28(4), 33-49.
Ariely, Dan & Jonathan Levav (2000), "Sequential Choice in Group Settings: Taking the Road Less Traveled and Less Enjoyed," *Journal of Consumer Research*, 27(3), 279-290.
Drolet, Aimee (2002), "Inherent Rule Variability in Consumer Choice: Changing Rules for Change's Sake," *Journal of Consumer Research*, 29(3), 293-305.
Fishbach, Ayelet & Ravi Dhar (2005), "Goals as Excuses or Guides: The Liberating Effect of Perceived Goal Progress on Choice," *Journal of Consumer Research*, 32(3), 370-377.
Förster, Jens, Heidi Grant, Lorraine C. Idson & E. Tory Higgins (2001), "Success/Failure Feedback, Expectancies, and Approach/Avoidance Motivation: How Regulatory Focus Moderates Classic Relations," *Journal of Experimental Social Psychology*, 37(3), 253-260.
Ha, Young-Won (2015), "The Psychology of Asian Consumers: What We Know and What We Don't," *Academy of Asian Business Review*, 1(1), 1-16.
Heine, Steven J., Darrin R. Lehman, Hazel R. Markus & Shinobu Kitayama (1999), "Is There a Universal Need for Positive Self-regard?" *Psychological Review*, 106(4), 766-794.
Higgins, E. Tory (1997), "Beyond Pleasure and Pain," American *Psychologist*, 52(12), 1280-1300.
Kim, Youngdoo & Young-Won Ha (2016), "Who Is Afraid of Disposition of Financial Assets? The Moderating Role of Regulatory Focus in the Disposition Effect," *Marketing Letters*, 27, 159-169.
Lee, Angela Y., Jennifer L. Aaker & Wendi L. Gardner (2000), "The Pleasures and Pains of Distinct Self-construals: The Role of Interdependence in Regulatory Focus," *Journal of Personality and Social Psychology*, 78(6), 1122-1134.
Mourali, Mehdi, Ulf Böckenholt & Michel Laroche (2007), "Compromise and Attraction Effects under Prevention and Promotion Motivations," *Journal of Consumer Research*, 34(2), 234-247.
Simonson, Itamar (1989), "Choice Based on Reasons: The Case of Attraction and Compromise Effects," *Journal of Consumer Research*, 16(2), 158-174.
Simonson, Itamar & Stephen M. Nowlis (2000), "The Role of Explanations and Need for Uniqueness in Consumer Decision Making: Unconventional Choices Based on Reasons," *Journal of Consumer Research*, 27(1), 281-295.
Singelis, Theodore M. (1994), "The Measurement of Independent and Interdependent Self-construals," *Personality and Social Psychology Bulletin*, 20(5), 580-591.
Zhou, Rongrong & Michel T. Pham (2004), "Promotion and Prevention Across Mental Accounts: When Financial Products Dictate Consumers' Investment Goals," *Journal of Consumer Research*, 31(1), 125-135.

CHAPTER 10 시간적 맥락에 따르는 선호의 변화

하영원·윤은주(2007), 〈구매시기와 사용시기 간의 시간적 간격이 구매의도에 미치는 효과: 구매동기와 가격 할인요소의 조절적 영향〉, 《마케팅연구》, 22(4), 141-155.

Ahn, Hee-Kyung, Maggie W. Liu, & Dilip Soman (2009), "Memory Markers: How Consumers Recall the Duration of Experiences," *Journal of Consumer Psychology*, 19(3), 508-516.

Förster, Jens, Ronald S. Friedman & Nira Liberman (2004), "Temporal Construal Effects on Abstract and Concrete Thinking: Consequences for Insight and Creative Cognition," *Journal of Personality and Social Psychology*, 87(2), 177-189.

Liberman, Nira & Yaacov Trope (1998), "The Role of Feasibility and Desirability Considerations in Near and Distant Future Decisions: A Test of Temporal Construal Theory," *Journal of Personality and Social Psychology*, 75(1), 5-18.

Liberman, Nira & Yaacov Trope (2014), "Traversing Psychological Distance," *Trends in Cognitive Sciences*, 18(7), 364-369.

Loewenstein, George F. & Drazen Prelec (1993), "Preferences for Sequences of Outcomes," *Psychological Review*, 100(1), 91-108.

Malkoc, Selin A. & Gal Zauberman (2018), "Psychological Analysis of Consumer Intertemporal Decisions," *Consumer Psychology Review*, 1-17.

May, Frank (2017), "The Effect of Future Event Markers on Intertemporal Choice Is Moderated by the Reliance on Emotions versus Reason to Make Decisions," *Journal of Consumer Research*, 44, 313-331.

Oettingen, Gabriele & Doris Mayer (2002), "The Motivating Function of Thinking about the Future: Expectations versus Fantasies," *Journal of Personality and Social Psychology*, 83(5), 1198-1212.

Pham, Lien B. & Shelley E. Taylor (1999), "From Thought to Action: Effects of Process-versus Outcome-based Mental Simulations on Performance," *Personality and Social Psychology Bulletin*, 25(2), 250-260.

Redelmeier, Donald A. & Daniel Kahneman (1996), "Patients' Memories of Painful Medical Treatments: Real-time and Retrospective Evaluations of Two Minimally Invasive Procedures," *Pain*, 66(1), 3-8.

Rivkin, Inna D. & Shelley E. Taylor (1999), "The Effects of Mental Simulation on Coping with Controllable Stressful Events," *Personality and Social Psychology Bulletin*, 25(12), 1451-1462.

Sagristano, Michael D., Yaacov Trope & Nira Liberman (2002), "Time-dependent Gambling: Odds Now, Money Later," *Journal of Experimental Psychology: General*, 131(3), 364-376.

Taylor, Shelley E., Inna D. Rivkin & David A. Armor (1998), "Harnessing the Imagination: Mental Simulation, Self-regulation and Coping," *American Psychologist*, 53(4), 429-439.

Trope, Yaacov & Nira Liberman (2000), "Temporal Construal and Time-dependent Changes in Preference," *Journal of Personality and Social Psychology*, 79(6), 876-889.

Trope, Yaacov & Nira Liberman (2003), "Temporal Construal," *Psychological Review*, 110(3), 403-421.

Zauberman, Gal, Jonathan Levav, Kristin Diehl, & Rajesh Bhargave (2010), "1995 Feels So Close yet So Far: The Effect of Event Markers on Subjective Feelings of Elapsed Time," *Psychological Science*, 21(1), 133-139.

Zauberman, Gal & John G. Lynch (2005), "Resource Slack and Propensity to

Discount Delayed Investments of Time versus Money," *Journal of Experimental Psychology: General*, 134(1), 23-37.

Zhao, Min, Steve Hoeffler & Gal Zauberman (2007), "Mental Simulation and Preference Consistency over Time: The Role of Process-versus Outcome-Focused Thoughts," *Journal of Marketing Research*, 44(3), 379-388.

CHAPTER 11 부정성 편향

Anderson, Norman H. (1965), "Averaging versus Adding as a Stimulus-Combination Rule in Impression Formation," *Journal of Personality and Social Psychology*, 2, 1-9.

Averill, James R. (1980), "On the Paucity of Positive Emotions," in K. Blankstein, P. Pliner, & J. Polivy (Eds.), *Advances in the Study of communication and affect* (Vol.6, pp.745), New York: Plenum.

Baumeister, Roy F. (1991), *Meanings of life*, New York: Guilford Press.

Baumeister, Roy F., Todd F. Heatherton & Dianne M. Tice (1994), *Losing Control: How and Why People Fail at Self-Regulation*, San Diego, CA: Academic Press.

Brickman, Philip & Donald T. Campbell (1971), "Hedonic Relativism and the Good Society," in Mortimer H. Appley (ed), *Adaptation-Level Theory: A symposium*, Academic Press.

Brickman, Philip, Dan Coates & Ronnie Janoff-Bulman (1978), "Lottery Winners and Accident Victims: Is Happiness Relative?," *Journal of Personality and Social Psychology*, 36(8), 917-927.

Carstensen, Laura L. & Marguerite DeLiema (2018), "The Positivity Effect: A Negativity Bias in Youth Fads with Age," *Current Opinion in Behavioral Sciences*, 19, 7-12.

Charles, Susan, Mara Mather, & Laura L. Carstensen (2003), "Aging and Emotional Memory: The Forgettable Nature of Negative Images for Older Adults," *Journal of Expermental Psychology: General*, 132, 310-324.

Costantini, Arthur F. & Kenneth L. Hoving (1973), "The Effectiveness of Reward and Punishment Contingencies on Response Inhibition," *Journal of Experimental Child Psychology*, 16(3), 484-494.

Gilovich, Thomas (1983), "Biased Evaluation and Persistence in Gambling," *Journal of Personality and Social Psychology*, 44(6), 1110-1126.

Gottman, John M. (1979), *Marital Interaction*, New York: Academic Press.

Gottman, John M. (1994), *Why Marriages Succeed or Fail*, New York: Simon & Schuster.

Gottman, John M. & Lowell J. Krokoff (1989), "Marital Interaction and Satisfaction: A Longitudinal View," *Journal of Consulting and Clinical Psychology*, 57(1), 47-52.

Gottman John M. & Robert W. Levenson (1986), "Assessing the Role of Emotion in Marriage," *Behavioral Assessment*, 8, 31-48.

Graziano, William G., Thomas Brothen & Ellen Berscheid (1980), "Attention, Attraction, and Individual Differences in Reaction to Criticism," *Journal of Personality and Social Psychology*, 38(2), 193-202.

Helson, Harry (1964), *Adaptation-level theory: An experimental and systematic*

approach to behavior, New York: Harper.
Krull, Douglas S. & Jody C. Dill (1998), "Do Smiles Elicit More Inferences than Do Frowns? The Effect of Emotional Valence on the Production of Spontaneous Inferences," *Personality and Social Psychology Bulletin*, 24(3), 289-300.
Penney, Ronald K. & A. A. Lupton (1961), "Children's Discrimination Learning as a Function of Reward and Punishment," *Journal of Comparative and Physiological Psychology*, 54(4), 449-451.
Rozin, Paul & Edward B. Royzman (2001), "Negativity Bias, Negativity Dominance, and Contagion," *Personality and Social Psychology Review*, 5(4), 296-320.
Spence, Janet T. (1966), "Verbal Discrimination Performance as a Function of Instruction and Verbal Reinforcement Combination in Normal and Retarded Children," *Child Development*, 37(2), 269-281.
Spence, Janet T. & Leslie L. Segner (1967), "Verbal vs. Nonverbal Reinforcement Combinations in the Discrimination Learning of Middle and Lower Class Children," *Child Development*, 38(1), 29-38.
Taylor, Shelley E. (1983), "Adjustment to Threatening Events: A Theory of Cognitive Adaptation," *American Psychologist*, 38(11), 1161-1173.
Tindall, Robert C. & Richard G. Ratliff (1974), "Interaction of Reinforcement Conditions and Developmental Level in a Two-Choice Discrimination Task with Children," *Journal of Experimental Child Psychology*, 18(2), 183-189.
Tomas, David L. & Ed Diener (1990), "Memory Accuracy in the Recall of Emotions," *Journal of Personality and Social Psychology*, 59(2), 291-297.
Tu, Yanping & Christopher K. Hsee (2016), "Consumer Happiness Derived from Inherent Preferences versus Learned Preferences," *Current Opinion in Psychology*, 10, 83-88.
Van Goozen, S. & Nico H. Frijda (1993), "Emotion Words Used in Six European Countries," *European Journal of Social Psychology*, 23(1), 89-95.

CHAPTER 12 판단과 의사결정, 그리고 행복

Easterlin, Richard A. (1995), "Will Raising the Incomes of All Increase the Happiness of All?" *Journal of Economic Behavior and Organization*, 27, 35-47.
Easterlin, Richard A. (2003), "Building a Better Theory of Well-being," *Discussion Paper*, No. 742, IZA, Bonn, Germany.
Gilbert, Daniel T. & Timothy D. Wilson (2007), "Prospection: Experiencing the Future," *Science*, 317(5843), 1351-54.
Hsee, Christopher K. & Reid Hastie (2006). "Decision and Experience: Why We Don't Choose What Makes Us Happy?" *Trends in Cognitive Sciences*, 10(1), 31-37.
Hsee, Christopher K., Jiao Zhang, Fang Yu & Yiheng Xi (2003), "Lay Rationalism and Inconsistency between Predicted Experience and Decision," *Journal of Behavioral Decision Making*, 16(4), 257-272.
Hoch, Stephen J. & George F. Loewenstein (1991), "Time-inconsistent Preferences and Consumer Self-Control," *Journal of Consumer Research*, 17(1), 492-507.
Kahneman, Daniel (1999), "Objective Happiness," in *Well-being: the foundations of hedonic psychology* (ed. Ed Diener, Norbert Schwarz and Daniel Kahneman),

3-27, Russell Sage Foundation, New York.

Kahneman, Daniel, Alan B. Krueger, David A. Schkade, Norbert Schwarz & Arthur A. Stone (2004), "A Survey Method for Characterizing Daily Life Experience: The Day Reconstruction Method," *Science*, 306, 1776-1780.

Kahneman, Daniel, Alan B. Krueger, David A. Schkade, Norbert Schwarz & Arthur A. Stone (2006), "Would You Be Happier If You Were Richer? A Focusing Illusion," *Science*, 312, 1908-1910.

Li, Xilin, Christopher K. Hsee, & Li Wang (2021), "People Adapt More Slowly to Social Income Changes Than to Temporal Income Changes," *Journal of Experimental Psychology: Applied*, 27(1), 46-56.

Robinson, Michael D. & Gerald L. Clore (2002), "Episodic and Semantic Knowledge in Emotional Self-report: Evidence for Two Judgment Processes," *Journal of Personality and Social Psychology*, 83(1), 198-215.

Schnall, Peter L., Joseph E. Schwartz, Paul A. Landsbergis, Katherine Warren & Thomas G. Pickering (1998), "A Longitudinal Study of Job Strain and Ambulatory Blood Pressure: Results from a Three-year Follow-up," *Psychosomatic Medicine*, 60, 697-706.

KI신서 10621
결정하는 뇌

1판 1쇄 발행 2012년 10월 15일
1판 6쇄 발행 2020년 6월 15일
2판 1쇄 인쇄 2023년 1월 6일
2판 1쇄 발행 2023년 1월 18일

지은이 하영원
펴낸이 김영곤
펴낸곳 (주)북이십일 21세기북스

인생명강팀장 윤서진 **인생명강팀** 최은아 강혜지
디자인 푸른나무디자인
출판마케팅영업본부장 민안기
마케팅2팀 나은경 정유진 박보미 백다희
출판영업팀 최명열 김다운
제작팀 이영민 권경민

출판등록 2000년 5월 6일 제406-2003-061호
주소 (10881) 경기도 파주시 회동길 201(문발동)
대표전화 031-955-2100 **팩스** 031-955-2151 **이메일** book21@book21.co.kr

ISBN 978-89-509-2165-1 (03180)